AF409607

ESTADO Y EMPRESARIOS
EN ARGENTINA

ESTADO Y EMPRESARIOS EN ARGENTINA

Política y economía 1955-2001

Claudio Belini (compilador)

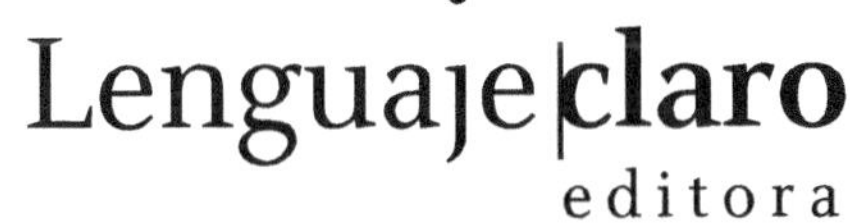

Estado y empresarios en Argentina: política y economía 1955-2001
Claudio Belini (compilador)
Primera edición, mayo de 2020

Lenguaje claro Editora
Portugal 2951, (B1606EFA) Carapachay,
provincia de Buenos Aires, Argentina
www.lenguajeclaro.com
info@lenguajeclaro.com

Puesta en página: Diana González
Diseño de tapa: Miur
Fotos de tapa: Dreamstime.com 130898170 © Denys Yelmanov, 157099367
© Tetiana Kitura, 8501346 © Sergio Schnitzler

Estado y empresarios en Argentina: política y economía 1955-2001 /
Claudio Fabián Belini ... [et al.]; compilado por Claudio Fabián Belini.
- 1a ed . - Carapachay: Lenguaje Claro Editora, 2020. 334 p.; 23 x 15 cm.

ISBN 978-987-3764-38-7

1. Historia Económica Argentina. 2. Economía Política Argentina. I.
Belini, Claudio Fabián, comp.
CDD 330.982

ÍNDICE

CLAUDIO BELINI

Introducción

El desempeño de la economía argentina a lo largo del siglo veinte constituye un enigma para los historiadores y economistas. En las primeras décadas de esa centuria, la economía argentina había mostrado su capacidad para transformarse y adecuarse a las demandas del mercado internacional. Continuando un proceso que se había iniciado en el último tercio del siglo diecinueve, Argentina se incorporó exitosamente al mercado mundial como productora y una de las principales exportadoras mundiales de carnes y cereales. Existe consenso en que esa especialización agroexportadora impulsó un vigoroso crecimiento de la producción y del ingreso nacional, de tal manera que el país se ubicó durante la década de 1920 entre las diez naciones de mayor producto bruto interno (PBI) per cápita en el mundo. Con el estallido de la crisis internacional de 1929, las condiciones que habían posibilitado el crecimiento económico desaparecieron, ya que el comercio mundial se contrajo violentamente, el mercado mundial desapareció para ser reemplazado por verdaderos compartimentos estancos de comercio bilateral, el flujo de capitales externos cesó, y los precios de los productos primarios comenzaron un largo ciclo de caída, incluso en relación a los precios de los bienes manufacturados.

Argentina se adaptó relativamente bien a las nuevas condiciones. La industria, que había crecido impulsada por la expansión agroexportadora, aunque limitada al procesamiento de las materias primas pampeanas y la producción de bienes de consumo finales, reemplazó al agro pampeano como principal motor impulsor de la economía. De esta forma, entre la década de 1930 y mediados de los años setenta, el sector manufacturero lideró el crecimiento económico argentino, sin duda a un ritmo menor al que se había incrementado el PBI durante el "modelo agroexportador", pero no por ello menos auspicioso. Inicialmente la industrialización permitió superar las restricciones impuestas por la crisis mundial, absorber la mano de obra que cada año se volcaba hacia el mercado de trabajo, acentuar el proceso de urbanización y mejorar, sobre la base de una estructura social y económica relativamente compleja, los niveles de vida de amplias capas de población. Hacia la década de 1970, Argentina presentaba los rasgos de una sociedad compleja, una economía diversificada que había logrado el desarrollo de notables capacidades productivas y tecnológicas en el sector primario y en la industria manufacturera, y niveles de vida que se comparaban muy favorablemente con las naciones de América Latina e incluso con algunos países de renta media de Europa Occidental.

A pesar de estos logros, es claro que a partir de mediados del siglo veinte, el ritmo de crecimiento económico se desaceleró, condicionado inicialmente por las recurrentes crisis de balanza de pagos, el importante endeudamiento externo, el estancamiento del agro pampeano, principal y casi único sector generador de divisas, y los dificultosos procesos de integración del sector manufacturero.

Por cierto, el comportamiento de la economía argentina entre 1950 y 1970 constituyó sólo la antesala de lo peor. En efecto, en el marco de la crisis internacional del petróleo, estallaron en Argentina nuevos conflictos por la distribución del ingreso y se agudizaron las tensiones macroeconómicas que reflejaban graves problemas estructurales. La respuesta de los sectores dominantes consistió en desatar una amplia represión sobre el cuerpo social y, al mismo tiempo, transformar las condiciones que habían hecho posible el proceso de industrialización.

A diferencia de otras economías latinoamericanas, Argentina no sólo abandonó la industrialización por sustitución de importaciones (ISI) como estrategia de desarrollo, sino se apartó de la industrialización como sendero de progreso (Hirschman, 1987). Desde mediados de los años setenta, las políticas económicas privilegiaron la valorización financiera sobre la actividad productiva y, al mismo tiempo, procedieron a desarticular y destruir el tejido industrial. El resultado no pudo ser más negativo. Entre 1974 y 1994, la economía argentina se estancó. Salvo un par de años excepcionales, el PBI per cápita declinó año tras año y sólo volvió a superar los niveles de 1974 dos décadas más tarde. Como se sabe, las reformas neoliberales emprendidas en la década de 1990 no lograron construir una fórmula económica sustentable en el mediano plazo. Para peor, acentuaron algunos de los graves problemas que enfrentaba la economía argentina, como el fuerte peso de la deuda externa, la reprimarización de la canasta exportadora, la destrucción de capacidades productivas y tecnológicas del sector industrial y la fragmentación y pérdida de capacidades burocráticas del Estado nacional. El fin de siglo culminó con una de las mayores crisis económicas argentinas, que implicó un derrumbe del 24% del PBI per cápita en dos años. Además, la crisis económica amenazó con socavar las bases del régimen democrático reinstaurado en 1983, provocando una interrupción institucional de graves consecuencias y el estallido de los partidos políticos.

En conjunto, Argentina se ha convertido en un caso excepcional de una economía semiindustrializada, de renta media similar a algunos países europeos y altos niveles de urbanización, que, aunque se suponía destinado a convertirse en una nación industrializada, fracasó en ese sendero. Fue el único país del grupo de naciones que se industrializaron exitosamente a partir de la segunda posguerra (lo que la economista heterodoxa Alice Amsden denominó *"The Rest"*) que vio truncado su proceso de industrialización, cuyo desarrollo económico sufrió una severa reversión.

El fallido desarrollo argentino ha llevado a los analistas a proponer diversas explicaciones. Las interpretaciones son variadas y se inspiran en diversas corrientes teóricas que van desde la tradición marxista hasta los enfoques neoclásicos y neoinstitucionalistas.[1] Se destacan aquí dos argumentaciones que aún hoy permanecen como dominantes en los estudios de historia económica argentina.

---

[1] No es nuestro propósito aquí realizar un análisis exhaustivo sobre la cuestión, sino proponer algunas de las principales claves con que se ha intentado interpretar el complejo proceso económico argentino. Para una revisión bibliográfica ver Míguez (2005). Ver también su trabajo sobre las crisis económicas argentinas (2011) y los comentarios de Pablo Gerchunoff, Juan Carlos Korol, Andrés Regalsky, Fernando Rocchi y Juan Suriano.

La primera de ellas, tal vez hoy predominante en la historiografía económica, sostiene que la clave explicativa de la crisis argentina durante el siglo veinte se encuentra en el desempeño del Estado y sus políticas públicas. Esta interpretación reconoce un origen lejano y se inspiró inicialmente en la fuerte revalorización de las corrientes dominantes en la economía hacia finales de la década de 1960, con la crisis del keynesianismo y del estructuralismo "cepaliano". Sin duda, Carlos Díaz Alejandro (1975) ofreció el estudio fundador de esta corriente. Sostenía que la declinación de la economía argentina se había iniciado en la posguerra, cuando el peronismo había optado por políticas autarquizantes que habían desperdiciado las oportunidades abiertas por la reanudación del comercio internacional. Los resultados eran un lento crecimiento de la producción, la inflación y el déficit crónico de la balanza de pagos.

Díaz Alejandro no logró observar con suficiente perspectiva las transformaciones estructurales de la economía argentina luego de 1976, pero sus continuadores lejos de revisar su hipótesis la reforzaron. En la misma corriente interpretativa, Lewis (1993 y 2009) se propuso explicar la crisis del capitalismo argentino con un análisis profundo de las alternativas de la economía argentina antes y después de Perón. Con mayor énfasis interpretó que el gobierno peronista había cambiado el curso de la economía argentina hacia la industrialización autarquizante, el estatismo y la construcción de un Estado corporativo donde los grupos de presión, principalmente los sindicatos, pero también los empresarios y los militares, habían impugnado las diferentes estrategias ensayadas luego de 1955. Cuando a principios de la década de 1990, Lewis publicó *La crisis del capitalismo argentino*, manifestó su esperanza de que el menemismo y las reformas neoliberales sacarían a la Argentina de su largo estancamiento. Sin embargo, no dejó de apreciar que el intervencionismo estatal y el corporativismo habían echado raíces en el país de forma tal que ni el sistema democrático ni el empuje del empresariado local parecían estar a la altura de los desafíos. En cambio, prefirió omitir cómo desde el Estado se había alentado la especulación financiera, la fuga de capitales y los comportamientos cortoplacistas gracias a las reformas financieras de la dictadura.

Influenciado por el neoinstitucionalismo, Roberto Cortés Conde (1997 y 2005) ha llegado a conclusiones similares. Según este autor, el peronismo dio cauce a grandes transformaciones estructurales intentando dar respuesta a las presiones de amplios sectores de la población, las clases trabajadoras y medias asalariadas. Pero las reformas peronistas se habrían caracterizado por su discrecionalidad; el financiamiento no se obtuvo por medio de un nuevo pacto fiscal sino a través del aumento de los salarios y de la reserva del mercado interno a la industria, todo ello inevitable si se quería incrementar los salarios reales. Luego de 1955, el Estado quedó muy vulnerable frente a las presiones sectoriales y del propio gobierno, generando un contexto de fuerte inestabilidad y de lucha por la apropiación de los recursos. La consecuencia fue el debilitamiento de los derechos de propiedad y la inseguridad jurídica, que se tradujo en la caída de la inversión. Estos procesos se acentuaron en el período posterior a 1976, cuando se inició lo que el autor llamó "la Gran Depresión".

Por su parte, Gerardo Della Paolera y Alan Taylor (2003) han sostenido una posición algo diferente al mostrar que la economía argentina sufrió diversos momentos de quiebre y apartamiento de la convergencia con las economías desarrolladas. Como Cortés Conde, entienden que el entramado político e institucional es clave a la hora de explicar el desempeño económico argentino en el siglo veinte.

Las explicaciones centradas en el Estado y sus políticas de ninguna manera se han limitado a las perspectivas neoclásicas y neoinstitucionalistas. Con enfoque heterodoxo, Pablo Gerchunoff y Lucas Llach (1998) realizaron un recorrido por las políticas económicas del siglo veinte, identificando dos momentos de quiebre en el ritmo de crecimiento económico: los años treinta y, especialmente, el período 1975-1990. Por su parte, Aldo Ferrer (2008), con la colaboración de Marcelo Rougier, ha renovado su clásico estudio sobre la economía argentina, coincidiendo también en el inicio de un período de hegemonía liberal entre 1976 y el 2002, que sería acompañado de un menor ritmo de crecimiento, mayor desigualdad en la distribución del ingreso, el incremento de la deuda externa y la destrucción del aparato económico. Más recientemente, junto con Juan Carlos Korol (2012) revisamos la trayectoria económica argentina durante el último siglo mostrando cómo el país debió enfrentar a partir de 1913 coyunturas de fuerte crisis, que obligaron al Estado y los actores económicos y sociales a construir nuevas fórmulas. Si bien se destacan diferentes coyunturas de desaceleración y crisis, como la Primera Guerra Mundial y la Gran Depresión, identificamos al período abierto a mediados de los años setenta como un momento clave, a la luz de las reformulaciones extremas de las políticas económicas y las estrategias de los actores económicos frente a la hiperinflación y el estancamiento económico.

A diferencia de las interpretaciones influenciadas por las corrientes dominantes de la economía, en estos trabajos es claro que antes que un "agotamiento" de la ISI, Argentina padeció las consecuencias de un brusco cambio de las políticas económicas que, en el marco internacional de la crisis capitalista de los años setenta, llevó al abandono de la industrialización como sendero, destruyó capacidades productivas y tecnológicas, favoreció la concentración económica y deterioró los niveles de bienestar de la población.

La segunda de las interpretaciones sobre la declinación económica de Argentina, con una larga tradición en los análisis históricos sobre el desarrollo nacional, particularmente en la tradición marxista, ha centrado su explicación en el comportamiento de la clase capitalista.[2] A partir de la década de 1980, el trabajo de Jorge Sabato (1991) renovó el tema y generó un intenso debate en la historiografía económica. Sabato, quien elaboró lo que él mismo denominó "hipótesis de trabajo" en el marco de la última dictadura militar y en el contexto de la grave crisis económica iniciada en esos años. Sostenía la existencia de una clase dominante argentina, la cúspide de las clases propietarias, consolidada durante el momento de auge del "modelo agroexportador", con intereses diversificados en el agro, el comercio, las finanzas y la industria.

---

[2] Por supuesto, no se trata de interpretaciones antagónicas, sino más bien de relatos que se han focalizado en distintas dimensiones para explicar el derrotero de la economía argentina.

La ausencia de intereses sectorialmente diferenciados habría sido un factor clave para el fortalecimiento de su dominio. Sabato resaltaba que esta clase unificada, característica que ya había sido mencionada por algunos autores marxistas, impuso una estrategia económica de una extrema racionalidad capitalista: la maximización de los beneficios en el corto plazo. Su enfoque comercial y financiero, evidenciado en el mantenimiento de la liquidez del capital, derivó en una estrategia económica de adaptación a los sucesivos ciclos abiertos por el mercado internacional (el tasajo, la lana, el ganado en pie, los granos y la carne enfriada) mediante el traslado del capital de una a otra actividad comercial o productiva. Luego de la crisis mundial de 1929, esa misma clase habría liderado la inversión en el sector manufacturero durante la ISI, pero no por una vocación industrial, sino simplemente porque era en ese sector donde se obtenían las ganancias más altas. En suma, las mismas estrategias que habían favorecido la maximización de las ganancias y el crecimiento de la economía durante la expansión primario-exportadora se habrían impuesto luego de 1930, pero con resultados menos exitosos en términos de crecimiento del producto y del ingreso nacional. El análisis de Sabato excluía de hecho el papel que habían desempeñado el Estado y otras clases sociales como la clase trabajadora y el empresariado industrial. La ausencia de referencias a estos actores hace que sus hipótesis resulten menos plausibles para el período posterior a 1930, cuando la economía argentina creció impulsada por la ISI.

Por su parte, Schvarzer (1991 y 1996) reformuló las hipótesis de Sabato con sensibles cambios para explicar el fracaso de la industrialización argentina. Este autor sostuvo que la consolidación de la clase dominante y la conformación de grandes empresas que controlaban sus mercados inhibieron un camino alternativo consistente en la industrialización integrada, la innovación técnica y el desarrollo de capacidades empresariales. "La industria que supimos conseguir" es, pues, un sector manufacturero, fuertemente transnacionalizado, pero carente de los impulsos innovadores y de capacidades competitivas que caracteriza al sector a escala mundial. Por ello, cuando el Estado desmontó todas las políticas proteccionistas, se produjo una destrucción del tejido industrial que, si perjudicó a sectores empresarios dinámicos e innovadores, no afectó los intereses de los grupos dominantes.

Basualdo (2006) y Peralta Ramos (2007) han brindado interpretaciones que se concentran en el estudio de la burguesía argentina. Basualdo sostiene que en los años setenta, en el marco de las transformaciones del capitalismo internacional que dieron primacía al capital financiero, la "oligarquía diversificada" (como denomina a la fracción más poderosa de la clase dominante) ensayó una estrategia basada en el abandono de la ISI y la imposición de la valorización financiera. La conducta de la oligarquía diversificada habría sido una respuesta a la pérdida de influencia de la burguesía pampeana debido a la superación de las restricciones de la ISI. De esta manera, el punto de inflexión en la historia económica argentina sería la "revancha clasista" contra el modelo de la ISI y las alianzas sociales que la sustentaban. Por su parte, el análisis de Peralta Ramos se concentra no sólo en las relaciones entre fracciones de clase y la constitución del bloque de poder, donde las interpretaciones son similares a las expuestas por Basualdo, sino también en la internalización del conflicto en el seno del peronismo particularmente a partir de los años setenta.

Para Nochteff (1995), la economía argentina se caracterizó desde finales del siglo diecinueve por su comportamiento adaptativo a factores exógenos tales como el incremento de la población, el aumento de la demanda mundial de alimentos, las guerras y las crisis mundiales. El proceso económico argentino había pasado por sucesivas burbujas expansivas, similares a los períodos de flujo circular definidos por Schumpeter, pero eludiendo el sendero del desarrollo económico. Los impulsos hacia la obtención de rentas temporarias basadas en la innovación habrían sido débiles o inexistentes. Por el contrario, habrían predominado las "opciones blandas", las estrategias económicas centradas en la explotación de los recursos naturales (principalmente la gran fertilidad de la región pampeana) y de cuasi rentas monopólicas no innovadoras, sostenidas por el proteccionismo. Esto permitiría explicar cómo las élites económicas argentinas lideraron tanto el período de la gran expansión agroexportadora como la ISI y la etapa abierta en 1976 centrada en la especulación financiera.

Más recientemente Castellani (2009) ha retomado estas hipótesis al analizar las relaciones entre el Estado y las grandes empresas entre 1966 y 1989, es decir, la etapa de maduración y crisis de la ISI. La autora destacó la construcción entre el Estado y la élite económica de lo que denomina "ámbitos privilegiados de acumulación", que serían fuente de cuasi rentas monopólicas no innovadoras ni transitorias.

En los últimos años, desde el campo de la sociología económica, la historia y la economía, diversos autores han brindado nueva evidencia empírica sobre el papel del Estado y las transformaciones del poder económico, especialmente sobre las estrategias de diversos actores económicos, que han contribuido a hacer más compleja nuestra mirada sobre la segunda mitad del siglo veinte y las primeras décadas del siglo veintiuno.[3]

Justamente, el propósito de este libro es reunir nuevos aportes que, empleando diversos enfoques provenientes de la historia, la economía y la sociología económica se concentran en el estudio de las relaciones entre el Estado, la burguesía y los diversos sectores económicos en Argentina. El período bajo estudio se extiende entre 1955, momento en que se produce el derrocamiento del peronismo, y 2001, cuando ocurre el derrumbe del régimen de la convertibilidad y el estallido de una crisis económica y política sin precedentes.

¿Por qué 1955? El derrocamiento de Juan Domingo Perón desplazó del Estado a una alianza conformada por sectores del Estado (especialmente de las Fuerzas Armadas), fracciones del empresariado industrial y el movimiento obrero. Esta alianza no había podido resolver los dilemas que enfrentaba la economía argentina y que se expresaban en recurrentes crisis del sector externo. El creciente antagonismo entre el capital y el trabajo y la imposibilidad del gobierno peronista de mediar entre ambos

---

[3] Ver, por ejemplo, los aportes de Azpiazu y Schorr (2010), Belini (2017), Castellani (2012), Castellani y Gaggero (2012), Gaggero (2012 y 2013), Jáuregui (2013), Kosacoff (2007), Lanciotti y Lluch (2014 y 2018), Mercado, Kosacoff y Porta (2011), Odisio (2014), Rougier (2004, 2010, 2011 y 2013), Schorr (2004), Schorr y Wainer (2014).

intereses y ofrecer una resolución a los problemas económicos culminó con la caída del gobierno de Perón. Si bien el proceso que condujo al golpe cívico-militar estuvo vinculado al creciente autoritarismo del gobierno y al conflicto entre el Estado y la Iglesia católica, es claro que los problemas económicos tensionaban el escenario sociopolítico. A finales de la década de 1950, el gobierno de Arturo Frondizi impulsó una estrategia de apertura a la inversión extranjera que causó en pocos años un proceso de aguda transnacionalización, especialmente en el sector manufacturero, y de redistribución regresiva del ingreso. Las transformaciones producidas en la industria y el agro pampeano impulsaron, en el contexto de los "dorados" años sesenta, un nuevo ciclo de crecimiento más sostenido que culminaría con la crisis internacional del petróleo.

Respecto de la economía argentina, parece claro que si bien su estancamiento reconoce un momento de inicio a mediados de los años setenta, desde mediados de los años cincuenta, el desenvolvimiento de la industrialización se vio sometido a diferentes trabas y que su comportamiento estuvo signado por marcadas fluctuaciones sectoriales, el estallido de recurrentes conflictos por la distribución del ingreso y, como expresión de esas tensiones y en ocasiones de erradas políticas económicas, de una persistente y elevada inflación. Estos fenómenos influyeron de manera decisiva en la formulación de diagnósticos muy críticos sobre el desempeño económico argentino y la formulación de estrategias de aguda confrontación por parte de los actores económicos y sociales. El Estado se vio sometido a las presiones de los diferentes sectores, que debilitaron las capacidades estatales (O'Donnell, 1977). La caída de Perón inauguró un período de una lenta pero evidente declinación del Estado como proyecto de dominación. Resulta interesante observar que cuando la economía argentina parecía estar superando lentamente las rigideces que constreñían su desarrollo desde los años cincuenta, los diferentes contendientes sociales y políticos observaron con pesimismo la evolución económica. Este proceso se acentuaría mucho más en el marco de la crisis capitalista internacional de los años setenta. Como se sabe, con el golpe de Estado de 1976, una fracción de los sectores dominantes propondría entonces una reformulación radical de las políticas económicas que tenía como propósito disciplinar a los actores económicos y minar las bases de un orden económico basado en la industrialización orientada al mercado interno (Canitrot, 1980).

El arco temporal de los capítulos que componen esta obra culmina en la crisis del año 2001, momento en que se produjo el colapso del orden económico neoliberal implantado por el menemismo. La "segunda apertura", en el marco de la convertibilidad, introdujo transformaciones radicales en la economía argentina y alentó una nueva reconfiguración de los sectores dominantes: los grupos económicos y el capital extranjero.

El primer capítulo, escrito por Osvaldo Barsky, analiza las transformaciones del agro pampeano en la segunda mitad del siglo veinte atendiendo a los actores, las políticas económicas y los cambios tecnológicos y productivos. El autor sostiene que a partir de la década de 1950 se inició una nueva etapa en el agro pampeano mediante la implantación de un modelo tecnológico y productivo que, alentado por las políticas agropecuarias propiciadas desde el Estado y la esfera privada, permitió al sector superar el estancamiento de la producción agraria exportable. La expansión, sin embargo, se vio sometida a fluctuaciones cíclicas derivadas tanto de los precios internacionales como de las políticas económicas. En este último caso, particularmente sensible fue el manejo de las políticas cambiarias, que fueron el centro de la disputa y de los conflictos intersectoriales por la distribución del ingreso. De esta manera, el sector agrario conoció momentos de expansión durante los años sesenta y entre los años setenta y mediados de la década de 1990.

La última década del siglo veinte marcaría el inicio de profundas transformaciones tecnológicas y productivas, que repercutieron sobre la estructura agraria y la composición de los actores económicos y sociales del sector. En el marco de las reformas neoliberales, del retiro del Estado y la reversión de las políticas sectoriales y de un mercado mundial inicialmente desfavorable, la producción pampeana se transformó mediante la adopción de tecnologías de producción muy modernas y sumamente eficientes en términos de producción. Barsky concluye que el sector primario exportador ha mostrado un gran dinamismo productivo y continúa teniendo a comienzos del nuevo siglo, un importante peso en la estructura económica y en la generación de divisas.

Los capítulos 2 y 3 estudian las relaciones entre el empresariado y el Estado en dos momentos claves: los años de ascenso, apogeo y crisis del desarrollismo, y la dictadura autodenominada "Revolución Argentina". En el primero abordamos las relaciones entre el Estado y las corporaciones industriales en el gobierno de Arturo Frondizi. Sostenemos que el período desarrollista posibilitó, por vez primera desde los años cuarenta, la expresión de diferentes voces del empresariado industrial como la Unión Industrial Argentina (UIA) y la Confederación General de la Industria, que integraba la Confederación General Económica (CGE). Sin embargo, el frondicismo estuvo lejos de revertir la ausencia, heredada del peronismo, de canales orgánicos de colaboración y de negociación de las políticas industriales entre Estado y entidades empresarias y adoptó, en cambio, una estrategia que concentraba la toma de decisiones en la cúspide del partido gobernante, como un mecanismo de defensa frente a actores que se oponían a sus políticas. El dramático giro en la orientación del gobierno hacia políticas que combinaban la industrialización como meta con un programa de estabilización ortodoxo desalentó aún más la colaboración entre Estado y empresarios, y ni la UIA ni la CGE apoyaron al nuevo gobierno.

El capítulo de Aníbal Jáuregui analiza las relaciones entre el empresariado y el régimen de excepción que constituyeron los gobiernos de la "Revolución Argentina". Si bien la implantación de la dictadura contó con el apoyo explícito de las entidades empresarias, para las cuales un orden autoritario era imprescindible para resolver algunos de los dilemas que enfrentaba la economía argentina tales como los ciclos de *stop and go*, los conflictos distributivos y un nivel alto y persistente de inflación, el régimen militar sería incapaz de construir canales orgánicos de comunicación para la definición de políticas entre el Estado y las corporaciones. Por un lado, durante esos años no mejorarían las capacidades estatales para diseñar políticas desarrollistas consensuadas y estables. Al menos en parte, el escaso avance en este plano se relacionó con las divisiones existentes en el seno de los gobiernos que se sucedieron entre 1966 y 1973, donde el grupo liberal, partidario de una solución autoritaria que privilegiara la relación con el empresariado y marginara al movimiento obrero, se enfrentó al grupo "paternalista" y al sector nacionalista, partidarios de alguna forma de integración de los sindicatos peronistas. Además, el fracaso en la construcción de un "Estado desarrollista" encuentra parte de su explicación en la heterogeneidad y fragmentación del empresariado argentino, que dificultó el surgimiento de interlocutores representativos entre el Estado y el capital.

El artículo analiza los conflictos entre las tres corrientes presentes en el interior del régimen militar, así como los posicionamientos de los empresarios y de las entidades empresarias ante el gobierno de Onganía. El autor concluye que las relaciones entre el Estado y los empresarios durante esos años estuvieron marcadas por algunos acuerdos, pero también por muchos conflictos, distanciándose muy poco con respecto a lo que venía sucediendo desde la caída de Perón en 1955.

Los siguientes dos capítulos desplazan su atención de las entidades empresarias hacia el comportamiento y el desempeño de la empresa transnacional y la inversión extranjera. Es éste un tema clave a la hora de explicar el funcionamiento del capitalismo argentino toda vez que, como la mayor parte de América Latina, la presencia del capital extranjero fue clave en el proceso de industrialización en Argentina y ello determinó un nivel de transnacionalización económica muy temprano y de manera persistente a lo largo de la segunda mitad del siglo veinte (Fajnzylber, 1983 y 1990). El artículo escrito por Andrea Lluch y Norma Lanciotti presenta nueva evidencia empírica sobre el flujo, origen y destino de la inversión extranjera en el sector manufacturero durante la etapa "compleja" de la ISI. El trabajo analiza brevemente el contexto internacional que alentó un nuevo ciclo de expansión de las empresas transnacionales hacia las economías en vías de industrialización, las políticas adoptadas por Argentina para promover y regular el flujo de capitales externos hacia la industria, y el origen, destino y formas de organización empresaria que caracterizaron este período de inversión extranjera directa.

El capítulo de Lluch y Lanciotti confirma el papel predominante que la inversión extranjera tuvo en la industrialización argentina de posguerra. Sin embargo, el enfoque de historia de empresas elegido por las autoras les permite iluminar otras características relevantes del ciclo de inversión extranjera entre 1950 y 1976. En primer lugar, que la presencia del capital extranjero se diversificó en todas las ramas industriales durante la década de 1960, incluyendo las industrias más dinámicas, como la automotriz, la farmacéutica y la petroquímica, pero también aquellos sectores que crecían a ritmo más lento, como las alimenticias, textiles y varias actividades metalúrgicas. En segundo lugar, que, en término del número de empresas, el ingreso no se concentró durante el gobierno de Frondizi (1958-1962) ni aun los años del "onganiato", entre 1966 y 1970, sino que se mantuvo de manera constante desde principios de los años cincuenta. Por otra parte, si bien el capital extranjero se radicó preferentemente en la industria manufacturera, el sector financiero y bancario también vio multiplicar y expandir la presencia de compañías multinacionales. Finalmente, en términos de origen, recién en los años sesenta se produjo el desplazamiento de las empresas de capital británico y el dominio de las firmas norteamericanas en un proceso tardío en relación a otras naciones de América Latina.

El capítulo de Jordi Catalán analiza el desarrollo de la industria automotriz en tres economías que se industrializaron tardíamente: Corea del Sur, España y Argentina. Se trata de un sector especialmente relevante a la hora de analizar los procesos de "industrialización tardía y muy tardía" ya que lideró el crecimiento industrial de posguerra. La complejidad tecnológica y productiva de la industria y las escalas mínimas de producción implicaron importantes esfuerzos para las economías nacionales al tiempo que requirieron la puesta en marcha de políticas industriales y de inversión extranjera. Empleando el enfoque de historia comparada, Catalán analiza las políticas industriales en tres períodos de posguerra (los años de posguerra, la etapa final de la edad dorada del capitalismo, y las décadas de 1970 y 1980 marcadas por la estanflación), la evolución de la producción en cada etapa y la trayectoria del sector en el largo plazo. El autor sostiene que las políticas de fomento sectorial, caracterizadas por una alta protección y el apoyo a los "campeones nacionales", fueron los factores que permitieron la emergencia de un sector automotor competitivo, mediante el aprendizaje tecnológico y el control del sector por empresas de capital nacional. Mientras Corea del Sur sostuvo sistemáticamente políticas industriales con objetivos y normas precisos, así como el apoyo a las empresas nacionales, en el otro extremo Argentina se caracterizó por la falta de reglas de juego estables con cambios permanentes de los criterios de las políticas sectoriales, la apertura amplia a las empresas transnacionales y los efectos nocivos de los desequilibrios macroeconómicos. Este estudio comparativo permite al autor sostener el papel crucial que desempeñaron las políticas estatales en el desarrollo industrial, la maduración de sus capacidades tecnológicas y productivas, y, en definitiva, los procesos de industrialización exitosos.

Los dos capítulos finales se focalizan en la última década del siglo veinte, momento en que el peronismo condujo, en el marco del Consenso de Washington, la apertura de la economía argentina a los flujos comerciales y financieros mundiales, y la implantación del régimen de convertibilidad. Los artículos de Eloi Serrano Robles y Alejandro Gaggero analizan las estrategias de dos actores centrales del fin de siglo: los grupos económicos locales y el capital extranjero, en el primer caso, español.

El capítulo de Serrano Robles estudia el ingreso de la inversión española, especialmente pública, en la economía argentina como parte de un proceso más amplio de internacionalización de las empresas españolas que tuvo especial relevancia en América Latina. El autor analiza los factores que explican la propensión de la inversión española por América Latina y Argentina en particular. Para el autor, se trató de un proceso singular marcado por una súbita internacionalización de empresas inmaduras que adquirieron un papel destacado en Argentina, que por entonces aplicaba en extremo el recetario de las políticas neoliberales bendecidas por el Consenso de Washington. El estudio presenta una estimación cuantitativa de la inversión española y su destino en términos sectoriales, poniendo énfasis en los objetivos y las modalidades de las políticas de privatización aplicadas durante la década menemista. Sobre la base de nueva evidencia empírica, el trabajo sostiene que la inversión española adquirió un papel dominante especialmente en los nuevos sectores abiertos por el programa de privatizaciones, básicamente el petróleo, la electricidad y la aeronavegación. La inversión española también ingresó en el sistema financiero, que desde la década de 1970 estaba expuesto a la inversión extranjera.

Alejandro Gaggero analiza las estrategias de los grupos económicos durante el lustro que precedió a la crisis de 2001 y el derrumbe de la convertibilidad. Los grupos económicos surgidos y/o fortalecidos durante los años de la última dictadura militar (1976-1983) y a lo largo de la década de 1980 debieron hacer frente en la década siguiente a las transformaciones económicas implementadas por el gobierno de Carlos Menem. Si bien esos grupos habían alentado las reformas y algunos de ellos ejercieron una gran influencia en el nuevo gobierno, las reformas neoliberales impusieron cambios en el entorno económico en que esos grupos se habían consolidado. Por un lado, la reforma arancelaria, la desregulación y eliminación de algunos de los programas de promoción industrial, la privatización acelerada e indiscriminada de las empresas públicas transformaron radicalmente el entorno macroeconómico en que esas fracciones del empresariado se habían robustecido. Por el otro, las políticas menemistas alentaron el ingreso de empresas extranjeras que se instalaron en sectores y actividades antes reservadas a los grupos nacionales. El autor sostiene que los grupos ensayaron tres estrategias principales: especialización, retirada oportuna y reconversión. Estos senderos tuvieron resultados diversos, que dependieron de factores tales como el grado de diversificación de los grupos, su estructura de propiedad, los mercados en donde se ubicaban sus actividades principales y las expectativas sobre la posible competencia de empresas extranjeras, el nivel de endeudamiento y el desempeño económico de sus empresas durante los años noventa, entre otros. Más en general, el proceso de reconversión y retirada de los grupos económicos a finales del siglo veinte se expresó en una pérdida de su importancia económica y un fortalecimiento del capital extranjero. El artículo aporta nueva evidencia empírica de carácter microeconómico sobre el comportamiento de la cúpula empresarial argentina.

En conjunto, los ensayos presentados en este libro plantean renovadas preguntas y ofrecen nueva evidencia empírica en torno a las relaciones entre el Estado, las corporaciones y los sectores empresariales. Se trata de aportes relevantes que contribuyen a comprender la compleja trama de actores, estrategias y políticas que se esconde por detrás de la crisis de la economía argentina durante la segunda mitad del siglo veinte.

Referencias bibliográficas

Amsden, Alice, 2001, *The Rise of 'The Rest'. Challenges to the West from Late-Industrializing Economies*, Oxford University Press.

Azpiazu, Daniel, Basualdo, Eduardo y Khavisse, Miguel, 1986, *El nuevo poder económico en la Argentina de los años ochenta*, Buenos Aires: Legasa.

Azpiazu, Daniel y Schorr, Martín, 2010, *Hecho en Argentina. Industria y economía, 1976-2010*, Buenos Aires: Siglo XXI Editores.

Basualdo, Eduardo, 2006, *Estudios de historia económica argentina*, Buenos Aires: Siglo XXI.

Belini, Claudio, 2017, *Historia de la industria en la Argentina. Desde la independencia hasta la crisis del 2001*, Buenos Aires: Sudamericana.

Belini, Claudio y Korol, Juan Carlos, 2012, *Historia económica de la Argentina en el siglo XX*, Buenos Aires: Siglo XXI Editores.

Canitrot, Adolfo, 1980, "La disciplina como objetivo de política económica. Un ensayo sobre el programa económico del gobierno argentino desde 1976", en *Desarrollo Económico*, vol. 19, n° 76.

Castellani, Ana, 2009, *Estado, empresas y empresarios*, Buenos Aires: Prometeo.

——— (comp.), 2012, *Recursos públicos, intereses privados. Ámbitos privilegiados de acumulación en Argentina (1966-2003)*, Buenos Aires: UNSAM Edita.

Castellani, Ana y Gaggero, Alejandro, 2012, "La retirada heterogénea. Estrategias y desempeños de los grupos económicos nacionales en la Argentina de los años noventa", en *Apuntes*, n° 70.

Cortés Conde, Roberto, 1997, *La economía argentina en el largo plazo (Ensayos de historia económica en los siglos XIX y XX)*, Buenos Aires: Sudamericana.

———, 2005, *La economía política de la Argentina en el siglo veinte*, Buenos Aires: Edhasa.

Della Paolera, Gerardo y Taylor, Alan (eds.), 2003, *A New Economic History of Argentina*, Cambridge: Cambridge University Press.

Díaz Alejandro, Carlos, 1975, *Ensayos sobre la historia económica argentina*, Buenos Aires: Amorrortu.

Fajnzylber, Fernando, 1983, *La industrialización trunca de América Latina*, México: Editorial Nueva Imagen.

———, 1990, *Unavoidable Industrial Restructuring in Latin America*, Durham y Londres: Duke University Press.

Ferrer, Aldo, 2006, *La economía argentina*, con la colaboración de Rougier, Marcelo, Buenos Aires: Fondo de Cultura Económica.

Gaggero, Alejandro, 2012, "La retirada de los grupos económicos argentinos durante la crisis y salida del régimen de convertibilidad", en *Desarrollo Económico*, vol. 52, n° 206.

———, 2013, "La desaparición de los grupos económicos nacionales de la cúpula empresarial argentina durante la década de 1990. Los casos de GATIC, ASTRA y Soldati", en *H-industri@*, vol. 7, n° 12.

Gerchunoff, Pablo y Llach, Lucas, 1998, *El ciclo de la ilusión y el desencanto. Un siglo de políticas económicas argentinas*, Buenos Aires: Ariel.

Hirschman, Albert, 1987, "The Political Economy of Latin American Development. Seven Exercises in Retrospecion", en *Latin American Research Review*, vol. 22, n° 3.

Jáuregui, Aníbal, 2013, "Las organizaciones de los industriales argentinos en la era del desarrollo, 1955-1976", en *Revista de Sociologia e Política*, vol. 21, n° 47.

Kosacoff, Bernardo, 2007, *Hacia un nuevo modelo industrial. Idas y vueltas del desarrollo argentino*, Buenos Aires: Capital Intelectual.

Lanciotti, Norma y Lluch, Andrea, 2014, "Las empresas extranjeras en la fase de industrialización dirigida por el Estado: estructuras organizativas y estrategias de entrada, Argentina 1944-1972", en *Apuntes*, n° 75.

——, 2018, *Las empresas extranjeras en Argentina desde el siglo XIX al siglo XXI*, Buenos Aires: Imago Mundi.

Lewis, Paul, 1993, *La Crisis del capitalismo argentino*, Buenos Aires: Fondo de Cultura Económica.

——, 2009, *The Agony of Argentine Capitalism: from Menem to Kirchners*, California.

Mercado, Rubén, Kosacoff, Bernardo y Porta, Fernando, 2011, *La Argentina del largo plazo: crecimiento, fluctuaciones y cambio estructural*, Buenos Aires: PNUD.

Míguez, Eduardo, 2005, "El fracaso argentino. Interpretando la evolución económica en el 'corto siglo veinte'", en *Desarrollo Económico*, vol. 44, n° 176.

Nochteff, Hugo, 1995, "Los senderos perdidos del desarrollo. Elite económica y restricciones al desarrollo en la Argentina", en Azpiazu, Daniel y Nochteff, Hugo, *El desarrollo ausente*, Buenos Aires: Tesis Norma.

Odisio, Juan Carlos, 2014, *Empresas públicas e industrialización en Argentina. Petroquímica General Mosconi y el papel del Estado argentino en el desarrollo de la industria básica, 1969-1993*, Tesis de Doctorado, Buenos Aires: FSOC-UBA.

O'Donnell, Guillermo, 1977, "Estado y alianzas en la Argentina", en *Desarrollo Económico*, vol. 16, n° 64.

Peralta Ramos, Mónica, 2007, *La economía política argentina. Poder y clases sociales, 1930-2006*, Buenos Aires: Fondo de Cultura Económica.

Rougier, Marcelo, 2004, *Industria, finanzas e instituciones. La experiencia del Banco Nacional de Desarrollo, 1967-1976*, Bernal: UNQ.

——, 2011, *Estado y empresarios en la industria del aluminio. El caso Aluar*, Bernal: UNQ.

—— (dir.), 2013, *Estudios sobre la industria argentina*, Carapachay: Lenguaje claro Editora, 3 vols.

Sabato, Jorge, 1991, *La clase dominante en la Argentina moderna. Formación y características*, Buenos Aires: Imago Mundi-Cisea.

Schorr, Martín, 2004, *Industria y Nación*, Buenos Aires: Edhasa.

Schorr, Martín y Wainer, Andrés, 2014, "Concentración y extranjerización del capital en la Argentina reciente. ¿Mayor autonomía nacional o incremento de la dependencia?", en *Latin American Research Review*, vol. 49.

Schvarzer, Jorge, 1991, *Empresarios del pasado. La Unión Industrial Argentina*, Buenos Aires: Imago Mundi-Cisea.

———, 1996, *La industria que supimos conseguir*, Buenos Aires: Planeta.

OSVALDO BARSKY

1 | Actores, políticas y procesos en la transformación del agro pampeano en la segunda mitad del siglo veinte

Antecedentes

Entre 1870 y 1913, mientras los países de América Latina multiplicaban sus exportaciones en 7,3 veces, Argentina lo hacía por 45,2. Este crecimiento explicaría que en este período la tasa de crecimiento del PBI per cápita fuera la más alta del mundo, con una tasa de crecimiento compuesto del 2,5% seguida por Canadá (2,2%) y Estados Unidos (1,8%).

El rol del agro pampeano fue decisivo, articulando importantes inversiones de capital extranjero y nacional que ampliaron rápidamente la infraestructura de transportes (ferrocarriles), puertos, frigoríficos y el gran crecimiento de un sistema comercial y financiero apto para solventar la expansión productiva primaria y los procesos asociados, entre ellos numerosas agroindustrias.

Ello se debió al crecimiento de una ganadería lanar primero y vacuna después, con excepcionales cambios en su calidad genética, sistemas de alimentación y tecnología que permitieron constituir al país en el primer exportador mundial de carne primero congelada y luego enfriada. Estos procesos fueron desarrollados por productores ganaderos propietarios y arrendatarios. Simultáneamente, se produjo una extraordinaria expansión de la agricultura extensiva, esencialmente trigo, maíz y lino, en base a la adaptación al medio local de variedades de alto rendimiento, y de un sistema de avanzada difusión de los procesos de mecanización, aprovechando la oferta internacional generada en los países industrializados, particularmente los de agricultura extensiva y templada. Esta expansión estuvo a cargo de una importante cantidad de productores de diverso tamaño, propietarios y arrendatarios.

Estos procesos estuvieron asociados a una gran inmigración, esencialmente de los países europeos, que permitió que la tasa de crecimiento demográfico duplicara entre 1850 y 1912 a la de América Latina. Hacia fines de la década de 1920 se había completado el proceso de ocupación y puesta en valor de las 51 millones de hectáreas de uso agropecuario de la región pampeana.

Hacia fines de la década del treinta el modelo tecnológico implantado en la agricultura pampeana era similar a los de otros países de agricultura extensiva, en lo referente a la utilización intensiva de maquinaria; se había desarrollado un razonable nivel genético en cereales, pero tenía, por problemas vinculados con el tipo de estructura social agraria y con la falta de inversiones adecuadas en el sistema de transporte de granos, profundas deficiencias en términos de manejo de las unidades, lucha contra plagas y malezas y adecuada manipulación de los productos. Pese a ello, dadas las excepcionales condiciones de fertilidad y clima, sus rendimientos eran altos si se miden en términos comparativos internacionales. Superaban en el quinquenio 1935-1939 a los de Estados Unidos, Canadá, Australia en trigo y a los de maíz en Estados Unidos. Sin embargo, esta comparación internacional no puede ocultar el inicio de una profunda brecha tecnológica con los países señalados, que comenzaba a desarrollarse como consecuencia de la ausencia de políticas estatales de largo plazo en el ámbito de la generación tecnológica, la lenta mejora del sistema de transporte (bodegas, instalaciones a granel, silos en puertos), y la debilidad de la industria proveedora de maquinaria agrícola, dependiente totalmente del exterior en materias primas, e inexistente en rubros en creciente desarrollo como la fabricación de tractores.

El retroceso agrícola pampeano

Entre 1944 y 1952 hay una *caída* de la producción de trigo, maíz y lino (principales productos agrícolas de exportación), compensada insuficientemente por la expansión ganadera bovina. Este fenómeno afectó seriamente la situación del sector externo argentino. El aumento considerable del consumo de carne bovina por la expansión del mercado interno agravó aún más la situación, dadas las crecientes necesidades de divisas para la compra de insumos destinados al sector industrial. La estrecha vinculación de la producción de carne y cereales con el mercado mundial obliga a revisar las tendencias principales de éste, fuertemente explicativas de los grandes movimientos productivos de la región pampeana. A comienzos de la década del cuarenta, se alterará sensiblemente la distribución de la producción mundial y el peso respectivo de los países exportadores. En Europa, la guerra generó una destrucción muy alta de la agricultura y se careció de insumos básicos, lo que en términos generales significó un retroceso importante de la producción. En Estados Unidos se supuso que la llegada de la guerra intensificaría los problemas agrícolas de la década del treinta, puesto que se cerrarían mercados. La política de restricción de la producción se mantuvo hasta 1941, cuando el fuerte crecimiento de la demanda interna e internacional alteró bruscamente esta situación. Un proceso similar se desarrollaba en Australia. La campaña "Alimentos para la Libertad" implicó para Estados Unidos el inicio en 1942 de una serie de acciones estatales y convenios internacionales que fueron situando a la agricultura americana en el centro del mercado mundial de alimentos, al tiempo que se expandía fuertemente su producción introduciendo grandes cambios tecnológicos. En este período, el control naviero fue decisivo para dominar el mercado internacional de alimentos. La Segunda Guerra Mundial dejó a Estados Unidos como la potencia dominante. Una preocupación muy grande de los círculos gobernantes americanos era mantener el proceso expansivo generado durante la guerra, lo que implicaba la necesidad de la existencia de mercados que pudieran absorber la misma cantidad de exportaciones que se realizaron en este período, sobre todo a través de las leyes de préstamos y arriendos que habían permitido abastecer a las potencias. El dilema de hierro para Estados Unidos era una gran expansión del comercio exterior o una depresión seguramente mucho peor que la de 1930.

El período de posguerra continuó desarrollando estas tendencias. En Europa la escasez de alimentos era muy alta. Al ponerse en marcha el *European Recovery Program*, más conocido como Plan

Marshall, de ayuda económica a Europa, la Economic Cooperation Administration (ECA), encargada de administrar la cooperación económica de Estados Unidos, jugó un rol central en la organización de los mercados proveedores de alimentos a Europa, privilegiando la producción norteamericana y de otros países. Argentina fue cuidadosamente excluida de participar en estos mecanismos.

El boicot norteamericano a las exportaciones agrícolas y a las importaciones de insumos entre 1942 y 1949 fue altamente relevante. En relación con las causas de este boicot, se han señalado varias dimensiones que explican el interés de sectores dirigentes norteamericanos por trabar las exportaciones agropecuarias argentinas y provocar la caída de su producción cerrando el abastecimiento de los insumos más estratégicos. Deben tenerse en cuenta la rivalidad panamericana, las complejas relaciones triangulares de Inglaterra, Estados Unidos y Argentina en el momento de la transición de la hegemonía británica a la norteamericana, las tendencias en sectores dirigentes de Argentina de simpatía con el Eje y el choque con corrientes nacionalistas en auge en este país. Sin negar la complejidad de la temática y caer en el reduccionismo económico, señalamos la importancia que tenía para Estados Unidos el desplazamiento del comercio internacional de uno de los principales exportadores de trigo y maíz, que además estaba en condiciones de expandir rápidamente su producción en función de las demandas previsibles después de la Segunda Guerra. El boicot americano afectó la presencia argentina en el mercado mundial agropecuario y contribuyó a disminuir la producción agrícola al bloquear el ingreso de insumos claves.

El boicot en materia de insumos fue muy relevante. El conflicto bélico dejó a Estados Unidos prácticamente como el único oferente importante de combustibles (carbón, petróleo y derivados) y de materias para la industria, así como de diversos tipos de maquinaria, repuestos y otros productos industriales. Este boicot se extendió en forma casi ininterrumpida entre febrero de 1942 y 1949 inclusive. La Junta de Producción de Guerra de Estados Unidos denegó sistemáticamente las licencias de exportación de hierro, acero y equipo petrolífero para Argentina. En 1944 se prohibió expresamente la exportación de vehículos automotores locomotoras y material rodante. Asimismo, se presionó exitosamente a Bolivia, Brasil y Chile, impidiendo a través de la acción de las respectivas embajadas norteamericanas el envío de caucho, estaño y cobre. La falta de combustibles y de repuestos para la maquinaria fue un duro golpe para el proceso productivo y el transporte interno. La carencia de carbón obligó a utilizar los cereales como combustible, además de la madera de eucaliptus que se encontraba a los costados de vías férreas. Argentina no pudo tener acceso a la maquinaria más avanzada de Estados Unidos y se realizaron compras en Europa de tractores de muy baja calidad. Recién en 1950 desaparecieron estas trabas al variar bruscamente su política el gobierno argentino y obtener un crédito norteamericano de 125 millones de dólares para la compra de maquinaria agrícola.

Las políticas estatales vinculadas con la regulación de la comercialización de productos de la región pampeana funcionan en Argentina como respuestas a situaciones adversas en el mercado internacional. Al iniciarse la Segunda Guerra se afrontaron dos tipos de problemas. En relación con la producción de carne, dado que la demanda internacional se reorientó hacia los productos de calidad inferior, el gobierno dictó en 1941 un decreto que defendía a los invernadores, obligando a los frigoríficos a pagar precios uniformes por los novillos de calidad similar destinados a exportación, y, por vía del Banco Central, se fijó un fondo de subsidio para pagar precios diferenciales por calidad. El problema más dramático fue la producción de cereales y lino. La combinación de la falta de transporte marítimo, la inexistencia hasta el momento de una flota estatal nacional, con la marginación descripta más arriba de Argentina de los mercados mundiales, generaron notables dificultades. Ello afectó a los tres productos, pero en mucho mayor medida al maíz. Éste era exportado para servir de forraje y, dado el retroceso ganadero de los países europeos y la falta de bodegas, se privilegiaban los insumos estratégicos. Ello explica que las demandas de trigo y carne cayeran en menor medida. El maíz pasó así de representar el 21% del total exportado antes de la guerra a menos del 1% después de 1941. Una parte importante del maíz fue desplazada para su utilización como forraje ganadero, tanto bovino como porcino. Ello se hizo dentro de las propias unidades productivas o mediante la adquisición del cereal a la Junta Reguladora de Granos, que vendía sus existencias a menor precio del pagado a los productores. Otro destino importante de la producción fue el combustible para el transporte ferroviario, frigoríficos y otras industrias.

El impacto sobre las exportaciones agrícolas fue decisivo. El volumen físico de las mismas había bajado a la cuarta parte entre 1937 y 1942, y a la quinta parte en términos de valor. Este proceso hizo también descender la participación de la agricultura pampeana en el total de las exportaciones agrícolas. El cierre de los mercados internacionales y la falta de insumos y medios de transporte fueron factores claves para explicar la caída de la producción agrícola en estos años. Dado que las exportaciones vacunas y lanares subieron ininterrumpidamente en términos de valor entre 1936 y 1947 hasta significar un incremento del 150%, el desplazamiento hacia la ganadería fue una consecuencia lógica. La caída de las exportaciones, que arrastró a la producción, se concentró en maíz, trigo y lino. En términos físicos las exportaciones agrícolas llegaban en 1947 apenas a algo más del 60% de las del quinquenio 1935-1939.

En las causas de la caída de la producción agrícola en las décadas del cuarenta y comienzos del cincuenta, fueron importantes las políticas económicas en relación con el agro pampeano impuestas desde 1943: el desaliento de la producción agropecuaria a través de la disminución de sus ingresos en beneficio del sector estatal, del industrial y del consumidor; la pérdida de mercados de exportación para productos agropecuarios, debido a la conjunción de estos factores con una errónea política de comercialización y la descapitalización del agro, que se tradujo en un bajo nivel de mecanización y tecnificación así como una importante declinación de los medios de transporte y de la energía disponibles. Un factor central que explica la caída productiva de los años siguientes está ligado a los cambios producidos en la estructura agraria. Por un lado, al recupero de tierras de muchos propietarios que las tenían arrendadas para la producción agrícola y las pasaron a ganadería. Por otro, a la posibilidad legal permitida por las nuevas leyes dictadas de que los arrendatarios destinaran hasta el 50% de sus unidades a la explotación ganadera. Además, los otros factores analizados, como la falta de insumos y maquinarias y el encarecimiento de la mano de obra al dictarse leyes como la del Estatuto del Peón, aumentaron los costos y bajaron los rendimientos, lo cual desalentó fuertemente el mantenimiento de la agricultura. La suba internacional de precios agrícolas fue absorbida por los tipos de cambio diferenciales para beneficiar el desarrollo industrial, por lo cual la caída se prolongó hasta 1952.

La política peronista desde 1948-1949 trató tardíamente de obtener mejores respuestas productivas: utilizó para ello un incremento de los créditos, señales de mejores precios en los momentos de siembra, importación creciente de maquinaria e implementos agrícolas, estímulo a la industria local de estos elementos e inicio de procesos destinados a la fabricación local de tractores. Este viraje demoró su respuesta por las notables sequías de comienzos de la década de 1950. El balance final del período indicará que se ha producido un cambio decisivo en el rol del sector agropecuario argentino. Por una parte, la caída productiva del agro pampeano ha desplazado a Argentina de su rol de gran exportador mundial de productos agropecuarios. Mientras que en el decenio 1930-39 el país exportaba el 65% del total mundial de maíz, el 38% de las carnes y el 25% del trigo, en el decenio 1946-55 tales cifras habían bajado al 27% en maíz, al 18% en carnes y al 10% en trigo. Esta declinación también se reflejará en la participación del producto bruto agropecuario en el producto bruto interno, bajando del 26% en 1935-39 al 15% en 1950-52. Una de las causas importantes ha sido la relación desfavorable de precios internos hacia el sector agropecuario.

El pasaje hacia la nueva expansión agrícola pampeana

Hacia la década de 1950 el modelo tecnológico desarrollado primariamente en la región pampeana se había agotado. En Estados Unidos en estos años el cambio tecnológico expandió la mecanización, perfeccionó las técnicas de irrigación, amplió los sistemas que vinculaban la agricultura y la ganadería, mejoró la utilización del suelo para favorecer su conservación, introdujo en forma masiva el uso de pesticidas, insecticidas y herbicidas con lo que se combatió mucho más adecuadamente a las enfermedades de las plantas y a los insectos y se eliminaron las malas hierbas. Simultáneamente comenzó un aumento relevante del empleo de fertilizantes y entre 1950 y 1970 se sextuplicó su utilización por hectárea. La manipulación genética de las semillas permitió obtener variedades de muy alto rendimiento en trigo, arroz y maíz. Estos procesos tuvieron un gran impacto en la estructura agraria bajando fuertemente el número de unidades y disminuyendo la población rural que sólo entre 1960 y 1970 bajó de 15,6 a 8 millones de habitantes. Situaciones similares se vivieron en Canadá. En Europa también se produjo una gran expansión de la producción agropecuaria.

Los cambios tecnológicos se expandieron a los países en desarrollo por diversas vías. La más espectacular estuvo asociada al proceso que se dio en llamar "la revolución verde", que giraba alrededor de cambios en las variedades agrícolas reemplazando a las tradicionales por especies de altos rendimientos adaptadas a las condiciones de cada país. Un papel relevante tuvieron las instituciones internacionales creadas para impulsar estos procesos. En Argentina se inició un proceso de recupero agrícola. Las inversiones agropecuarias pampeanas aumentaron sustantivamente desde comienzos de la década del cincuenta, estimándose que la inversión bruta real fija en la explotación agrícola ganadera aumentó más del doble en esta década. Entre 1955 y 1960 la inversión ascendió al 17,7% del ingreso agropecuario bruto. La recuperación del sector agropecuario, cuya expresión es el comienzo de la expansión agrícola de 1953, obedeció a una expansión de la acumulación que en gran medida se tradujo en inversiones en maquinarias. El capital fijo renovable de la agricultura en Argentina, determinado en medida dominante por la pampeana, inició una recuperación sostenida desde su menor nivel en 1946, y en 1955 ya había superado a los montos de 1939. En el trienio 1953-55 los precios agropecuarios pampeanos mejoraron su relación con los industriales en un 40% a pesar de que los precios internacionales cayeron un 25% en esos años.

En 1956, el economista Raúl Prebisch, que había sido el director ejecutivo del Banco Central argentino y en este año era secretario general de la Comisión Económica para América Latina (CEPAL), eleva un informe al gobierno argentino que contiene un conjunto de propuestas que constituyen un programa de políticas para el sector y que desnudan las falencias acumuladas en el agro pampeano: 1. Precios favorables de los productos agropecuarios. 2. Construir silos y elevadores de campaña y dotar a los ferrocarriles de elementos para el transporte a granel para reducir las importaciones de arpillera y bajar los costos de producción. 3. Mejorar la vialidad rural, especialmente los accesos a los caminos troncales y a las estaciones de ferrocarril. 4. Crear un instituto de investigación y difusión tecnológica que difunda las prácticas desarrolladas en el país y en el exterior. 5. Eliminar las prácticas laborales que impiden el mejor aprovechamiento de la mano de obra y de los equipos de producción y movilización de las cosechas y productos pecuarios. 6. Estimular el desarrollo de la maquinaria agrícola y facilitar la importación de lo que no se produzca económicamente. 7. Estimular la producción de abonos, herbicidas, plaguicidas y semillas de granos y forrajeras mejoradas. 8. Reestructurar el mercado nacional de hacienda distribuyendo los beneficios ganaderos entre todos los productores. 9. Alentar la exportación de carnes y subproductos a mercados tradicionales y a nuevos mercados y para ello estimular la tipificación de las haciendas.

Comenzaron en este período políticas más favorables al sector agropecuario, cuyo aspecto más destacado fue la combinación de créditos subsidiados y beneficios impositivos. En 1962 se agregaron diversos tipos de deducciones tendientes a favorecer las inversiones en ganadería. Todos estos mecanismos, que además se apoyaban en la difusión de un crédito directo a los productores con base en los cambios operados en el sistema crediticio, facilitaron la obtención de recursos. Junto al cambio de la oferta tecnológica influyeron en la conducta de los productores, dando lugar a un proceso de expansión agrícola, más lento inicialmente, pero que se intensificó desde mediados de los años sesenta.

En el aspecto tecnológico los impulsos fundamentales se dieron en materia de provisión de maquinarias e implementos agrícolas. Al tiempo que se favorecía su producción nacional se impulsó la instalación de filiales extranjeras dedicadas a la fabricación de tractores. Hacia finales de la década, ello posibilitaba el autoabastecimiento en estos rubros. Correlativamente se acentúa la caída de las existencias de equinos, que disminuyen en 1,4 millones de cabezas en el primer período y en casi 2 en el segundo. Esto último permitió liberar tierras (dos millones de hectáreas en la década de 1950) para la producción. Junto con la disminución del número de ovinos (4 millones de cabezas menos) ello explica la expansión conjunta de la superficie agrícola y de la producción ganadera. La aparición a comienzos de la década de la cosechadora automotriz de plataforma de maíz y la difusión de un sistema a granel de cosecha permitieron resolver la escasez de mano de obra generada en estos años. La mano de obra disponible había disminuido durante toda la década anterior como consecuencia de un proceso de expulsión provocado por la fuerte reducción de la superficie agrícola sembrada y complementada por la sostenida demanda de los centros urbanos. El proceso de mecanización señalado eliminará operaciones como la recolección manual, el embolsado, el transporte y la estiba de las bolsas y otras, eliminando un alto número de operarios. En este período disminuye notablemente la migración transitoria hacia la región pampeana en épocas de cosecha, salvo hacia las zonas de cultivos intensivos en expansión. Entre 1947 y 1960 el número de obreros rurales baja en la pampa un 52%, pero dicha disminución se da casi exclusivamente en los obreros transitorios, que caen un 79%. A comienzos de la década del setenta los obreros transitorios agrícolas encontraban ocupación en el agro no más de 60 o 70 días al año, debiendo complementar sus ingresos con trabajos poco calificados en las poblaciones en que vivían.

El otro aspecto decisivo fue la creación del Instituto Nacional de Tecnología Agropecuaria (INTA) en 1956, que empezó a funcionar en 1957. Contando con generosos recursos estatales, la institución agrupó ciertos recursos humanos y materiales existentes en la esfera del Ministerio de Agricultura y Ganadería, particularmente las diversas Estaciones Experimentales que se venían creando desde la década de 1910, capacitó parte importante de su personal profesional en el exterior y con los mismos construyó, en colaboración con diversas universidades estatales, un sistema de posgrado en temáticas agropecuarias a lo largo de todo el país. El INTA jugó un papel relevante como el gran convertidor de la oferta tecnológica disponible en el nivel internacional para la agricultura de clima templado. Ello supuso construir una planta propia de investigadores y el desarrollo de distintas variedades locales que reflejaron los avances obtenidos en los centros internacionales, esencialmente en maíz, trigo y arroz. A ello se sumó la acción de la industria privada de semillas y agroquímicos, que puso en el mercado parte importante de los insumos tecnológicos avanzados y, a través de sus agentes, difundió, junto con las diversas estaciones y agencias del INTA, la capacitación necesaria a los productores para la utilización adecuada de estos insumos. Inspirados en la experiencia de los Centros de Estudios Técnicos Agrícolas (CETA) de Francia, productores ganaderos se agrupan en 1957 en los Consorcios Regionales de Extensión Agropecuaria (grupos CREA), en los cuales un número determinado de productores contrata un ingeniero agrónomo o veterinario para mejorar la productividad ganadera. Todas estas acciones permitieron un continuo incremento de los rendimientos de los cereales y las oleaginosas, así como la introducción de mejores prácticas ganaderas.

Casi la totalidad de los cultivos aumentan sus rendimientos en las décadas de 1950 y 1960. Todavía el ritmo de incremento es lento porque el nuevo proceso de mecanización vino acompañado de serios problemas en el manejo de los suelos. Un aspecto destacado de este período es el comienzo de la difusión en la región pampeana de la soja, oleaginosa de alto contenido proteico que había sido introducida en la década de 1920 pero que recién había alcanzado alguna difusión en la provincia de Misiones en la década de 1940.

El efecto de las políticas aplicadas facilitó una recuperación continua de la producción y una firme expansión después. Sin embargo, sólo en las políticas tecnológicas y, en menor medida, crediticias, puede señalarse una clara continuidad. Las políticas de precios agrícolas fueron continuamente oscilantes. Ello como consecuencia no sólo de los fuertes movimientos de los precios internacionales de los productos de clima templado, sino también de las pendulares políticas locales sobre el tipo de cambio y los impuestos a las exportaciones (retenciones). Pero, además, el manejo del tipo de cambio tenía que ver, en este período, con las características peculiares del proceso de desarrollo económico argentino. Las fases expansivas de esta economía conducían a crisis del sector externo, por un aumento desmedido del nivel de las importaciones. En situaciones límites, ello se frenaba a través de la devaluación, que provocaba fuertes efectos recesivos, aumentando los precios agrícolas y desatando presiones inflacionarias. Se producía así una caída del salario real y una disminución de la demanda de bienes industriales, reduciendo la importación de elementos destinados a este sector, mejorando las respuestas del sector agropecuario exportador y restableciendo así las condiciones de equilibrio del sector externo. Superada esta fase, se entraba a un nuevo proceso expansivo que tendía a invertir las tendencias de las políticas señaladas. Estas políticas macroeconómicas pendulares, generaban un continuo elemento de inestabilidad en el desenvolvimiento de los productores. Sin embargo, ni las fases de retraso cambiario determinaban continuas pérdidas, ni tampoco las de fuertes devaluaciones permitían mantener en períodos prolongados sostenidas apropiaciones de excedentes. Rápidamente, se producían correcciones de las políticas impositivas y crediticias, que tendían a compensar los efectos más extremos de los movimientos apuntados.

En cuanto a la ganadería, entre 1937 y 1960 las existencias de vacunos habían crecido en 10 millones de cabezas, cubriendo casi toda la superficie transferida a la ganadería por la agricultura y la cría de caballos en esas tres décadas, ya que los ovinos y porcinos no registran incrementos de importancia. Aumentó la capacidad receptiva de los campos ganaderos, merced al incremento de las praderas artificiales permanentes (2,3 millones de hectáreas de alfalfa) y al reemplazo de un millón de hectáreas de rastrojos por verdeos. Paralelamente a la expansión global de la ganadería vacuna se producen, a partir de 1930, cambios de importancia en la composición de las razas. El sistema del enfriado es desplazado por la exportación de cortes de carne envasados al vacío y con un sistema de congelamiento de frío intenso y muy rápido, denominado "supercongelado". Este proceso fue llevado adelante por un nuevo tipo de plantas frigoríficas, más pequeñas, con mano de obra más calificada y permite orientar el destino de los diferentes cortes hacia distintas demandas nacionales e internacionales.

Uno de los aspectos más significativos que tuvo que ver con la caída y la expansión de la producción agrícola pampeana, y los cambios en la producción ganadera, es la evolución de su estructura agraria. Como en 1968, luego de sucesivas prórrogas, culmina el proceso de desaparición legal de las protecciones vigentes a los arrendatarios desde 1942; el momento es adecuado para hacer un balance de la evolución de las características del sistema social en el agro pampeano por entonces. Tres dimensiones son relevantes al respecto: la que tiene que ver con el tamaño de las unidades, la vinculada con el acceso a la propiedad, y las características y evolución de los sistemas de arrendamiento y aparcería.

Oscilando levemente por períodos, la superficie total explotada en la región pampeana crece un 12% entre 1914 y 1969, mientras el número de explotaciones crece un 43% entre 1914 y 1937, y un 31% en el lapso que se extiende desde 1937 hasta 1960. Ello provoca una sensible disminución de la extensión media de las unidades de 355,3 hectáreas por establecimiento en 1914 a 277,7 hectáreas en 1969, pasando por un mínimo de 251,9 en el año 1947. El crecimiento del número de unidades de producción adquiere un ritmo más intenso durante el período de entre guerras, y en el Censo de 1937 se registran casi 60.000 nuevos establecimientos, lo que significa un 75% del crecimiento total correspondiente al lapso 1914-69. Durante la década subsiguiente continúa desarrollándose la misma tendencia a un ritmo igualmente sostenido para luego declinar.

Sobre las características que asumió la evolución de la distribución de la tierra entre los distintos establecimientos en estos períodos, lo primero que se destaca es el importante proceso de desconcentración. En el largo plazo fue intenso el movimiento de subdivisión de la tierra ocupada por las unidades mayores de 5.000 hectáreas. Estas grandes unidades territoriales habían perdido en el año 1969 casi 9 millones de hectáreas, algo así como el 13% de la superficie total de la región y más del 35% de la superficie original que habían llegado a controlar en el año 1914. El resto de los tipos de unidades de producción incrementa la cantidad absoluta de tierra explotada, particularmente las unidades situadas entre las 500 y las 5.000 hectáreas. En menor medida las unidades de producción de menos de 500 hectáreas se mantienen prácticamente congeladas y sólo logran incorporar 2,75 millones de hectáreas, cantidad que permite mantener el mismo peso relativo sobre el total logrado 55 años antes. Nos hallamos en presencia, por consiguiente, de un proceso de *desconcentración sin dispersión*, o, dicho de otro modo, de un proceso en el cual la subdivisión de las unidades muy grandes no trae como resultado la multiplicación de las unidades pequeñas sino el aumento de las que se ubican en medio de la escala

Una comparación catastral basada en registros de 1923, 1939, 1958, 1972 y 1980 para la provincia de Buenos Aires muestra el muy importante proceso de desconcentración de la propiedad operado en la región. Entre 1923 y 1958 las unidades poseídas por propietarios de más de 2.500 hectáreas pasaron de controlar 17.885.145 hectáreas a 6.774.349. Es decir, perdieron el 62,1% del territorio original. Dicho proceso continuó con más lentitud, pero en 1980 la pérdida era del 66,6%. Este proceso era aún más alto en los estratos superiores al perder las unidades de más de 20.000 hectáreas el 93,4%, y las ubicadas entre 10.001 y 20.000, el 87,3%. Estos dos estratos bajan de 9.328.014 a 851.441 hectáreas. Eran 139 propietarios de más de 20.000 hectáreas y bajan a 10; eran 422 unidades de más de 10.000 hectáreas y en 1980 se habían reducido a 48. Estas cifras permiten plantear la cuasi desaparición de las grandes propiedades que hicieron de la provincia de Buenos Aires el espejo nacional e internacional de los terratenientes pampeanos. La imagen de una presencia mucho más diluida de las grandes propiedades es aún más fuerte si se analiza en términos del valor de las unidades. Las unidades de mayor tamaño se encuentran en las zonas de menor valor por hectárea, lo que hace que su importancia relativa sea todavía menor en todos los períodos históricos.

También han sido decisivas las alteraciones en el sistema de arrendamientos, desconocidos por la visión tradicional de la estructura agraria pampeana:

a) El arrendamiento en la región pampeana no sólo no fue exclusivamente agrícola, sino que la mayor parte de las tierras arrendadas estuvieron destinadas a la ganadería y a usos mixtos. Como consecuencia de lo señalado, el arrendamiento ganadero tuvo notable importancia. Además, la mayor parte de las unidades ganaderas no tenían gran tamaño.

b) El arrendamiento agrícola fue heterogéneo con relación al tamaño de las unidades arrendadas. La mayor parte de la tierra arrendada para usos agrícolas no lo fue directamente a las unidades tradicionalmente consideradas como pertenecientes a chacareros o colonos.

c) La división entre propietarios y arrendatarios, y entre ganaderos y agricultores, no tuvo la rigidez que le atribuye el enfoque tradicional. Fue relevante, particularmente en la ganadería, el propietario-arrendatario y existieron propietarios de distinto tamaño dedicados a la agricultura.

d) La forma de arrendamiento agrícola combinada, que articulaba ganadería con agricultura, tuvo relevancia sólo para ciertas zonas de la región pampeana. La situación del mercado mundial fue decisiva para el mantenimiento de la producción agrícola o ganadera continuada, sin que el fenómeno de la rotación de las tierras de los terratenientes con agricultura-ganadería (traducida en trabajo de los chacareros o explotación directa por los estancieros) tuviera el valor absoluto que se le atribuyó.

e) Pese a los altos precios de la tierra que desde fines del siglo pasado dificultaron fuertemente su compraventa, el mercado de tierras no sólo existió tempranamente, sino que fue muy activo y hubo períodos que reflejaron el acceso de pequeños y medianos productores a la propiedad de la tierra.

f) La atemporalidad de la visión tradicional, ya reflejada en relación a la extensión del sistema de cultivos combinados más allá de determinadas épocas, se reflejó también al mantener como dato central la presencia del arrendamiento agrícola tradicional, cuando éste se encontraba en proceso de disminución acelerada a partir de las leyes dictadas en 1942, que culminaron en 1969.

Para tratar de estimar cuantitativamente el impacto de estos procesos en el régimen de tenencia de la tierra, analizaremos la evolución producida entre 1937 y 1969 a través del análisis censal, años que coinciden prácticamente con los procesos que provocaron la notable reducción del sistema de arrendamiento que hemos llamado "tradicional".

Los Censos Agropecuarios permiten apreciar la evolución operada entre 1937 y 1947 en el régimen de tenencia en número de explotaciones. En primer lugar, se aprecia la caída del número de unidades arrendadas en la región pampeana, que pasan de representar el 58,6% en 1937 al 49% en 1947. Con relación al número de explotaciones trabajadas por propietarios, mientras éstas constituían el 35,5% para 1937, para 1947 deben incluirse dos columnas en el análisis, aunque no estrictamente sumadas: la de propietarios puros, con el 34,3%, y la de propietarios que además acceden a tierras bajo otras formas de tenencia, con el 8,9% del total de las unidades. Las tendencias globales de caída del número de arrendatarios y aumento de propietarios se dan en todas las zonas productivas. El mayor impacto de las leyes de congelamiento de los arriendos fue sobre los montos abonados por los arrendatarios que pactaban el pago en efectivo, por la inflación que se inicia en la década de 1940. La información existente para 1947 permite apreciar que 106.553 unidades realizaban el pago del arriendo en dinero, contra 41.252 en especie. Esto está indicando que el efecto de las leyes fue muy alto. En 1949 fueron rebajados los arriendos en especie un 36%, y es posible que a partir de ello aumentaran las ventajas también de quienes tenían contratos de este tipo dado que además subieron los precios locales de los productos agrícolas y se recibieron créditos para la compra de tierras.

En el subperíodo 1947-1969 se desarrollan con mayor nitidez las tendencias de cambios en el régimen de tenencia analizadas en el anterior. Aumenta el número de propietarios, tanto en su forma de propietarios puros como en la articulación de propiedad y otras formas de tenencia. Cae drásticamente el arrendamiento y las formas de aparcería y mediería. La eliminación del arrendamiento tradicional no implica solamente como contrapartida la expansión de la propiedad. En la zona triguera se incrementa la superficie con medieros y tanteros, mientras cae en gran proporción la superficie arrendada, proceso que también se da en el resto de los partidos. Es evidente que los censos de 1960 y 1969 registran formas alternativas contractuales frente a las limitaciones establecidas legalmente, que impulsaban a no formalizar nuevos convenios de arrendamiento. De todos modos, es mucho más importante en términos del número de hectáreas y de la cantidad de explotaciones involucradas el descenso masivo del arrendamiento frente a relaciones de producción que aparecen bajo otros rubros. Es importante marcar que esta caída se observa tanto en las zonas cerealeras como en las ganaderas, lo que destaca el hecho de que las trabas legales fueron más relevantes que la situación de retracción o expansión en que se encontraban en distintos períodos la agricultura y la ganadería.

La sostenida expansión agrícola pampeana
(1970-1985)

La década de 1970 se iniciaba con situaciones dispares en el agro argentino. En la región pampeana, el tradicional conflicto entre propietarios y arrendatarios que atravesó buena parte de la historia agraria de la región se diluía al desaparecer los últimos contratos amparados en las prórrogas que se produjeron entre 1942 y 1968. Los fuertes cambios tecnológicos introducidos en la producción de cereales y oleaginosas comenzaban a dar frutos y era visible su impacto en crecientes rendimientos. El proceso había permitido superar las máximas producciones históricas de la década de 1930 y de la etapa del recupero se pasaba a la etapa de la expansión plena. Sin embargo, las siguientes décadas mostrarán un panorama de cambios continuos y en direcciones no necesariamente similares en las políticas macroeconómicas, lo que producirá fuertes impactos en la evolución del agro argentino.

Ya hemos señalado la relevancia que tenían la fijación del tipo de cambio y el impuesto sobre las exportaciones (retenciones) sobre los ingresos de los productores agropecuarios y los precios internos de los alimentos. En 1973 las políticas aplicadas por un nuevo gobierno peronista inician un proceso que afectará negativamente los precios de las exportaciones agrícolas pampeanas. Las retenciones que los exportadores debían abonar al Estado nacional y que descargaban sobre los productores tuvieron una fuerte importancia a pesar de que el tipo de cambio tenía un atraso no demasiado pronunciado. Ello provocaba que los productores agrícolas transfirieran una significativa cantidad de excedentes al resto de la economía. En septiembre de 1973 se sancionó la Ley 20.538, que establecía el Impuesto a la Renta Normal Potencial de la Tierra (IRNP). El impuesto gravaba con una suma fija al suelo independientemente de su producción y se suponía que impulsaría a evitar tener tierra ociosa o en condiciones de baja productividad en relación a sus condiciones naturales. Mientras se realizaban los trabajos técnicos para su implementación se estableció provisoriamente un Impuesto de Emergencia a la Tierra Libre de Mejoras (ITLM) como anticipo no reintegrable del Impuesto a las Ganancias. La inestabilidad del gobierno hizo inoperante el ITLM e impidió la aplicación del IRNP, el que sería derogado a la caída de este gobierno en 1976. Parte de las organizaciones corporativas del sector agropecuario (Sociedad Rural Argentina, Confederaciones Rurales Argentinas) se opusieron al proyecto, que contó con el apoyo inicial de la Federación Agraria Argentina, pero luego no se movilizó en su defensa.

La política del régimen militar instaurado en 1976 alteró sensiblemente el funcionamiento de la economía argentina. La liberalización generalizada de los mercados –salvo el del trabajo– y la apertura económica al exterior fueron los aspectos centrales de tal política, que pretendía cambiar profundamente la estructura económica y social del país, así como impulsar una mayor vinculación económica internacional. Se buscaba articular una política de estabilización interna basada en una fuerte baja del salario real, en la restricción de la oferta monetaria y en la apertura de las importaciones, con una política de apertura externa que permitiera al sector agropecuario exportador y a las ramas industriales con ventajas comparativas insertarse en mercados de mayor tamaño. Para el sector agropecuario pampeano, eximido de las retenciones a las exportaciones luego de una devaluación y apoyado con créditos masivos por el Banco de la Nación –sus créditos al sector agropecuario, que a fines de 1975 representaban el 27% del total, pasaron en noviembre de 1977 al 45,1%–, pareció abrirse un período de altas ganancias e inversiones sostenidas. Ello provocó una rápida respuesta productiva en 1976-77 subiendo la producción de trigo en un 28%, la de maíz un 30%, la de lino un 64% y la de soja un 101%.

Sin embargo, a fines de 1978 se estableció un sistema de fijación del tipo de cambio en forma anticipada, que fue provocando un notable retraso de la paridad cambiaria. Ello fue acompañado de una reducción general de los aranceles de importación. Estas medidas provocaron una crisis relevante de sectores de la industria vinculada al mercado interno y de los productores agrícolas regionales y generaron fuertes pérdidas entre los productores pampeanos. Al mismo tiempo, el notable endeudamiento externo que multiplicó por diez los niveles en seis años, determinó un déficit crónico de la balanza de pagos, cortando así los ciclos de funcionamiento de la economía nacional de las décadas anteriores. El agravamiento de las condiciones generales determinó el fracaso del intento de la reestructuración de la economía nacional. La experiencia mostró las dificultades de mantener sobrevaluada la moneda nacional, particularmente cuando se eliminan las medidas compensatorias. El sector agropecuario acusó el impacto de la reducción de subsidios y la eliminación de créditos con tasas negativas, al tiempo que enfrentaba una creciente competencia internacional en inadecuadas condiciones, ya que la apertura de la economía –utilizada también como un mecanismo para controlar el nivel de los precios internos– se realizó en forma mecánica e indiscriminada. El sector pampeano, luego de un período de auge, sufrió el retraso cambiario, gozó de un menor acceso al crédito y tuvo que pagar tasas de interés positivas.

El retraso cambiario ha sido una herramienta utilizada sistemáticamente en la política económica argentina para intentar construir alrededor de ella un sistema de precios estable. Ello se planteó sin éxito desde 1978 y los sucesivos planes de estabilización desembocaron hasta 1992 en estallidos inflacionarios e hiperinflacionarios que llevaron en estos años a alternar períodos de atraso notable con otros de devaluación.

El gobierno constitucional de 1983 gozaría inicialmente de altos precios internacionales y condiciones climáticas que favorecieron obtener en 1984 la cosecha de cereales y oleaginosas más alta de las registradas hasta ese año, pero la declinación de los precios, el mantenimiento de las retenciones a pesar de ello, y las violentas conmociones económicas provocadas por la hiperinflación de fines de los años ochenta, provocaron una nueva caída de la producción agrícola pampeana. La combinación durante las décadas de 1970 y 1980 de políticas contrapuestas sobre las retenciones a las exportaciones agropecuarias, los movimientos pendulares del tipo de cambio y las oscilaciones de los precios internacionales de los cereales y oleaginosas, generaron un contexto caótico para actividades que, como las agropecuarias, se desarrollan en base a inversiones de mediano y largo plazo.

Sin embargo, con oscilaciones significativas, ese período muestra una tendencia promedio de ascenso de la producción que sería retomada con fuerza en la década siguiente. Como consecuencia de los importantes cambios tecnológicos introducidos en la región pampeana y, en menor medida, por el desplazamiento de tierras de uso tradicionalmente ganadero hacia la agricultura, la producción de cereales y oleaginosos mantuvo un importante ritmo expansivo hasta la cosecha 1984-5, en que alcanzó los 44 millones de toneladas, cuadruplicando la producción del quinquenio 1950-54 y aumentando en un 60% la de 1972-3. El PBI agropecuario se expandió entre 1970 y 1984 a una tasa media anual del 2,8%. En particular, el relativo a los cultivos creció en el período indicado a una tasa media de 4,4%, debido fundamentalmente al crecimiento de las oleaginosas, básicamente soja (12,5% anual). El conjunto de los cultivos extrapampeanos, sin embargo, creció sólo al 1,5% anual, lo cual indica una reducción neta en términos de producción per cápita. La actividad ganadera vacuna y ovina, por su parte, sufrió una importante caída descendiendo las existencias bovinas en 10 millones de cabezas entre 1977 y 1990 y las ovinas en aproximadamente 14 millones de cabezas entre 1977 y 1988. En 1970-72 el subsector agrícola representaba el 49,8% y el pecuario el 45,4% del PBI agropecuario. En 1988 la relación era de 62,1% y 35,1% respectivamente.

Los cambios tecnológicos que se habían iniciado en la región pampeana en la década de 1960 tomaron fuerte impulso en el período 1970-1985, que culminó con una gran producción al final de la etapa. Si bien el cambio técnico constituye un conjunto de innovaciones integradas que guardan una clara interrelación, es posible distinguir aspectos centrales de los cambios cuya introducción reorganiza a su alrededor a todos los demás. En las décadas de 1950 y 1960 el hecho dominante fue el proceso de recuperación de la energía del sector, lo que se dio a través de un importante avance en la tractorización y en la masiva difusión de maquinarias e implementos agrícolas, dentro de los cuales se destacó la cosechadora de maíz, que produjo un gran impacto en el desplazamiento de mano de obra rural, con una importante reducción en los costos. En la década de 1970 la escena está dominada por dos hechos centrales: la introducción de las semillas mejoradas de trigo, maíz, sorgo granífero y girasol, y la difusión masiva de la soja, lo que implicaba la introducción de un complejo paquete tecnológico para su producción adecuada.

Las empresas privadas de capitales nacionales que habían desarrollado semillas mejoradas fueron adquiridas en su mayor parte por empresas extranjeras que incorporaron líneas de híbridos de las casas matrices. La investigación en maíces híbridos que en el país había tenido origen en los organismos públicos se transfiere al sector privado, que ya en los primeros años de la década de 1980 domina abiertamente el mercado en forma muy concentrada ya que tres de las empresas controlan el 75% de la oferta para esa época. Desde la década de 1970 la casi totalidad de la demanda de semilla híbrida es cubierta por la oferta, mientras que en la década anterior tal proporción no llegaba al 40%. Si bien otras mejoras tecnológicas acompañan a la introducción de los híbridos de maíz, se estima que en estos años esta innovación genética produce el 80% del aumento de los rendimientos nacionales. Un desarrollo similar se realiza en torno del sorgo granífero. En la década de 1970 los híbridos cubren ya casi el 100% de la superficie sembrada. La acción oficial en cooperación con semilleros nacionales domina en estas décadas la oferta. La introducción más tardía de los híbridos en girasol es realizada esencialmente por los semilleros privados de las compañías extranjeras. Una amplia acción oficial desde varios organismos impulsa el desarrollo de la soja, que, introducida en forma significativa en la década de 1970, supera ya en la década siguiente los 2 millones de hectáreas sembradas. La soja implica un desarrollo tecnológico más complejo, donde deben combinarse la adaptación de la semilla a las condiciones ecológicas específicas, la disponibilidad de inoculantes (bacterias que permiten la formación de los nódulos de las raíces que provocan la fijación del nitrógeno del aire) y de agroquímicos adecuados y el desarrollo de prácticas de manejo apropiadas.

La introducción de la soja en forma masiva significó un cambio muy importante en las formas de producir, en la utilización del suelo y en los resultados económicos de la producción agrícola. En estas décadas el producto gozaba de fuerte demanda internacional por su aprovechamiento para aceite y por la utilización de los residuos vegetales (pellets) que se producen una vez extraído el aceite, que se aprovechan para la alimentación animal. Además, es un cultivo que se complementa estacionalmente con el trigo con germoplasma mexicano de ciclo corto, permitiendo una combinación trigo-soja durante el mismo año agrícola, lo que duplica la utilización de las tierras asignadas a estos nuevos usos. Las altas exigencias tecnológicas del cultivo hicieron que los productores recurrieran en forma masiva a los técnicos agropecuarios, lo que permitió mejorar el conjunto de la producción agrícola en materia de prácticas culturales.

El control de la langosta y otros insectos se había logrado en forma satisfactoria en las décadas previas. La introducción de los herbicidas fue un elemento muy relevante en el control de las malezas que tradicionalmente se realizaba con medios mecánicos. Ello fue imprescindible para el desarrollo del cultivo de soja. El uso de plaguicidas se cuadruplicó entre 1970 y 1985. La mayor parte de la soja, un 77% del trigo y un 55% del maíz recibía a fin de este período tratamiento con herbicidas. En cuanto a los fertilizantes de origen químico, los mismos no se habían introducido por su alto costo y relativo impacto. Pero al expandirse el sistema de doble cultivo anual y abandonarse la explotación mixta agrícola-ganadera se produjeron serios problemas con la fertilidad de los suelos, produciéndose déficit en fósforo y nitrógeno. El área fertilizada subió de 93.000 hectáreas en 1977 a 1.902.000 en 1985, año en que se puso en marcha el Subprograma Nacional de Fertilizantes.

En cuanto a los procesos de mecanización, si bien en la década de los sesenta se había completado la tractorización del agro pampeano y extendido la cosecha mecánica a todos los cereales y oleaginosas, en las décadas siguientes el proceso se profundizará, permitiendo un mejor manejo de los suelos y acotando los tiempos de siembra y cosecha, con la consiguiente disminución de los riesgos climáticos y de costos. El parque de tractores en 1960 ascendía a 104.000 unidades en todo el país con una potencia de 4 millones de caballos de vapor (cv). Hacia 1985 se encontraban laborando las tierras 175.000 unidades con una potencia de 13 millones de cv. La industria local, compuesta en 1984 por 6 fábricas de tractores, 11 de cosechadoras y 407 de implementos agrícolas, abastecía la casi totalidad de esta demanda. Además del aumento de la productividad del trabajo y la liberación definitiva de las tierras destinadas al mantenimiento de los animales de tiro, la mecanización permite una mejor realización de las labores en materia de profundidad, precisión y homogeneidad. El parque de cosechadoras se fue modernizando, incorporando refinados elementos de electrónica e hidráulica, los que le dan mayor rapidez y mejor capacidad de recolección y tratamiento de los cereales y oleaginosas. El gran desarrollo de los implementos agrícolas permitió mejorar sensiblemente las diversas labores agrícolas y ganaderas.

Vinculados estrechamente a la rápida homogeneización del cambio tecnológico en la región pampeana se expanden en estas décadas los *contratistas*. Se agrupan bajo esta denominación propietarios de cosechadoras que recorren el agro pampeano, los contratistas de labores, que realizan las tareas de siembra y diversas labores culturales, y los contratistas tanteros, por cosecha o anuales, que en realidad son arrendatarios por períodos menores a un año y pagan en dinero o en porcentaje de la producción por el uso de la tierra. Esta forma de división de la propiedad de los factores de la producción permite la maximización de la utilización del capital invertido en maquinaria, favoreciendo menores costos del agro pampeano en comparación con otros países competidores. La fumigación en aviones también se incorpora a las prácticas tecnológicas agrícolas. En este período la producción agrícola aparece fuertemente especializada en 5 cultivos: soja, trigo, maíz, girasol y sorgo granífero.

Todos estos procesos determinaron cambios muy profundos en el paisaje rural y en las formas de vida de los productores agrícolas pampeanos. En gran parte de las unidades se produce el abandono de las viviendas porque los productores se mudan a los pueblos y ciudades intermedias desde las cuales pueden atender los procesos productivos agrícolas. Parte de estas actividades son desarrolladas por contratistas. Pero además la mejora de los caminos y la difusión masiva de vehículos automotores utilitarios permiten trasladarse a los centros de servicios de educación, salud, comerciales, financieros y otros aspectos que la modernización social producida impone como necesidad para los productores y su familia. En los casos en que las viviendas rurales quedan habitadas se aprecia la disminución de actividades características de la chacra como la cría de animales domésticos, huertas y montes frutales. La difusión de la telefonía rural colabora en facilitar cambios profundos en las formas de organizar las tareas agrarias.

Estos procesos, que implicaron el desplazamiento de 5 millones de hectáreas de la ganadería a la agricultura y una gran expansión productiva encabezada por la soja, fueron agrupados bajo el nombre de *agriculturización* de la región pampeana. Más enfáticos, algunos los llamaron "Segunda Revolución Agrícola Pampeana", haciendo alusión a los procesos expansivos que tuvieron lugar hasta 1930, que habrían configurado la Primera Revolución. Lo cierto es que los cambios fueron importantes. Más ideológicamente otros analistas pretendieron ubicar estos procesos expansivos recién en la década de 1990, tratando de hacerlos derivar de los grandes cambios producidos en el perfil de las políticas macroeconómicas que analizaremos más abajo. Pero en realidad, las transformaciones productivas y tecnológicas habían comenzado en los años sesenta y adquirido gran relevancia en las décadas siguientes. Si bien el conjunto de los cultivos agrícolas pampeanos avanzó, se observa que lo hicieron en mayor proporción las oleaginosas que los cereales. Dentro de las oleaginosas, hasta los primeros años de la década de 1960 el lino era el cultivo de mayor importancia seguido por el girasol. A comienzos de los años setenta, el lino decayó fuertemente quedando desplazado por el girasol hasta la aparición de la soja, que se fue instalando como la principal oleaginosa. En cuanto a la ganadería, el período se caracteriza por una creciente disminución de su importancia en la región pampeana.

Las dificultades macroeconómicas y el retroceso agrícola pampeano (1985-1991)

A partir del año 1985 el proceso de expansión de la agricultura pampeana se interrumpe, la producción inicia un movimiento de caída hasta 32.700.000 toneladas en 1986-7, y aunque se recupera modestamente en los años siguientes no consigue retomar los procesos expansivos anteriores. Medida en términos del PBI, la producción agrícola argentina decreció a una media anual de 0,7% durante el quinquenio 1984-1989. El análisis de las causas de este movimiento en este período permite aproximarse al tema de las repercusiones de las políticas macroeconómicas sobre las sectoriales. La inestabilidad creciente de los instrumentos que actúan sobre las variables macroeconómicas esenciales llegó a ser de tal magnitud que obstaculizan en estos años el proceso de toma de decisiones. Es suficientemente ilustrativo detenerse en el análisis de dos períodos relevantes que permiten comprender estas interrelaciones. El primero se caracterizó por la instrumentación del más refinado intento de estabilización y ajuste elaborado en la década de 1980, denominado Plan Austral, al tiempo que sectorialmente se impulsaba una planificación sistemática de la política agropecuaria, el plan llamado PRONAGRO, también el único intento de formulación global de política agropecuaria de estos años. El segundo, se vincula al proceso de estabilización producido por la aplicación de un amplio programa económico que incluyó un sistema de cambio fijo atado al dólar, una fuerte apertura de la economía y una profunda desregulación de su funcionamiento, lo que incluyó una profunda transformación del Estado a través de procesos acelerados de privatización de las empresas estatales de servicios y de eliminación de numerosas funciones estatales ligadas a la regulación de la economía.

El Plan Austral, aplicado desde junio de 1985, enfrentó una situación caracterizada por profundos desequilibrios económicos. Fue concebido como un *shock* antinflacionario, basado en el ajuste fiscal y el control de la oferta monetaria de manera que sólo fuera posible crear medios de pagos a través del sector externo, el congelamiento de los precios industriales, las tarifas públicas, los salarios y el tipo de cambio, y la renegociación de la deuda externa para sostener la política cambiaria y financiar el déficit fiscal con recursos genuinos externos. Durante los primeros nueve meses el Plan tuvo éxito con relación a los objetivos de estabilización monetaria, reduciendo la inflación de cifras superiores al 30% al 3,1% mensual promedio. Uno de los elementos centrales que afectó al Plan Austral fue el creciente deterioro del sector externo. Las exportaciones declinaron fuertemente por la disminución de los embarques de productos agropecuarios de origen pampeano. Existieron otras causas sociales y políticas que impidieron llevar adelante una reforma fiscal y del Estado profunda y determinaron finalmente el fracaso de la iniciativa. Pero conviene detenerse en el comportamiento del sector agropecuario pampeano para analizar las interrelaciones entre políticas macroeconómicas y sectoriales.

El aumento de los ingresos fiscales era una necesidad importante del Plan Austral. Sin embargo, su aplicación mecánica en el agro y una inadecuada valoración del comportamiento del sector agropecuario pampeano determinaron políticas erróneas que lo perjudicaron seriamente y afectaron decisivamente al propio Plan. Durante el período expansivo previo que había durado hasta 1984, las políticas cambiaria y fiscal permitieron extraer del sector volúmenes importantes de excedentes. Desde 1984 se registraba un descenso considerable del precio internacional de los granos, que alcanzó su momento máximo en 1986 como consecuencia de una mayor producción internacional que derivó en una importante acumulación de stocks y en la implementación de agresivas políticas de exportación que incluyó un gran incremento de los subsidios por parte de los países de la Comunidad Económica Europea y de Estados Unidos. Los precios, expresados en dólares de 1980, descendieron en el caso del trigo de 221 dólares la tonelada en 1975 a 84 en 1985, del maíz de 191 a 95, del sorgo de 151 a 75 y de la soja de 307 a 175. La leve disminución de las retenciones para la cosecha 1985-86 fue insuficiente para atenuar la gran caída de ingresos a los productores. Como respuesta la producción disminuyó más de la cuarta parte durante ese año y el siguiente. La menor cantidad de volúmenes para exportar, combinada con precios internacionales bajos, redujeron el ingreso de divisas. La caída de los precios internacionales aconsejaba disminuir las retenciones, pues los estudios disponibles indicaban que la elasticidad precio de la oferta agropecuaria es elevada y de signo positivo. La Secretaría de Agricultura, Ganadería y Pesca (SAGyP) alertó sobre este peligro, pero su voz no fue escuchada, en parte debido a su menor rango frente al de las instituciones que fijan la política macroeconómica. En síntesis, el Plan Austral volvió a plantear la inexistencia de mecanismos estatales que combinen adecuadamente la rentabilidad de los productores con los precios internos y las necesidades fiscales, teniendo en cuenta la evolución permanentemente oscilante de los precios internacionales. Se produjo una caída importante del crédito disponible hacia el sector agropecuario, así como niveles de tasas de interés varias veces superiores a los internacionales. Una cantidad importante de productores agropecuarios contrajo deudas en dólares con mecanismos indexatorios basados en la cotización de esa moneda, la que se triplicó en 1980 al eliminarse el sistema cambiario establecido por el gobierno militar.

Otro momento que marcó la evolución del sector agropecuario está vinculado a las reformas del Estado y el ajuste fiscal encarados a mediados de 1989. Las consecuencias, de todos modos, no fueron inicialmente favorables para los productores agropecuarios. A raíz de la fuerte recesión económica, las importaciones de insumos y equipo industrial declinaron notablemente. Ello produjo un fuerte superávit de la balanza comercial y, como el tipo de cambio se fijaba libremente, la sobreoferta de divisas produjo un retraso muy fuerte de la paridad cambiaria. La política posterior de priorización absoluta de la estabilidad instrumentó esta situación de retraso cambiario para frenar el resto de los precios de la economía, dada la fuerte influencia que este elemento tiene en el comportamiento de los agentes económicos en el país. Ello determinó una gran disminución en el ingreso de los productores agropecuarios. Al mismo tiempo, la liberalización de los precios provocó un fuerte encarecimiento de los combustibles, insumo esencial para las tareas agropecuarias y el transporte de las cosechas. Las pérdidas de los productores y la baja de la producción sectorial mostraban que la liberalización del comercio exterior y la eliminación o reducción de los impuestos a las exportaciones agropecuarias, demandas principales de las asociaciones de productores agropecuarios argentinos, no eran medidas suficientes para asegurar un clima de adecuada rentabilidad si los instrumentos de la política macroeconómica no se usaban para contrarrestar los efectos perniciosos de las caídas de los precios y la demanda internacional. La ausencia de un instrumento de políticas que atenuara los efectos internos de los ciclos de los precios internacionales de los cereales y oleaginosas quedaba plenamente en evidencia.

Los cambios de las políticas económicas, los procesos de desregulación de la economía y los nuevos rasgos de la expansión productiva agrícola (1991-2000)

En abril de 1991 entró en vigencia un nuevo plan económico que se basó en la convertibilidad automática de la moneda nacional y el dólar, lo que en la práctica equivale a un sistema bimonetario. En noviembre de 1991 se sanciona el decreto 2284 tendiente a desregular el mercado interno de bienes y servicios, el comercio exterior, los mercados de productos regionales y de industrias de capital intensivo y el mercado de capitales. Posteriormente se adoptaron nuevas medidas desregulatorias en materia de transporte, seguros, puertos, navegación, pesca y servicios profesionales, así como de telefonía rural. Para el sector agropecuario las medidas vinculadas a la desregulación de los mercados se tradujeron en la disolución de la Junta Nacional de Granos, la Junta Nacional de Carnes, la Corporación Argentina de Productores de Carnes, el Mercado Nacional de Hacienda de Liniers, la Dirección Nacional del Azúcar, el Mercado Consignatario Nacional de Yerba Mate, la Comisión Reguladora de la Producción y Comercio de Yerba Mate, el Instituto Forestal Nacional y el Mercado de Concentración Pesquera. También se liberaron los cupos de siembra, cosecha, elaboración y comercialización de caña de azúcar y azúcar, yerba mate y viñedos, uva y vino. Se eliminaron las regulaciones del mercado de leche e industria láctea, se derogaron las contribuciones e impuestos que financiaban a los organismos disueltos y se vendieron los bienes de dichos organismos. Las medidas de desregulación impositiva eliminaron los impuestos y tasas sobre las exportaciones, entre ellas la contribución destinada al INTA, rebajaron los aranceles a la importación de insumos y de productos agropecuarios, en particular los provenientes de los países firmantes del Tratado de Asunción –y que luego constituirían el MERCOSUR–, y redujeron impuestos a insumos como los neumáticos y el gasoil.

El INTA logró sobrevivir a la reducción del Estado, pero vio disminuidos fuertemente sus recursos. Muchas de las funciones de los organismos disueltos demostraron ser imprescindibles, por lo que luego de las drásticas medidas tomadas fueron transferidas a otros organismos del Estado. Una resolución trascendente fue la disolución de la Junta Nacional de Granos en 1991. Creada en 1956 como continuidad de la Junta Reguladora de Granos, sus principales funciones eran: a) intervenir en la comercialización de granos en apoyo de los precios mínimos en un marco global de libertad de comercio que dejó de lado el monopolio estatal vigente entre 1946 y 1955; b) controlar el comercio de granos, y c) administrar la red oficial de elevadores.

El transporte ferroviario de cargas se redujo drásticamente. Los mayores costos provocados por movilizarse por camión en rutas privatizadas con empresas que cobran altos montos de peajes fueron compensados por la libre contratación de servicios de transporte automotor de cargas, la disminución de los impuestos a las cubiertas y el gasoil, y el establecimiento de sanciones a los vehículos radicados en jurisdicciones donde rigieran regulaciones de reserva de cargas. Se desregularon los puertos, que fueron transferidos a las provincias, y se flexibilizó el régimen laboral portuario. La ley 24.093, dictada en 1992, habilitó los puertos privados existentes, permitió la privatización de los estatales y la instalación de nuevos, públicos o privados.

Las medidas macroeconómicas produjeron una importante recuperación de los agregados monetarios y de los coeficientes de monetización, lo que llevó a la recuperación del volumen del crédito. Los saldos de préstamos del total de las entidades bancarias para el sector agropecuario subieron dos veces y media entre diciembre de 1990 y junio de 1993, desplazando a los sistemas de financiamiento no institucional de tasas mucho más elevadas. Sólo el Banco de la Nación subió sus créditos al sector agropecuario y pesquero en seis veces en el período señalado. Se implementó un sistema de prefinanciación de exportaciones y créditos con cédulas hipotecarias con tasas mucho más bajas que las vigentes en el mercado que permitieron diferir las deudas acumuladas por los productores agropecuarios en los años anteriores.

Los impactos sobre el funcionamiento del sector agropecuario fueron de diversa naturaleza. Por un lado, se registraron en el agro pampeano nuevos procesos expansivos asentados sobre una intensificación de las inversiones de capital y en la profundización de los cambios tecnológicos, esencialmente en la agricultura y en menor medida en la ganadería bovina. Superados los primeros años de la década del noventa en que los productores afrontaron las dificultades que hemos reseñado más arriba, se conjugaron diversos factores que determinaron durante algunos años una ecuación económica altamente favorable para las unidades agrícolas pampeanas. Algunos aspectos tuvieron que ver con la disminución de los costos provocados por las medidas económicas y otros con un fuerte aumento de los precios internacionales entre 1994 y 1997. La reducción en los costos de comercialización se debió particularmente a la eliminación de los tradicionales puertos "sucios", cuya ineficiencia encarecía notablemente las exportaciones argentinas, la caída de las tasas de interés por la reinstitucionalización del sistema crediticio, la desregulación del sistema de transportes por tierra y la disminución de los precios de los insumos agropecuarios, como maquinarias y agroquímicos. En los primeros años, los costos de los fertilizantes bajaron un 20%, los de las maquinarias e implementos agrícolas entre un 10 y un 25%, el gasoil un 9%.

La mejora de los precios determinaba ya una variación favorable de la relación insumo/producto La eliminación de las retenciones a las exportaciones agropecuarias aumentó los ingresos de los productores. Pero otros aspectos de las medidas disminuían estos impactos favorables. El transporte terrestre se encareció por peajes abusivos de privatizaciones aceleradas, los costos de la mano de obra rural subieron en dólares como consecuencia de los cambios monetarios, la estructura impositiva se hizo más gravosa por el aumento de la presión fiscal provincial y municipal, y aumentaron fuertemente los costos de vida de los productores y sus familias. Es decir que globalmente el impacto de las medidas significó subir fuertemente los costos fijos y levemente los variables, mientras aumentaban los ingresos brutos hacia los productores. El piso productivo para producir los excedentes necesarios para cubrir los costos familiares subió fuertemente. Cálculos realizados en 1994 mostraron que para cubrir los costos de vida de una familia rural se necesitó en la campaña agrícola de ese año una superficie mínima cultivada en la región pampeana de 161 hectáreas, mientras que en el quinquenio 1965-69 se necesitaban 72 y en el de 1979-83, 38. Esta nueva situación determinada por el perfil de las políticas macroeconómicas significó una clara señal de que las unidades agropecuarias que podrían mantener o acrecentar su rentabilidad debían elevar su escala de producción y elevar fuertemente sus rendimientos, de manera de abaratar los costos de los productos y poder distribuir sus mayores costos fijos en una cantidad mayor de bienes producidos.

La transición hacia una nueva expansión productiva no hubiera podido ocurrir tan rápidamente como se concretó en la segunda mitad de la década de 1990 si no se daba una gran suba de los precios de los cereales y las oleaginosas. En 1996 los precios de las exportaciones argentinas subieron un 14% respecto a los promedios entre 1991 y 1995. El trigo subió un 99%, el maíz un 78% y la soja un 30,5%. En la década de 1970 los productos primarios representaban las principales exportaciones de Argentina, seguidos por las manufacturas de origen agropecuario. Pero a partir de 1986 son estas últimas las que encabezan el grupo de exportaciones por el gran crecimiento del complejo de aceites y residuos vegetales para la alimentación animal. Estos cambios se dan también dentro de las ramas que integran las agroindustrias exportadoras, donde los frigoríficos, que en el trienio 1974-76 encabezaban las exportaciones con el 31%, son desplazados por los aceites vegetales que afines de la década de 1980 representaban el 47% del sector, bajando los frigoríficos al 16%. Durante la década de 1990 crecieron fuertemente las exportaciones argentinas, pasando de 11.978 millones de dólares en 1991 a 23.811 en 1996.

La producción de cereales y oleaginosas que había iniciado un proceso de recuperación a comienzos de la década de 1990, en la campaña 1996-97 superó a la hasta entonces cosecha récord de 1984-85 llegando a 52.926.000 toneladas. La cosecha récord de 1997-98 significó un nuevo salto a 65.799.000 toneladas. Si se compara el cuatrienio 1996-99 con el quinquenio 1985-89, se advierte que la producción subió de 35.452.000 toneladas a 54.692.000, es decir un 54,2%, lo que implica una tasa anual directa de algo más del 5%. Los resultados obtenidos, con ser importantes, contrastan con visiones apologéticas que pretendieron mostrar esta nueva expansión otra vez como una nueva Revolución Agrícola pampeana, cuando en realidad, los cambios producidos son una continuidad en materia de expansión productiva y en relación a la profundización de los cambios tecnológicos. Las alteraciones más significativas están más asociadas a la estructura agraria, particularmente en materia de concentración productiva, y a las nuevas formas de gestión.

Los años de altos precios internacionales provocaron fuertes inversiones en la producción agropecuaria, beneficiada por créditos importantes, particularmente del Banco de la Nación, que llegó a financiar el 45% de los créditos al sector durante la década de

1990. Un mecanismo particular de movimiento de capitales hacia el sector fue el de los denominados *pools* de siembra. Inversores generalmente de origen urbano se agrupaban bajo la dirección técnica de un ingeniero agrónomo o de algunas empresas con profesionales especializados, arrendaban explotaciones y mediante siembras en diversos campos en las que aplicaban tecnologías avanzadas, generaban atractivas utilidades para los inversores. Al trabajar en mayor escala que los productores, abarataban costos por vía de la compra de los insumos a menores precios y lograban mejores condiciones de comercialización. Al diversificar la producción en distintos campos lograban disminuir los riesgos climáticos. En algunos casos, estos *pools* fueron organizados por los llamados Fondos Agrícolas de Inversión Directa. Se trataba de un mecanismo por el cual, generalmente con los auspicios de una entidad bancaria, se integraba un Fondo con aportes de inversionistas en cuotapartes. Estos recursos eran manejados por distintas firmas de consultores que se dedicaban a la administración de negocios agropecuarios. En muchos otros casos las firmas de consultores organizaban los *pools* sin que mediara intervención bancaria. Estas firmas arrendaban campos en distintas zonas de la región pampeana para destinarlos a la siembra de cultivos extensivos. En marzo de 1996 se estimaba que las hectáreas sembradas por este sistema oscilaban entre 400 y 500 mil.

Ya en 1991 algún autor los denominaba "empresa agrícola especializada", señalando como rasgo distintivo el papel de los profesionales de la ingeniería agronómica y la capacidad de esta forma de organización productiva de captar recursos financieros. Constituyeron un mecanismo de inversión hacia el agro y profundizaron el cambio tecnológico, al utilizar mayores niveles de insumos y controlar las formas de producir con los equipos de profesionales. No necesariamente significaron cambios radicales en los actores vinculados al proceso productivo, ya que fue muy común que utilizaran contratistas de la zona e incluso a los propios productores a los que arrendaban los campos. Fueron parte de una tendencia de concentrar la producción a nivel de las unidades, pero ello no afectó la propiedad de las explotaciones porque la estrategia de los *pools* no incluyó la adquisición de campos, pues ello hubiera inmovilizado el capital, que, destinado a la producción, ofrecía mejores perspectivas de ganancias.

En cuanto a los cambios tecnológicos se destacan diversos aspectos. En materia de mecanización se observa que la potencia de la maquinaria se incrementa, lo que se vincula con el trabajo en mayor escala por productores y contratistas de maquinaria, y se producen múltiples mejoras que aumentan la rapidez de los procesos y la calidad de las labores, con dispositivos de precisión, sensores y comandos electrónicos y sistemas de posicionamiento geográfico satelital. En esta década comienza a introducirse en forma significativa el riego complementario en la agricultura extensiva, sobre todo para el cultivo del maíz, lo que potencia notablemente sus rendimientos al maximizar el uso de los fertilizantes. A nivel nacional se triplica entre 1990 y 1996 el consumo de productos fitosanitarios (herbicidas, funguicidas e insecticidas) incorporando plaguicidas más específicos para cada producto, con menor toxicidad para los cultivos, los trabajadores y el medio ambiente. La utilización de fertilizantes pasó de 325.600 toneladas en 1991 a 2.052.000 en 1996, por la importación masiva de los mismos que cubrieron en ese año el 94% del consumo total, para luego declinar por la caída de los precios del trigo.

La innovación más significativa fue la incorporación de variedades transgénicas en soja y maíz que permitieron un mejor control de las malezas y menor costo. La difusión del sistema de labranza denominado "siembra directa", que en pocos años cubrió varios millones de hectáreas, abarató costos y favoreció la conservación del suelo al mantener la capa vegetal. Este sistema, que evita retirar los rastrojos de la cosecha anterior y siembra directamente sobre los mismos, y la difusión de las variedades transgénicas estimularon el mayor uso de herbicidas, particularmente del glifosato, que es metabolizado por las plantas y no deja residuos en el terreno, con efectos favorables sobre el suelo y la calidad de las aguas. Estos nuevos avances reducen también los costos al elevar los rendimientos y crean claras ventajas comparativas frente a la producción de otros países.

En cuanto a la ganadería, la vacuna disminuyó su participación en el total de la producción pecuaria. Se redujeron las existencias de 52,8 millones de animales en 1990 a 48,1 en 1998 y la producción de carne osciló entre casi dos millones y medio y tres millones de toneladas con una tendencia decreciente en los últimos años. Las exportaciones subieron fuertemente en 1995 a mil cien millones de dólares, pero la caída del consumo de carnes rojas en los distintos mercados mundiales se agravó a partir de 1996 por la enfermedad producida en los animales vacunos por la ingesta de alimentos balanceados preparados con base a carne de animales, denominada Encefalopatía Espongiforme Bovina, más conocida como *vaca loca* que se extendió de Gran Bretaña al resto de Europa. Los tropiezos producidos en el año 2000 en el país en relación al control de la aftosa también afectaron posibilidades en desarrollo de expansión de las exportaciones. A pesar de todo ello, se produjeron cambios tecnológicos en la ganadería, particularmente por el crecimiento del sistema de engorde a corral (*feed-lot*), beneficiados por la caída del valor de los granos que abaratan los alimentos balanceados. Sin embargo, estos procesos produjeron un fuerte aumento de los precios de los novillos destinados a engorde, afectando la rentabilidad de las explotaciones que se habían desplazado hacia este nuevo sistema de invernada. De todos modos, estos sistemas reflejaron procesos de inversión de capital en las unidades y estuvieron asociados a sensibles mejoras en la base de alimentación, aprovechando aquí los cambios tecnológicos producidos en el conjunto de la agricultura, pero también introduciendo nueva maquinaria vinculada con sistemas de ensilaje de pasto más avanzados.

Un avance destacado en todo este período fue el de la producción lechera. La misma pasó de 6.307.000 litros en 1989-90 a 10.312.000 en 1999, a una tasa del 5% anual acumulativo. Un factor decisivo para ello fueron los cambios tecnológicos introducidos en la alimentación del ganado. La suplementación del pastoreo permitió estabilizarla a lo largo de todo el año y para ello se avanzó fuertemente con relación a la conservación de forraje, silos de pastura y maíz en las unidades, concentrados y otros mecanismos. La manipulación de la leche a través del enfriado y el ordeñe mecánico y las mejoras generales en las instalaciones de los tambos respondieron en estas décadas a las exigencias tecnológicas de las agroindustrias lecheras, que prestaron asistencia tecnológica a los productores. Ello implicó un perfil de las unidades productoras mucho más intensivo en capital y eliminó a las unidades tradicionales, generalmente de menor tamaño, que no pudieron acompañar los procesos señalados. También la avicultura mantuvo sostenidos ritmos de expansión triplicando sus volúmenes de producción a lo largo de la década de 1990, lo que está vinculado a un notable crecimiento del consumo en el mercado interno, que es ya casi la mitad que el consumo de carne vacuna.

Los precios de los cereales y oleaginosas llegaron en 1996 a niveles históricamente muy altos. Los del trigo, el maíz y el sorgo granífero comenzaron a descender en 1997 y en 1999 estaban por debajo de la mitad de 1996. La soja inició su descenso en 1998, al igual que el girasol. Durante el año 2000 se mantuvieron en estos niveles, salvo el girasol que acentuó aún más su caída, dado su desplazamiento por aceites alternativos en el nivel mundial. La caída de los precios agrícolas fue de tal magnitud que los mayores rendimientos no pudieron evitar las pérdidas para una gran parte de los productores. A mediados de 1999 el 22% de los productores se encontraban en situación de mora en sus créditos, situación que en realidad es más grave porque en 1997 y 1998 el Banco de la Nación refinanció las deudas vencidas e impagas y postergó ejecuciones judiciales. Dado que los gastos fijos en las unidades han subido fuertemente, la caída de los precios impide, como en décadas anteriores, repliegues de los productores en espera de años mejores. La desaparición de una cantidad significativa de unidades es, entonces, el resultado de esta situación, donde los productores están directamente expuestos a las contingencias del mercado internacional de cereales y oleaginosas, que se caracteriza por su extrema movilidad. Por otra parte, la eliminación de las retenciones determinó fuertes aumentos de los precios de los bienes agropecuarios para los consumidores. El impuesto a las exportaciones no era sólo una fuente de recursos fiscales, sino una forma importante de bajar el valor interno de los productos agrícolas exportados, ya que el precio abonado por la agroindustria local y los consumidores se determinaba descontando de los precios internacionales dichas retenciones, que en la década de 1970 llegaban hasta el 40% del precio internacional. Dada la gran cantidad de sectores que se encuentran por debajo de la línea de pobreza y la disminución del salario real, futuras subas de los precios internacionales de los productos agrarios potenciarían una situación de deterioro creciente y socialmente explosiva.

El Censo Nacional Agropecuario realizado en 1988 permite tener una imagen de los cambios operados hasta ese año y posibilitar su comparación con los datos de los censos anteriores. Con alguna información adicional se pueden señalar algunas tendencias producidas en la década de 1990. Comenzando por los datos de 1988 se puede analizar la distribución en la escala de superficie de las unidades agropecuarias y de su superficie para la región pampeana. En relación a las unidades se aprecia que el mayor porcentaje se encuentra en el estrato de 200,1 a 500 hectáreas. Luego, aparece el estrato de 100,1 a 200. Ello indica una concentración importante en el centro de la escala. En la escala netamente inferior, la cantidad de unidades es pequeña. Debajo de las 50 hectáreas hay sólo un 28,4%. También en las escalas superiores existen pocas unidades, ya que en los estratos de más de 2.500 hectáreas se agrupan sólo el 2,3% de las unidades. Respecto a la superficie, el 53,8% se concentra entre las 200,1 y las 2.500 hectáreas. En este nivel se refuerza aún más la concentración en el centro. La mayor cantidad de explotaciones se encuentra en la categoría de personas físicas, que también representa la mayor parte de la superficie censal. Las sociedades de hecho ocupan el segundo lugar. Ambas categorías expresan el 94,9% de las unidades y el 77% de la superficie. Las sociedades dan cuenta del 4,6% de las unidades y del 21,7% de la superficie.

En la región pampeana el sistema de tenencia predominante era el de la propiedad, que abarca el 77,9% de la superficie. El rubro arrendamiento comprende el 12,6% de las tierras, el contrato accidental el 4,9% y la aparcería el 1,4%. Una comparación con los datos del Censo Agropecuario de 1960 permite apreciar que la categoría de propiedad ha subido para la región pampeana del 64% al 77,9%. La suma de arrendatarios y aparceros ha bajado del 25,4% al 19%.

El 71% de las unidades tienen una sola modalidad de tenencia, mientras que el 28,3% combina tierra en propiedad con otras formas de tenencia. Que el 27,6% de la superficie pertenezca a unidades que establecen combinaciones entre la propiedad y otras formas de acceso a la tierra, y que sumándoles las formas puras de acceso a la tierra que no son propiedad se llegue a un 37,7% nos señala la relevancia del fenómeno de las distintas combinaciones existentes para articular la tierra con el capital y el trabajo. Sin ningún respaldo estadístico, algunos analistas señalaron que los incrementos de producción agrícola y excedentes generados en el último período por la suba de precios de los productos agrícolas habían sido captados por los *pools* de siembra. Sin embargo, la información estadística existente, incluido el propio Censo Agropecuario de 1988, es muy débil cuando se intenta profundizar en el conocimiento de las relaciones establecidas entre las distintas unidades productivas. Estas dimensiones relacionales tienen como trasfondo situaciones macroeconómicas y políticas disímiles que explican las diversas formas de vincularse de los factores de producción agropecuarios. Así, la emergencia tan vigorosa de los contratistas-tanteros y de los contratistas de maquinarias desde la década de 1950 es la salida que encuentra la situación del sector a las trabas impuestas por la complicada situación generada por las leyes de arriendo vigentes (congelamiento de los montos, trabas a la finalización de los contratos) y también es un emergente de los procesos de sobremecanización de los pequeños productores que encontraron grandes facilidades por las políticas estatales de créditos con tasas negativas y liberación impositiva para la compra de maquinarias, aspectos no existentes en relación al mercado de tierras. Además, diversos estudios muestran la sucesión temporal entre los contratistas de servicios de maquinarias y los contratistas tanteros, dado que aquellas capas de los primeros que lograron capitalizarse optaron por tomar integralmente tierras, volviendo por esta vía a regenerar el arriendo, nada más que en un piso tecnológico superior y con menores restricciones en los contratos. Por otra parte, el creciente cambio tecnológico fue determinando que sus unidades resultaran de tamaño insuficiente para los nuevos pisos marcados por la forma de producir extensivamente en la agricultura. Al mismo tiempo, los propietarios de mayor cantidad de tierras emergían de los procesos de recupero de tierras sin inversiones de capital, y por lo tanto fue un proceso de complementación el que facilitó estas prácticas.

Paralelamente, también es significativo el desarrollo de diversas formas de articulación de los factores productivos en la producción ganadera. A los sistemas de arriendo tradicionales se agregan arriendos que se pagan en kilogramos por hectáreas y los llamados "contratos de capitalización", formas de aparcería donde el propietario de la tierra se encarga del engorde de los animales de la otra parte y luego se reparten los excedentes de acuerdo a los kilogramos de carne producidos. A diferencia de la aparcería tradicional donde el propietario de la tierra aportaba también capital contra el trabajo del aparcero, aquí el propietario de la tierra organiza el proceso productivo y la contraparte aporta el capital-ganado.

En cuanto a la propiedad de la tierra, que debe ser analizada en función de los datos proporcionados por los catastros, estudios hechos sobre la provincia de Buenos Aires permiten comparar los años 1958 y 1988. Entre esos años las propiedades ubicadas en los estratos de mayor tamaño continuaron perdiendo superficie. Las de más de 5.000 hectáreas cayeron un 76,8% y las ubicadas entre 1.000 y 4.999 hectáreas perdieron un 34,4%. Nada menos que un 20,5% de la superficie total registrada en esta información fue transferida a los estratos de menor tamaño. Los que más crecieron fueron los ubicados entre las 50 a 299 hectáreas (77%), de 300 a 499 (52,5%) y de 10 a 49 (44,7%). El período 1972-1988 fue mucho más significativo para el proceso de desconcentración que el que va de 1958 a 1972. Como consecuencia de este proceso, la distribución porcentual presenta para 1988 un peso insignificante de las propiedades de más de 5.000 hectáreas que representan sólo el 1,8% del total provincial. Las ubicadas entre 1.000 y 4.999 hectáreas cubren el 16,6% de la superficie principal, lo que muestra que las propiedades pequeñas y medianas cubren el 81,6%. Para dar una idea del gigantesco proceso de desconcentración operado, debe señalarse que en 1923 propiedades superiores a las 5.000 hectáreas controlaban 13.642.997 hectáreas contra 519.197 que poseen en 1988. Es decir que perdieron el 96,2% de la superficie.

La intensificación productiva de las unidades agropecuarias en base a un uso más intensivo del capital y las características productivas que implican un manejo empresarial cada vez más complejo dieron como resultado un importante proceso de concentración de la producción en unidades de mayor tamaño. Ello implicó la eliminación de una cantidad significativa de unidades productivas de menor tamaño. No hay datos censales que reflejen este proceso, que tuvo su máxima expresión durante la década de 1990. Pero los diversos estudios parciales realizados coinciden en señalar que alrededor de un 30% de las unidades desaparecieron en este período. Por cierto que el mejor indicador para medir este proceso no es el de la propiedad rural, ya que estos procesos no necesariamente significaron un proceso de concentración de la propiedad. Las diversas formas de cesión de la tierra a través de los contratos accidentales, el arriendo y otras formas de acceder al manejo de la tierra facilitaron a los diversos poseedores de capital producir en unidades de mayor tamaño, fortaleciendo así un control de los procesos productivos por unidades medias con niveles de capital adecuados a esta nueva etapa. Numerosos productores endeudados encuentran serias dificultades para afrontar los períodos de precios bajos y su destino es incierto en la actual etapa porque los ingresos netos no resultan suficientes para mantener a las familias rurales por el costo elevado de la canasta de consumo. El perfil de la expansión productiva impulsada por las políticas macroeconómicas, al igual que en otros sectores de la economía, fortaleció fuertemente los procesos de concentración del capital, que son los que dominan el desarrollo de un agro que, como el de la región pampeana, siempre tuvo un perfil definidamente dominado por este factor.

Crisis, recuperación económica y nueva expansión (2001-2008)

La Ley de Convertibilidad vigente desde 1991 había articulado la emisión monetaria a la oferta de dólares para eliminar la posibilidad de monetizar el desequilibrio fiscal que había sido el principal factor de inestabilidad macroeconómica durante la década de 1980. Pero el gasto primario real continuó aumentando y ya la crisis mexicana de 1994, que afectó el ingreso de capitales al país, había sido un aviso importante que se disimuló cuando los capitales externos reaparecieron en los años siguientes. El surgimiento del mercado de bonos emergentes compuesto por inversores con escasa información sobre los países tomadores de créditos favoreció el ingreso de recursos que sumados a los generados por la venta de activos públicos permitieron eludir el ajuste fiscal, condición indispensable del funcionamiento del modelo planteado. La deuda del sector público como porcentaje del PBI se duplicó entre 1992 y 2001 aumentando notablemente el monto de los intereses anuales de la deuda, lo que a su vez incrementó la estrecha dependencia de los mercados de capitales externos. Simultáneamente se dolarizaron en gran medida los depósitos en los bancos locales. Todo ello provocó quedar expuesto a cualquier reversión en los flujos de capitales privados, fenómeno que se cristalizaría desde 1998 a partir de la crisis rusa y el aumento de la tasa de interés de Estados Unidos. También la devaluación del real en Brasil y la caída de los precios de los productos primarios provocaron una caída de los ingresos por exportaciones que sólo hubiera podido enfrentarse con una devaluación, lo que estaba vedado por la propia conformación del esquema de la convertibilidad. Un sistema flexible de precios y salarios hubiera permitido enfrentar la situación, pero las tarifas públicas estaban también dolarizadas y la rebaja en los salarios estatales era un costo político elevado que el gobierno de Carlos Menem no estaba dispuesto a enfrentar. En 1999 el déficit fiscal subió fuertemente y el PBI cayó un 3,4%.

Fue relevante la crisis desatada en la agricultura pampeana a fines de la década de 1990. Dicha crisis estuvo asociada a por lo menos tres cuestiones: a) la caída de los precios internacionales, que habían subido entre 1995 y 1997 y que volvieron a sus niveles anteriores; b) la fuerte suba de las tasas de interés nominales en el país como consecuencia de la mayor inestabilidad económica y política, y c) la ineficacia del sistema de convertibilidad para contener la suba de los precios internos. Esto último provocó una suba del costo de vida que hizo que fuera necesario dedicar cada vez más hectáreas en producción para sostener a una familia rural. Así, mientras en el año 1996 una unidad económica requería en la región pampeana 150 hectáreas en producción, en 1999 hacían falta 400. Ello acentuó los procesos de concentración productiva iniciados en las décadas anteriores y dejó peligrosamente endeudados a muchos productores.

Las medidas tomadas por el nuevo gobierno encabezado por Antonio De la Rúa, que asumió en diciembre de 1999, intentaron resolver la situación macroeconómica combinando nuevo financiamiento público internacional con un ajuste del gasto público para disminuir un 2% del déficit fiscal sobre el PBI. Estas medidas acentuaron la contracción de la economía y el intento aún más audaz del ministro de Economía Ricardo López Murphy, que asumió el 4 de marzo de 2000, de reducción del gasto estatal mediante la caída del empleo público en un 30% y afectando partidas sensibles como las destinadas a educación provocaron su alejamiento en sólo dos semanas. El retorno del ministro Domingo Cavallo, que volvió a profundizar el recorte de gastos, y las sucesivas refinanciaciones de la deuda pública determinaron durante el año 2001 una gran caída de los depósitos bancarios y de las reservas internacionales y a fines de este año las autoridades establecieron el control de cambios y la fijación de un límite para las extracciones de dinero de los bancos (el llamado "corralito"). El retiro del apoyo del Fondo Monetario Internacional de un desembolso imprescindible para evitar el *default* en diciembre de 2001 completaría el cuadro de situación y los conflictos desatados con los ahorristas y sectores populares desocupados e indigentes provocaron finalmente la caída del gobierno.

La expansión de la producción agropecuaria pampeana

Luego de un complejo proceso político que culminó con la presidencia de Eduardo Duhalde desde fines de 2001, se fueron introduciendo medidas que produjeron cambios significativos en el contexto de las políticas macroeconómicas. La principal fue la eliminación del sistema de convertibilidad de la moneda, lo que determinó una gran devaluación del peso hasta prácticamente triplicar su valor. Ello creó una situación mucho más favorable para los sectores industriales vinculados a la demanda interna, que habían sido fuertemente afectados por una moneda artificialmente sobrevaluada. La devaluación significó también una gran transferencia de recursos hacia los sectores vinculados con la exportación, entre ellos el sector agropecuario. Esto último fue sólo parcialmente compensado con las retenciones (impuestos) a las exportaciones, que el 4 de marzo de 2002 fueron fijadas en un 13,5% para la soja y el girasol, 5% para carne y lácteos, y 10% para los otros productos primarios. El proceso inflacionario desatado por la devaluación tuvo un impacto más alto en los alimentos atados al precio dolarizado de las materias primas. Así la inflación fue mucho más importante en la canasta básica alimentaria, lo que hizo subir fuertemente los niveles de pobreza e indigencia. Además de esta gran transferencia de ingresos, los productores agropecuarios se beneficiaron al pesificarse las deudas, manteniendo la antigua relación 1 a 1 entre dólar y peso, a pesar de que los dólares que recibían por exportaciones llegaron a cotizarse a 3,5 pesos por unidad en el año 2002. Con las cosechas de esos años se pagaron importantes montos adeudados a los bancos y el sector se capitalizó fuertemente. La recuperación de la crisis económica producida desde mediados de 2002 y la creciente expansión de la demanda del mercado interno, más el recupero de los precios internacionales fortalecieron la demanda de los productos agropecuarios. También cambiaron las orientaciones en materia del rol del Estado asignándose crecientes recursos estatales al INTA y a programas de Ciencia y Técnica vinculados con el agro.

El retroceso de la siembra y producción de sorgo granífero, centeno y cebada forrajera fue compensado en los cereales por la continua expansión del maíz y el trigo. La década del 2000 se iniciará con similares proporciones de cereales y oleaginosas sembrados debido a la gran expansión de la soja, cuando dos décadas antes los cereales ocupaban el 80%. En cifras totales de producción hasta aquí se observaba un proceso de expansión en función del cambio favorable de los rendimientos. A ello se agregó el crecimiento de la superficie cultivada, lo que obedece a dos tipos de fenómenos. Por un lado, a la expansión geográfica de la frontera agrícola, ya que los cambios tecnológicos y climáticos favorecieron la ocupación de áreas no tradicionales hacia el norte y el oeste, fuera de la tradicional frontera natural de la región pampeana. Particularmente fue relevante la siembra directa, que permite trabajar con menores niveles de humedad. A su vez, la introducción de variedades transgénicas que permitieron la realización de dos cosechas anuales generó la posibilidad de duplicar la superficie utilizable tanto de las regiones pampeanas como de las nuevas áreas ocupadas. La superficie cultivada creció así un 52,8% entre 1990-91 y 2006-7.

Gráfico 1. Argentina. Evolución de la superficie sembrada con cereales y oleaginosas (1979-1980 y 2007-2008)

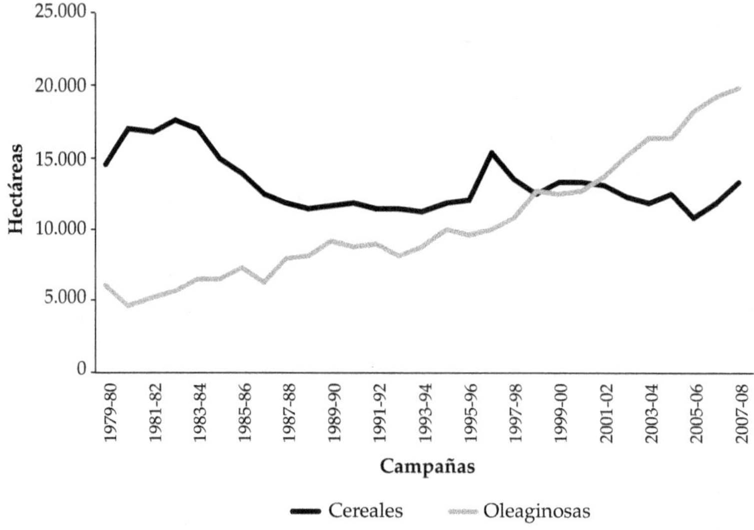

Al aumento de la superficie cultivada se agregó el continuo incremento de los rendimientos, lo que provocó saltos espectaculares en materia productiva. Entre 1990-91 y 2006-7 la producción de cereales y oleaginosas creció un 144,3%, lo que representa una tasa anual directa del 9%. La producción de cereales y oleaginosas que promedió los 35 millones durante la década de los ochenta, tuvo un crecimiento importante durante los noventa llegando a culminar esta década con un total de 64,3 millones de toneladas.

A partir del 2000 este comportamiento continuó, con un constante crecimiento de la producción que en la campaña 2007-8 superó los 96 millones de toneladas.

Gráfico 2. Argentina. Evolución de la producción de cereales y oleaginosas (1980-1981 y 2007-2008)

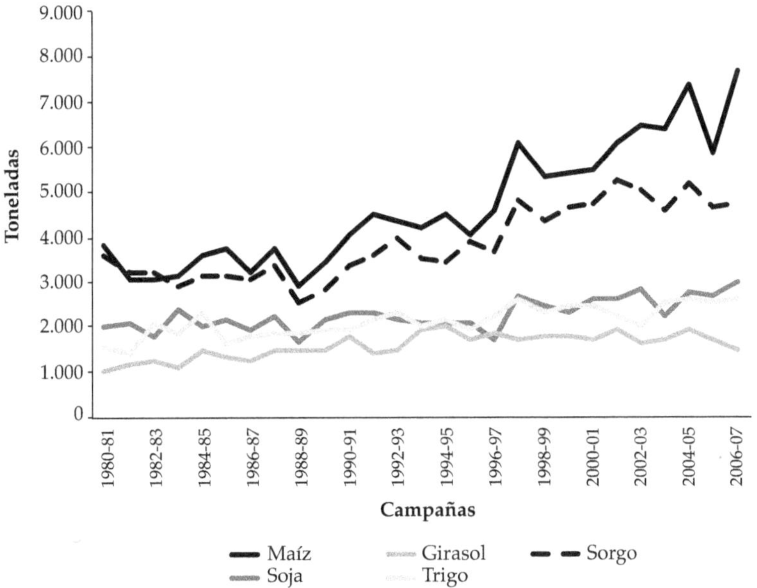

Un motor decisivo de este proceso fue la expansión de la soja. Casi inexistente hacia 1970 ocupó en la campaña 2006-7, 16.141.337 de hectáreas, con una producción de 47 millones y medio de toneladas. Es decir, el 53% de la superficie cultivada y el 51,4% del volumen producido. De los 96 millones de toneladas de granos producidas en la campaña 2007-8, 48 millones corresponden a soja. Este peso dominante se acentúa en términos de valor si tenemos en cuenta que el precio de la soja es más alto que el de los otros dos grandes cultivos de la región. El segundo cultivo en importancia es el maíz, que representó el 21,8% del total producido, y el tercero es el trigo, con un peso de 16%. La producción de maíz y trigo también aumentó, con variaciones entre años, aunque no lo hace a tasas tan altas como la soja. Es diferente la situación del girasol, que disminuye a la mitad a partir de la campaña 2000-1, en simultáneo con un gran salto en la producción de soja. Esto permite inferir que hubo una sustitución entre ambos cultivos.

Aproximadamente el 90% de la soja se produce en la región pampeana. En la llamada "zona núcleo" la soja desplazó al maíz y el girasol y es en la actualidad el principal cultivo. En Entre Ríos y la Pampa también sustituyó cultivos tradicionales como trigo y girasol. En las regiones del Noroeste (NOA) y el Noreste (NEA), si bien la soja tiene menor competitividad respecto a la región pampeana, desplazó al algodón, a la caña de azúcar y al tabaco.

Otra consecuencia importante del avance de la agricultura fue un desplazamiento de la producción ganadera vacuna hacia las regiones extrapampeanas (NEA, NOA y Cuyo especialmente) y también una sustitución de la producción ganadera extensiva por sistemas más intensivos en la región pampeana. Esta última, que en el año 2003 concentraba el 59,4% del stock disminuyó al 55,7% en el 2007 en beneficio de las regiones señaladas. Entre los cambios producidos se observa una transformación del sistema productivo ganadero que se caracteriza por la sustitución del tradicional esquema pastoril por la producción estabulada (*feed-lot*) que permite un aumento de la carga animal por unidad superficie. Uno de los problemas vinculados a esta movilización de la producción ganadera hacia las zonas extrapampeanas es la disminución de los rendimientos debido a la menor calidad de los suelos y a la falta de tecnología disponible y adaptada a las condiciones locales. La falta de especies forrajeras de alta productividad y de buena calidad, en particular leguminosas, en las provincias del norte, se agrava por una menor disponibilidad de agua y rentabilidades que no justifican la inversión en riego, necesaria para mejorar los rendimientos. Ello ha sido compensado sólo parcialmente por la exitosa introducción de nuevas razas que se han adaptado a estas zonas. El stock ganadero creció de 52.960.000 cabezas en 2003 a 55.890.000 en el año 2007. La producción de carne creció un 20% desde el año 2002 hasta el 2008, pero en este año la misma se fue estancando con el agravante de que la faena ha pasado a incrementarse a mayores tasas que dicha producción. Distinta es la situación del sector lácteo que muestra un importante desarrollo durante los noventa que permite multiplicar la producción de leche de 6.000 a 10.000 millones de litros. Al final de esta década comienza una declinación que termina en crisis, para posteriormente recuperarse hasta 2006 cuando alcanza sus máximos históricos. Este crecimiento se da sobre la base de un aumento del tamaño de los tambos y de un notable crecimiento de la productividad dado por una gran inversión en tecnología de procesos, equipamiento, suplementación alimentaria, mejoramiento de la calidad y la disponibilidad de forraje a lo largo del año y mejoramiento genético. Todo ello está asociado a un aumento de la concentración productiva, ya que muchos productores no pueden, dado el tamaño de sus capitales, acompañar estos cambios.

El aumento de la productividad agrícola por el desarrollo tecnológico

Además del crecimiento de la superficie, el notable aumento de la producción de cereales y oleaginosos se explica por un importante aumento en los rendimientos que fue posible por el cambio tecnológico que viene desarrollando el sector agropecuario desde los años sesenta. A partir de los noventa se observa una profundización del desarrollo tecnológico que tiene entre sus ejes principales: la mayor difusión de la siembra directa, la incorporación de nueva maquinaria de mayor tamaño y complejidad, el aumento del uso de fertilizantes, herbicidas y otros agroquímicos, la incorporación de tecnologías de gestión de la empresa y el crecimiento del uso de transgénicos, en particular de soja y maíz. Hacia el año 2007 aproximadamente el 70% de la superficie sembrada se hacía ya con siembra directa. Los mayores aumentos en los rendimientos ocurrieron en los cultivos de maíz y sorgo, con el permanente desarrollo de híbridos de alta productividad. En soja y maíz la expansión de la superficie se produce de la mano del avance de la utilización de los transgénicos. Este tipo de semilla supera el uso de la semilla convencional en ambos cultivos. Poco menos del 100% de la superficie sembrada de la soja sembrada es de este tipo. El paquete tecnológico para soja fue conformándose gradualmente desde la incorporación del doble cultivo con trigo en la década del setenta, la siembra directa y finalmente el avance genético y su sinergia con la aplicación de glifosato. A esto se sumó la importante incorporación de maquinaria agrícola que acortó los tiempos del laboreo permitiendo aumentar la eficiencia del proceso productivo. Este paquete tecnológico facilitó un nuevo esquema de labores y de esta forma contribuyó a disminuir los costos de implantación, bajando también los efectos de la erosión causados por el laboreo convencional.

La llamada "agricultura de precisión" viene avanzando sostenidamente en los productores de mayores recursos de capital y humanos. Incluye numerosos mecanismos destinados a automatizar la agricultura por ambientes dentro de cada lote de terreno con el fin de maximizar el uso de los insumos, bajar los costos de producción y obtener mayores rendimientos. Se utilizan para ello monitores que permiten el comando de sistemas de distribución de insumos (semillas, distintos fertilizantes) de manera independiente durante la siembra, en base a información suministrada previamente a la computadora que posee un *software* que calcula las dosis necesarias de acuerdo a la ubicación de la máquina determinada vía satélite. Procesos similares se realizan con pulverizadoras. La utilización de navegadores geodésicos permite conocer con precisión las características del terreno a operar y manejar la producción por ambientes productivos específicos.

Los cambios en la estructura agraria pampeana

La intensificación productiva de las unidades agropecuarias en base a un uso más intensivo del capital y las características productivas que implican un manejo empresarial cada vez más complejo, produjeron un importante proceso de concentración en unidades de mayor tamaño. Ello implicó la eliminación de una cantidad significativa de unidades productivas. Este proceso tuvo su máxima expresión durante la década de 1990 y el número total de unidades en todo el país descendió de 378.357 en 1988 a 297.425 en 2002, es decir 80.932 unidades menos (21,4%). En la región pampeana dicha caída llegó al 29%.

Gráfico 3. Argentina. Evolución de los rendimientos de los principales cultivos (1980-1981 y 2006-2007)

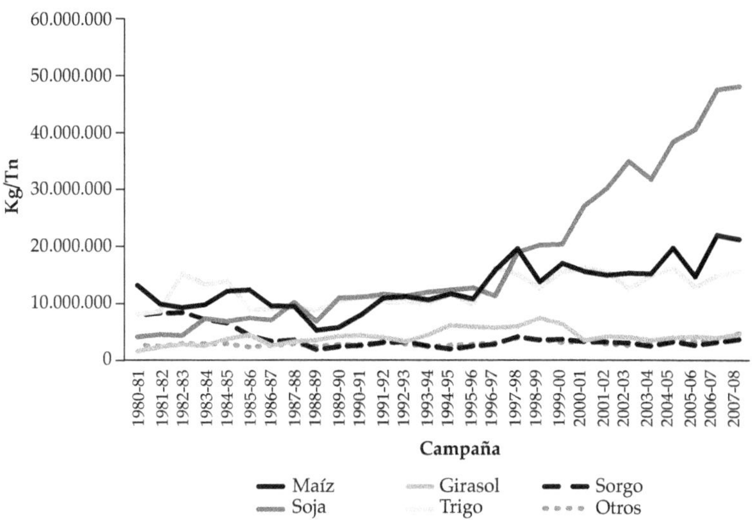

La concentración productiva no significó un aumento de la concentración de la propiedad rural. Las diversas formas de cesión de la tierra a través de los contratos accidentales, el arriendo y otras formas de acceder al manejo de la tierra facilitaron a los diversos poseedores de capital producir en unidades de mayor tamaño, fortaleciendo así un control de los procesos productivos por unidades medianas y grandes y con niveles de capital adecuados a esta nueva etapa. Mientras en hectáreas desciende el peso relativo de las formas puras de propiedad, aparcería y contrato accidental, y las formas combinadas de propiedad con aparcería y contrato accidental, crece muy fuertemente el arrendamiento puro y la articulación entre propiedad y arrendamiento. La propiedad pura desciende en todos los estratos de tamaño confirmando que el crecimiento del tamaño de las unidades no se realiza por procesos de concentración de la propiedad. Tomando las unidades de producción cae en el país un 26%. Esta caída se registra en todas las regiones, bajando, sobre todo en la región pampeana, un 37%. Tomando las hectáreas en el país la propiedad pura cae un 11%, salvo en Cuyo donde sube un 8%. Pero la caída es del 21% en región pampeana. En cuanto a las formas combinadas, la propiedad-arrendamiento crece a partir de las 200 hectáreas con niveles muy altos desde las 500 hectáreas. Se encuentra aquí, junto con las categorías y tamaños señalados en el punto anterior, la expresión clara de la presencia de formas combinadas de capital y tierra que corresponden a iniciativas de propietarios que amplían su capacidad productiva tomando tierras de otros propietarios.

En relación al número de unidades agropecuarias el fenómeno es esencialmente el mismo, es decir suba de las unidades arrendadas y de la combinación entre propiedad y arrendamiento. El crecimiento de estas categorías no debe hacer perder de vista la importancia que mantienen las unidades trabajadas en forma de propiedad pura que en el país ocupaban el 68,3% del total de las hectáreas en el 2002. Y si tomamos la tenencia por categoría, sin tener en cuenta las combinaciones, el 79,9% de la tierra estaba en propiedad contra el 11,5% del arriendo, 2,1% en contrato accidental y el 0,7% en aparcería. Un 14% de la superficie total se explotaba bajo estos contratos (25 millones de hectáreas), concentrándose la mayor proporción en la región pampeana. Las provincias con mayor porcentaje de sus tierras bajo la forma de arrendamiento son de esta región. En la misma el arrendamiento era en el año 2002 el 19,8%, contra el 11,9% en 1988. Es decir que aquí se aprecia con mucha nitidez un proceso de recomposición del sistema de arrendamiento, ya sea en forma pura o en forma combinada con la propiedad de la tierra.

Un dato más actualizado surge de los resultados sobre el Régimen de Tenencia de la Tierra en base a la Encuesta Tecnológica (ciclo agrícola 2006-2007) elaborada por la Red de Información Agropecuaria Nacional (RIAN), dependiente del INTA. Según la misma la superficie bajo contratos de arrendamientos representó el 34,25% de la superficie total relevada contra el 19,8% registrado en el Censo Nacional Agropecuario del año 2002. La superficie bajo contratos de aparcería llegaba al 3,29% frente al 1,20% en 2002. La superficie bajo contratos accidentales era el 2,0% mientras fue del 4,36% en 2002. Según esta encuesta más del 40% de los productores agropecuarios pampeanos combinaban propiedad de la tierra con contratos de arrendamiento y aparcería.

El largo proceso de disminución del arrendamiento que podríamos llamar "tradicional" que se produjo entre fines de las décadas de 1930 y 1960, y que desembocó en un agro dominado por distintas capas de propietarios en que predominaban explotaciones medias, fue dando lugar a una estructura agraria donde se expande nuevamente el arrendamiento, con la diferencia de que muchas veces los que toman tierras son también propietarios, en otros casos son *pools* de siembra que agrupan tierras para generar procesos productivos con alta inversión de capital, y los rentistas son ahora una cantidad significativa de propietarios que han pasado a esta categoría en función de las crecientes complejidades de la producción agraria y de los altos niveles de los arrendamientos. Es una estructura agraria con alta movilidad de los roles de los sujetos sociales que acompaña en su dinámica a la velocidad expansiva productiva y regional operada en los últimos años, facilitando la incorporación de importantes masas de capital provenientes de diversos tipos de inversores. Los actores sociales básicos del agro pampeano hacia comienzos del siglo veintiuno básicamente son los productores tradicionales, los contratistas, los *pools* de siembra y las redes productivas, los rentistas y los trabajadores rurales.

Los productores tradicionales

Como siempre que se expanden nuevas figuras sociales se pierde de vista la existencia de los sujetos sociales que conservan sus espacios productivos. Éstos no ceden sus tierras, sino que mantienen sus propiedades y llevan adelante procesos productivos, lo que no excluye la contratación de servicios de maquinarias, sin delegar el control de los procesos. De hecho, las renovaciones generacionales han implicado que muchos hijos de productores se han capacitado profesionalmente y han incorporado nuevas estrategias tecnológicas. Algunos autores los denominan *tradicionales capitalizados* y representan todavía la mayor proporción del total, aunque disminuyendo en los últimos años. Son un factor decisivo en el mantenimiento de formas de vida rural modernizada, pero con presencia local.

En décadas anteriores la mayor parte de los productores fue abandonando la residencia en las explotaciones y se fueron mudando do hacia las ciudades cabeceras de sus distritos. En la zona norte de la provincia de Buenos Aires en 1988 sólo el 43% de los productores declaró residir en su explotación y en el año 2002 tal porcentaje había disminuido al 34%. Su presencia actual es parte de un proceso de concentración en el uso de la tierra que no sólo se expresa en los sectores más altos, sino también en la consolidación de una poderosa clase media agraria. Su tamaño económico y la creciente calidad de los servicios públicos en materia de comunicaciones y electricidad reforzaron procesos de ocupación del espacio rural y la producción, y de pueblos y ciudades intermedias que habían sufrido situaciones inversas en décadas anteriores. Junto a los contratistas que viven en los pueblos y con los proveedores de servicios y profesionales, estos actores, estrechamente asociados a la producción y el destino de las comunidades rurales, han consolidado una trama social que es lo que explica su poder social y su capacidad de permanecer prolongadamente en las actividades agropecuarias.

Los cambios en la agricultura también influyen en la escala mínima de explotación, factor clave para entender los procesos de concentración de la tierra cuando son determinados por la relación entre rentabilidad y escala. Las innovaciones tecnológicas fueron más fácilmente incorporadas por las explotaciones más grandes, debido a que los paquetes precisaban la inversión en maquinarias y la consecuente necesidad de crédito, no siempre disponible para los pequeños productores. A esto se sumó que la mayor escala era necesaria para reducir los costos unitarios de producción con la nueva tecnología. Debido a la diversidad de productores es difícil establecer una unidad media en hectáreas del productor agrícola típico, además de existir variaciones de acuerdo a las zonas y el régimen de tenencia de la tierra. Según estimaciones una unidad económica dedicada a soja no debería ser menor a las 200 a 300 hectáreas para un productor tradicional propietario en la región núcleo, que podría incrementarse a 400 o 500 hectáreas en el oeste bonaerense. Muchos de estos productores amplían su escala productiva mediante la incorporación de tierras arrendadas.

Los contratistas

Los contratistas de maquinarias tienen una notable importancia en la región pampeana. En el año 2002 en las provincias de Santa

Fe y Córdoba el 70% de las unidades y de la superficie total había sido trabajada con maquinaria contratada en alguna de las labores, predominando ampliamente la cosecha de granos, seguida por el mantenimiento de los cultivos y la roturación y siembra. La consolidación del contratismo de maquinarias cristalizó definitivamente las formas en que se divide el capital agrario en el país. Esencialmente entre dueños de tierras e instalaciones (y sólo a veces maquinaria) y entre propietarios de maquinarias cada vez de mayor tamaño y costo. El capital circulante para insumos es invertido por quienes encabezan la organización del proceso productivo, que puede o no coincidir con los dos anteriores.

La mecanización provocó un aumento del tamaño óptimo de las explotaciones y cambió la forma de organización productiva de los productores de menor tamaño dado que la existencia de los contratistas de maquinarias permitió la supervivencia de las pequeñas explotaciones familiares que pudieron recurrir a sus servicios. También es importante señalar que el hecho de que cayera el número de unidades agropecuarias hizo que muchos productores se especializaran como contratistas de maquinarias. En el Relevamiento Provincial de Prestadores de Servicios Agropecuarios de la Provincia de Buenos Aires realizado en el año 2002, el 68,7% de los prestadores relevados tenían como actividad anterior la de productor agropecuario. Respecto a las modalidades, las tareas de cosecha fueron desde fines del siglo diecinueve de las primeras cuya contratación era generalizada y en 2002 cubrían las tres cuartas partes de la superficie cosechada en la región pampeana. En la etapa más reciente de expansión agropecuaria, el uso de agroquímicos como herbicidas, fungicidas e insecticidas determinó que surgieran contratistas especializados, dada la alta complejidad que entraña la manipulación de tales productos, así como el uso de maquinarias especializadas que incluyen aviones en ciertos casos. Un tercer tipo de contratistas se especializa en las llamadas labores culturales como roturación y siembra. Adquirieron un rol más relevante al introducirse la soja en segunda ocupación, para lo cual muchos productores delegan las labores a estos agentes. Otro factor que explica el avance del contratismo es el crecimiento de la aplicación de fertilizantes. En la provincia de Buenos Aires, según los censos, entre 1988 y 2002 la superficie fertilizada subió de 1 a 6,5 millones de hectáreas.

Los contratistas de maquinarias tienen mayor acceso a los proveedores con ventajas para la compra de insumos, lo que les permite trasladar financiamiento a los productores al incluir en las labores contratadas parte o la totalidad de las semillas, fertilizantes y agroquímicos utilizados.

El gran avance tecnológico de los últimos años ha hecho insuficiente el conocimiento tácito de los productores tradicionales. Las unidades agropecuarias manejadas o asesoradas por productores con mayor nivel educativo y en muchos casos por graduados en agronomía o veterinaria cuentan con mayor número de servicios de los contratistas. Los cambios introducidos con la incorporación de la siembra directa y las semillas transgénicas encuentran un actor central en estos actores. Un estudio realizado para la provincia de Buenos Aires en el año 2002 identificó a 5.069 prestadores de servicios de maquinaria agrícola, es decir un contratista de maquinarias cada diez productores. El 74% realiza la actividad en forma exclusiva mientras que el resto la comparte con la producción agropecuaria. Los contratistas realizan sus labores de acuerdo a las demandas de los cultivos. En la región pampeana comienzan en octubre con la cosecha fina hasta los primeros días de enero. A mediados de febrero empiezan con la recolección de la cosecha gruesa y paran en junio. Allí desarman y reparan las maquinarias y las dejan listas para comenzar nuevamente en octubre.

En cuanto a los *contratistas tanteros*, que son quienes toman tierra mediante contratos accidentales asumiendo los riesgos de la producción, si bien su peso relativo viene disminuyendo, ocupaban una superficie de 3.737.735 hectáreas en el año 2002. Los productores contratistas requieren una escala de tamaño en torno a las 500 a 800 hectáreas con diferencias de acuerdo a su localización.

Los pools de siembra y las redes productivas

Desde el año 2002, la suba de los precios internacionales, la fuerte devaluación y el continuo aumento de los rendimientos generaron altas rentabilidades en el sector dedicado a la producción agrícola. Ello atrajo a una cantidad significativa de capitales, parte de los cuales fueron canalizados a través de los *pools* de siembra, cuya aparición ya fue explicada. Sus ventajas comparativas son: la diversificación del riesgo climático, ya que los campos arrendados se distribuyen en diferentes regiones del agro; avanzados paquetes tecnológicos con uso intensivo de agroquímicos que aumentan los rendimientos por hectárea; un tamaño de la operatoria que disminuye sensiblemente los costos de asistencia técnica por unidad de producto y con volúmenes de compra de los insumos agropecuarios que bajan estos costos. Lo mismo sucede en la negociación con los contratistas a los que se derivan las tareas de siembra, labores culturales y cosecha, y del precio de contratación de los campos, esencialmente por disponer de recursos financieros que permiten el pago anticipado de los arriendos. También hay ventajas en el proceso de comercialización por los volúmenes negociados y se maximiza la seguridad en el precio de los productos mediante el uso de los futuros y las opciones en los mercados a término. Se destaca la baja inversión total de capital en relación al volumen de la producción, al no tener que invertir en tierra ni mantener las instalaciones de los predios, y la ausencia de relaciones laborales al subcontratar las distintas tareas con propietarios de maquinarias autónomos.

Los *pools* de siembra no aparecen en los censos dado que el encuestador registra las unidades dirigidas por una empresa de administración en forma individual. El fenómeno de concentración de la producción que genera esta modalidad de dirección queda diluido detrás del arriendo o del contratismo accidental. Por eso la información sobre la cantidad de *pools* existentes y su peso en términos de superficie trabajada se basa sólo en apreciaciones. En marzo de 1996 se estimaba que las hectáreas sembradas por este sistema oscilaban entre 400 y 500 mil y en el año 2002 había subido a 2 millones. Estimaciones del año 2007 señalan que entre el 6 y el 10% de la superficie total de 31 millones de hectáreas, es decir entre 1,8 y 3 millones, habría sido sembrado por esta modalidad. Finalmente, las extensiones de los *pools*, considerando que este tipo de asociaciones participa en diversas regiones a fin de limitar o reducir los riesgos de la operación, se estima que varían entre las 4.000 y 7.000 hectáreas.

Entrados los años noventa las corporaciones internacionales como Monsanto, Syngenta, Bayer y otras hicieron importantes inversiones directas construyendo plantas de herbicidas y adquirieron empresas locales que contaban con redes nacionales de distribución. Montaron Centros de Servicios que abarcaron gran parte del territorio cultivable, formando en la práctica una red de difusión de innovaciones. El ingreso de los *pools* generó canales de financiamiento masivos y muy flexibles, que fortalecieron la integración con los contratistas y los Centros de Servicios, estableciendo un sistema de redes productivas de alta capacidad de gestión. Es toda esta estructura la que explica la posibilidad de una expansión geográfica, de rendimientos y de cifras productivas tan acelerada como la observada desde mediados de la década de 1990. Un mecanismo decisivo para la captación de volúmenes muy grandes de capitales fue la utilización de los contratos de fideicomisos de siembra.

En algunas visiones los *pools* están asociados a unidades de gran tamaño en términos de superficie de tierra ocupada o de capital, o ambas cosas. En realidad, parte importante de estos emprendimientos son asociaciones temporales de muchos inversores de distinto origen y profesionales que conociendo el negocio agropecuario administran durante un tiempo acotado la actividad de sembrar y cosechar para luego distribuir los excedentes. Pero en el último período se ha acentuado el crecimiento de grandes empresas agropecuarias que, trabajando con continuidad, sin horizontes temporales acotados, y aplicando la misma estrategia con que nacieron los *pools,* organizan grandes redes de producción en las que incorporan a un gran número de profesionales y contratistas, y no sólo aplican la tecnología más avanzada, sino que además negocian condiciones muy favorables para la compra de insumos y la venta de los productos agropecuarios. La lógica es no invertir centralmente en tierras, sino arrendar, ni en capital maquinaria, sino utilizar contratistas. Esta estrategia desarrollada en la región pampeana se altera en su expansión hacia el norte, donde los bajos precios de las tierras antes de su puesta en producción los llevaron a comprar hectáreas en cantidades significativas. Si se tomaran todas las grandes empresas, sean o no *pools,* ya que también hay empresas familiares o grupos de inversión, llegarían a unas 50 empresas que siembran 1,3 millones de hectáreas en el país y facturan casi 1.000 millones de dólares. Aparecen aquí firmas como Adecoagro, El Tejar, Los Grobo, Cresud, MSU, Cazenave, Liag, La Redención-Sofro, Olmedo Agropecuaria y Unitec Agro. Además, han expandido crecientemente sus operaciones en Bolivia, Uruguay y Brasil, donde su capacidad de gestión en redes productivas y el manejo organizado de la tecnología les ha permitido obtener ventajas sobre esquemas productivos tradicionales y donde ocupan centenares de miles de hectáreas, aquí también no sólo arrendando sino también invirtiendo en la compra de tierras de bajo precio para ser puestas en producción.

Los rentistas

El fenómeno del arrendamiento y la aparcería tiene una larga historia en el país y en términos generales siempre implicó una relación entre propietarios de significativas cantidades de tierras y quienes las tomaban para desarrollar procesos productivos y ceder parte de sus ingresos destinados a pagar la renta del suelo. Los actuales procesos implican procesos de concentración de capital en los que no se trata de aumentar las extensiones de los campos sino de incrementar la cantidad de explotaciones que son arrendadas y unificadas bajo una misma dirección organizativa. Dados los altos precios internacionales, los montos de los arrendamientos han subido notablemente hasta mediados de 2008 y han impulsado a muchos propietarios de pequeño y mediano tamaño a arrendar sus campos. Los valores de arriendo pasaron en promedio de 10,5 quintales de soja por hectárea en el año 2001 a 19,5 en 2007, y además con precios mucho más altos.

Este fenómeno incrementa la homogeneización tecnológica y productiva y permite aumentar sensiblemente la productividad del agro. Al mismo tiempo, genera un mecanismo de distribución del ingreso en que los dueños de tierras, a pesar de tratarse de actores más pequeños, obtienen condiciones muy ventajosas dada la presión existente en materia de demandas de tierras. De ahí la activa participación de estos sujetos sociales en los conflictos junto a los productores por los beneficios que obtienen, los que se ven afectados por las retenciones que disminuyen los niveles de excedentes y amortiguan el alza del precio de los arrendamientos y por ende el precio de las tierras agrícolas. Los rentistas han pasado entonces a expandirse y a capturar un gran monto de los excedentes agropecuarios, lo que transforma al agro argentino en una *rara avis* a escala internacional.

Los trabajadores rurales

Los cambios tecnológicos han inducido en las últimas décadas una gran disminución de la población que trabaja en tareas rurales como continuación del proceso de éxodo rural que se viene dando con cada modernización de la producción agropecuaria durante los últimos 50 años. También ha disminuido la mano de obra asalariada pero la actual tiene un mayor grado de calificación y menor permanencia en el campo. Los datos del Censo Agropecuario de 2002 muestran que en la región pampeana trabajaban en las explotaciones agropecuarias 307.592 personas, de las cuales eran asalariadas permanentes 115.792. Un tercio de los trabajadores residían en localidades urbanas

Las empresas que contratan mayor número de trabajadores asalariados –las que a su vez controlan la mayor superficie y que integran agricultura y ganadería– son también las mayores demandantes de trabajo transitorio y de contratistas, mostrando una estructura ocupacional en la que la combinación de estas distintas fuentes de trabajo se constituye en una condición básica de su funcionamiento. En el otro extremo sobresale la situación de fuerte asociación entre el trabajo asalariado y trabajo familiar principalmente para los establecimientos con un trabajador permanente contratado.

La información difundida a partir del Censo Nacional Agropecuario de 2002 que muestra una disminución en el número de explotaciones en actividad y un consiguiente aumento en la superficie media de los establecimientos, podría evaluarse como continuidad de las tendencias antes identificadas, no tanto en términos de la disminución absoluta de la mano de obra asalariada –en realidad, podría haberse incrementado debido al proceso de sustitución de familiares por asalariados ante las crisis y desaparición de las unidades más pequeñas– sino más bien en términos del fenómeno de integración con otras formas de trabajo.

En la agricultura pampeana la difusión de la "siembra directa" entre productores de mediana y gran escala dedicados a la producción de granos de exportación está llevando a un nuevo estadio al trabajo de la región. En el cultivo de granos la reducción en el tiempo de trabajo aparece entre los propios productores y trabajadores como el efecto más notorio de esta innovación. Algunas estimaciones calculan en hasta un 70% la disminución en el tiempo de labores de presiembra, etapa que, dada la estructura tecnológica de estas producciones, equivale al menos a la mitad de las necesidades totales de empleo.

En relación a la cantidad de trabajadores ocupados por prestadores de servicios de maquinarias, la única información periódica relevada es la de la provincia de Buenos Aires. Se observa el crecimiento constante de la cantidad de personas que trabajan prestando servicios de maquinarias, lo que confirma que a pesar de que los avances tecnológicos ocupan menos personas por hectárea, el doble cultivo en esta provincia implica mayor ocupación de quienes trabajan con los contratistas de maquinarias al aumentar sensiblemente la superficie trabajada anualmente. Por otra información se verifica que frente al incremento de un 42% de la superficie trabajada hubo un aumento casi similar de la ocupación (43%). Si a ello le agregamos lo que hemos señalado de la expansión neta de frontera agropecuaria hacia el norte, vemos que es un debate abierto saber si este tipo de agricultura ocupa globalmente más o menos cantidad de personas. También es relevante señalar el gran peso de los trabajadores permanentes, lo que diferencia este tipo de ocupación agrícola de las del tradicional empleo agropecuario nacional, donde predominan los trabajadores transitorios. En este caso la permanencia lo es en relación a los contratistas de maquinarias y no a las unidades de producción.

Conclusiones

Los elementos presentados permiten apreciar que el agro argentino ha continuado mostrando una dinámica muy importante, y sigue siendo un factor esencial en las exportaciones nacionales, asociado a los nuevos desarrollos agroindustriales de exportación que se han acoplado a los tradicionales ya configurados a principios del siglo veinte. A su peso económico suma una población de más de cuatro millones de habitantes que, aunque continúa nacionalmente disminuyendo en términos relativos, constituyendo ahora un 12% del total nacional, mantiene una presencia importante en el norte del país con el 32% en el Nordeste y el 25% en el Noroeste, y en Cuyo con el 21%, en contraste con la región pampeana que, al igual que los países más desarrollados, apenas tiene un 7,4% de población agraria. Todo ello utilizando parámetros censales tradicionales de definición de la población rural –la ubicada en localidades con menos de 2.000 habitantes o dispersa–. Utilizando los criterios de la Organización para la Cooperación y el Desarrollo Económico (OCDE), que considera que una población es rural si tiene una densidad demográfica inferior a 150 habitantes por kilómetro cuadrado y se encuentra a una distancia de las zonas urbanas superior a una hora de viaje, la población rural argentina llegaría al 45%. Variando por región y tipo de producción, una aproximación razonable se mueve entre ambos extremos.

Actualmente el sector agroalimentario –agro y agroindustria– representa más del 30% del PBI, alrededor del 35% del empleo y contribuye con más del 50% de las exportaciones totales del país La importancia del sector en la economía no es totalmente reconocida en la sociedad y no está traducida en muchas de las estrategias de desarrollo y en las políticas económicas que se han seguido en los últimos años. No es ajena a ello la simplificación con que se visualiza a la sociedad agraria, sin percibir la diversidad de situaciones sociales existentes, así como la gran dinámica de sus cambios. Una significativa cantidad de actores y la constante presencia de combinaciones flexibles que posibilitan la articulación de la tierra, el capital y el trabajo permiten compensar las políticas nacionales y sectoriales erráticas y la debilidad de un Estado apto para potenciar la importante disponibilidad de recursos naturales y la significativa calidad de los recursos humanos involucrados en los procesos productivos.

La gran expansión agrícola de las últimas décadas basada en tecnología de punta a escala internacional ha replanteado la centralidad económica y social del agro en la sociedad argentina.

Siendo nuevamente el generador más relevante de divisas para el funcionamiento global de la economía y el único con una generación importante de excedentes, las políticas económicas hegemonizadas por sectores de consumidores urbanos, industrias urbanas de baja competitividad internacional y burocracias estatales de distintos niveles, han tendido a enfrentarse mediante medidas confiscatorias vía impuestos y otras medidas económicas, con los productores primarios. Éste es el trasfondo que generó a partir del año 2007 el conflicto agrario más importante de la historia argentina. Y a partir de ese año, el inicio de un nuevo proceso de estancamiento de la producción agropecuaria. Pero ésa es otra historia cuya resolución dependerá de un nuevo equilibrio social basado en el cambio de políticas macroeconómicas y sectoriales.

Bibliografía consultada

Alapin, Helena, 2008, *Rastrojos y algo más. Historia de la siembra directa en Argentina*, Buenos Aires: Teseo-Universidad de Belgrano.

Anlló, Guillermo, Bisang, Roberto y Campi, Mercedes (coords.), 2013, *Claves para repensar el agro argentino*, Buenos Aires: Eudeba.

Balsa, Javier, Mateo, Graciela y Ospital, María Silvia (coords.), 2008, *Pasado y presente en el agro argentino*, Buenos Aires: Editorial Lumiere.

Barsky, Osvaldo (ed.), 1988, *La agricultura pampeana. Transformaciones productivas y sociales*, Buenos Aires: Fondo de Cultura Económica

——— (ed.), 1991, *El desarrollo agropecuario pampeano*, Buenos Aires, Grupo Editor Latinoamericano.

Barsky, Osvaldo, Posadas, Marcelo y Barsky, Andrés, 1992, *El pensamiento agrario argentino*, Buenos Aires: Centro Editor de América Latina.

Barsky, Osvaldo y Lattuada, Mario, (eds.), 1992, *Explotaciones familiares en el agro pampeano*, Buenos Aires: Centro Editor de América Latina, tres tomos.

Barsky, Osvaldo y Dávila, Mabel, 2008, *La rebelión del campo. Historia del conflicto agrario argentino*, Buenos Aires: Editorial Sudamericana.

Barsky, Osvaldo y Djenderedjian, Julio, 2003, "La expansión ganadera hasta 1895" en *Historia del capitalismo agrario pampeano*, Buenos Aires: Universidad de Belgrano-Siglo XXI.

Barsky, Osvaldo y Gelman, Jorge, 2001, *Historia del agro argentino. Desde la conquista hasta finales del siglo veinte*, Buenos Aires: Editorial Mondadori-Grijalbo; 2da edición, Editorial Sudamericana, 2005; 3ra edición ampliada, Editorial Sudamericana, 2009.

Barsky, Osvaldo y Pucciarelli, Alfredo (eds.), 1997, *El agro pampeano. El fin de un período*, Buenos Aires: Ed FLACSO-CBC-UBA.

Brescia, Víctor y Lema, Daniel, 2004, "Tenencia de la tierra, contratos y uso de recursos en la producción agrícola pampeana: teoría y evidencia", en Asociación Argentina de Economía Política, Buenos Aires

Censos Nacionales Agropecuarios de 1908, 1914, 1937, 1947, 1960,1969, 1988 y 2002.

Coscia, Adolfo A., 1983, *Segunda Revolución Agrícola de la Región Pampeana*, Buenos Aires: Editorial CADIA.

Flood, Carlos, 2005, "Cambios en la producción pampeana en la década del 90: tecnología y contexto", en Roberto Benencia y Carlos Flood (coords.), *Trayectorias y contextos. Organizaciones rurales en la Argentina de los noventa*, Buenos Aires: CEDERU-La Colmena.

González, María del Carmen, 2000, "Argentina. Situaciones problemáticas de tenencia de la tierra", PROINDER, Serie Documentos de Formulación N°3, SAGPyA, Buenos Aires.

Gras, Carla y Hernández, Valeria., 2009, *La Argentina rural. De la agricultura familiar a los agronegocios*, Buenos Aires: Biblos.

Huergo, Héctor, 2006, "El motor tecnológico de la segunda revolución de las pampas. 1990-2006", XX Jornadas de Historia Económica de la Asociación Argentina de Historia Económica, Universidad de Mar del Plata, octubre.

Lattuada, Mario, 1988, *Política agraria y partidos políticos (1946–1983)*, Buenos Aires: Centro Editor de América Latina.

Lódola, Agustín y Fossati, Román, 2004, "Servicios agropecuarios y contratistas en la provincia de Buenos Aires. Régimen de tenencia de la tierra, productividad y demanda de servicios agropecuarios", Universidad de Belgrano, Departamento de Investigación, Serie *Documentos de Trabajo*, n° 115.

López, Gustavo, 2005, "Caracterización y análisis de la expansión de la soja en Argentina. Transformaciones observadas en la agricultura argentina en los últimos 15 años", FAO (mimeo).

López Castro, Natalia y Prividera, Guido (comps.), 2011, *Repensar la agricultura familiar, Aportes para desentrañar la complejidad agraria pampeana*, Buenos Aires: CICCUS.

Murmis, Miguel, 2001, "Pobreza rural: diversidad de situaciones ocupacionales", PROINDER, Serie Documentos de Formulación, n°4, SAGPyA, Buenos Aires.

Muzlera, José, 2013, *La modernidad tardía en el agro pampeano. Sujetos agrarios y estructura productiva*, Bernal: Universidad Nacional de Quilmes.

Nogués, Julio J., 2011, *Agro e industria. Del Centenario al Bicentenario*, Buenos Aires: Ciudad Argentina.

Paruelo, J.M., Oesterheld y otros, 2004, "Patrones espaciales y temporales de la expansión de soja en Argentina: Relación con factores socioeconómicos y ambientales", informe final LART/FAUBA al Banco Mundial.

Obschatko, Edith, 1988, *La transformación económica y tecnológica de la agricultura pampeana 1950/1984*, Buenos Aires: Ediciones Culturales Argentinas.

———, 2003, *El aporte del Sector Agroalimentario al Crecimiento Económico Argentino: 1965-2000*, Buenos Aires: IICA.

Rapoport, Mario y colaboradores, 2003, "*Historia económica, política y social de la Argentina (1880-2000)*, Buenos Aires: Macchi.

Reca, Lucio G. y Parellada, Gabriel H. "El sector agropecuario argentino. Aspectos de su evolución, razones de su crecimiento reciente y posibilidades futuras", Buenos Aires: Facultad de Agronomía.

Reca, L., D. Lema y C. Flood, 2010, *El crecimiento de la agricultura argentina. Medio siglo de logros y desafíos*, Buenos Aires: Facultad de Agronomía.

Sabato, Jorge Federico, 1981, *La pampa pródiga: claves de una frustración*, Buenos Aires: CIDEA.

Taylor, Carl, 1948, *Rural Life in Argentina*, Baton Rouge: Lousiana State University Press.

Tenembaum, Juan L., 1946, *Orientación económica de la agricultura argentina*, Buenos Aires: Losada.

Trigo, E., Chudnovsky, D, Cap, E. y López A., 2002, *Los transgénicos en la agricultura argentina. Una historia con final abierto*, Buenos Aires: Libros del Zorzal.

CLAUDIO BELINI

2 | El empresariado industrial durante el ascenso y la crisis del desarrollismo (1955-1963)

El derrocamiento de Juan Domingo Perón en septiembre de 1955 inauguró un nuevo ciclo histórico marcado por la inestabilidad institucional, el recrudecimiento de los conflictos distributivos y un comportamiento económico caracterizado por agudas fluctuaciones sectoriales. En ese contexto, a finales de la década de 1950, Arturo Frondizi lideró un movimiento y puso en marcha una serie de reformas económicas que constituyeron, en conjunto, una respuesta a los desafíos que se abrían al capitalismo argentino. Pese a la breve permanencia de Frondizi en el gobierno, el impacto de la estrategia económica del desarrollismo fue profundo y, en gran medida, condicionó la evolución de la economía argentina al menos hasta el abandono de la industrialización por sustitución de importaciones (ISI) a finales de la década de 1970.

El impacto de las reformas desarrollistas es bien conocido, aunque no existe acuerdo entre los analistas sobre su valoración: la acentuación de la ISI con el desarrollo de nuevas y complejas ramas industriales; un proceso de fuerte transnacionalización de la economía y, en particular, del sector manufacturero; un nuevo patrón distributivo más desfavorable a los trabajadores; el reforzamiento de un mercado interno que absorbía una gran variedad de productos manufacturados; un mayor cierre de la economía argentina y la acentuación de los desequilibrios externos que la caracterizaban desde la segunda posguerra.

A pesar de la centralidad del gobierno de Frondizi a la hora de impulsar las transformaciones del capitalismo argentino, el análisis de las relaciones entre el empresariado industrial y el gobierno desarrollista no ha merecido el interés de la bibliografía. Con excepción de los estudios más generales que han revisado los vínculos entre el empresariado industrial y los gobiernos argentinos a partir del peronismo, son escasos los trabajos focalizados en el breve pero crucial período frondicista.[1] Resulta algo paradójico que el gobierno que introdujo cambios fundamentales en el modelo de desarrollo del país y condicionó el desenvolvimiento del sector manufacturero durante la última década de la ISI no haya despertado el interés de los analistas en sus relaciones con el empresariado.

En este capítulo nos proponemos avanzar en esa dimensión, analizando la relación del gobierno desarrollista con las dos entidades que se presentaban como las más importantes representantes de los intereses del empresariado industrial: la Unión Industrial Argentina (UIA) y la Confederación General de la Industria (CGI), entidad que formaba parte de la Confederación General Económica (CGE). Sostenemos que el período desarrollista posibilitó, por vez primera desde los años cuarenta, la expresión de diferentes voces que se presentaban como representativas de los diversos intereses del empresariado industrial. Luego de una década de diversificación de la estructura industrial, con el fortalecimiento de un vasto sector de pequeñas y medianas empresas, incluso de talleres escasamente significativos en términos del capital y el empleo generado, las fracciones del capital industrial menos concentrado lograron aglutinarse junto a algunas grandes empresas y reconstituir la CGE y la CGI. La reorganización de estas entidades, que se sumaron a un escenario donde la UIA reclamaba nuevamente la representación de los industriales, contó con el apoyo del presidente Frondizi. La fragmentación del campo gremial industrial fue expresión, entonces, de una estructura industrial más compleja y, por supuesto, del avance de los sectores

---

[1] Se destacan entre otros Cúneo (1967); Freels (1970); Niosi (1974); O'Donnell (1977); Schvarzer (1991); Lewis (1993); Brennan (1997); Schneider (2004); López (2008); Castellani (2009); Jáuregui (2004 y 2013); Brennan y Rougier (2013). Más específicamente sobre el desarrollismo, aunque no centrado sólo en las relaciones entre empresarios y el Estado, ver Sikkink (2009). Por su parte, Jáuregui (2013) ofrece un breve pero interesante análisis de las posiciones de la CGE y la UIA frente al gobierno frondicista.

empresarios menos concentrados en la definición de una identidad corporativa propia. A estas transformaciones se les sumó el conflicto político entre la UIA y la CGI-CGE, que replicaba, en el campo gremial, la expresión de las divisiones producidas por el peronismo.[2]

Si bien fue la asunción de Frondizi a la presidencia lo que permitió a esos nuevos actores expresarse públicamente a través de la CGE, su gobierno estuvo lejos de revertir la particular relación entre Estado y entidades empresarias heredada del peronismo. En este sentido, Frondizi y sus colaboradores evitaron la creación de canales orgánicos de comunicación con el empresariado para definir los objetivos y renegociar las políticas industriales. Aunque durante la campaña electoral, Frondizi había levantado muchas de las propuestas que conformaban el núcleo del nacionalismo económico que alguna vez había sostenido la CGE, el dramático giro de las políticas inhibió la búsqueda de acuerdos con la entidad. Paradójicamente, las políticas desarrollistas, que combinaban la propuesta de intensificar la ISI con un plan de estabilización ortodoxo, tampoco concitaron el apoyo de la tradicional entidad que agrupaba al capital industrial más concentrado: la UIA.

En este trabajo sostenemos como hipótesis que el desarrollismo se propuso fortalecer el relativo aislamiento con que tradicionalmente el Estado argentino había elaborado las políticas industriales. Ello se explica por el cambio de la alianza política en el poder, con la integración de equipos y funcionarios de orientación ortodoxa en el plano económico y la redefinición de algunos de los objetivos propuestos. Aquí, como en otras dimensiones de las políticas estatales como la educación, la "política del desconcierto" (Smulovitz, 1988; Szusterman, 1998) desalentó la colaboración y acentuó la desconfianza entre los actores políticos y económicos.

Al mismo tiempo, el frondicismo adoptó una estrategia política que concentraba la toma de decisiones en la cúspide del partido

---

[2] A pesar de lo cual, como ha sugerido Jáuregui (2013), la UIA y la CGE distaron de ser dos entidades totalmente contrapuestas en sus objetivos y demandas.

gobernante, como un mecanismo de defensa frente a civiles y militares que eran percibidos como actores antisistema, cuyo propósito era el desplazamiento del presidente constitucional. En este sentido, las relaciones entre el Estado y las entidades empresarias se sumergieron en una fuerte politización y ni la UIA ni la CGE apoyaron al nuevo gobierno.

Este trabajo se compone de cinco partes. En la primera estudiamos brevemente las alternativas que debieron enfrentar las dirigencias empresarias que se proponían como representantes del capital industrial durante el período abierto por el derrocamiento del peronismo y el ascenso de Frondizi al gobierno. El estudio de la estrategia económica e industrial del desarrollismo y su impacto, entre 1958 y 1962, es el tema del segundo apartado. Se pone especial énfasis en las alternativas de la legislación de promoción industrial que junto a la Ley de Inversiones Extranjeras constituyeron la piedra angular de las políticas frondicistas. El siguiente apartado se concentra en el análisis de las posturas asumidas por la UIA y la CGE frente al programa desarrollista. Se discuten las respuestas que ambas dirigencias empresarias brindaron como su posicionamiento político frente al gobierno. En la cuarta parte, el análisis se detiene en la coyuntura de la crisis de 1962-1963, que acompañó el desplazamiento de Frondizi del gobierno nacional y su reemplazo por un régimen de facto conducido por José María Guido. Por último, realizamos algunas consideraciones generales sobre las relaciones y los vínculos entre el desarrollismo y las entidades empresarias ligadas a la industria, marcando sus particularidades y contradicciones.

El empresariado industrial
frente a la caída de Perón

La rebelión cívico militar que culminó con el derrocamiento de Perón en septiembre de 1955 fue recibida con gran entusiasmo por algunas de las organizaciones empresarias más antiguas como la Sociedad Rural Argentina, la Bolsa de Comercio y la Cámara Argentina de Comercio. En el sector industrial, la liquidación previa de la UIA produjo algunas peculiaridades. Los grandes industriales porteños adhirieron al cambio del régimen político por medio de declaraciones emitidas, no ya a través de entidades de segundo o tercer grado, sino de las cámaras que representaban más directamente los intereses involucrados. Incluso aquellas organizaciones que han sido consideradas como proclives a expresar sus simpatías por la ideología peronista condenaron rápidamente el "régimen depuesto" y manifestaron su apoyo a las nuevas autoridades.

En cambio, la "Revolución Libertadora" encontró a la principal organización del capital en pleno proceso de construcción institucional y de consolidación identitaria. La CGE había surgido en 1952 como entidad de tercer grado que aspiraba a representar los intereses de los diversos sectores empresariales del agro, la industria y el comercio (Brennan, 1997; Jáuregui, 2004; Brennan y Rougier, 2013; Belini, 2014). La CGE nunca había proclamado su adhesión al peronismo, y al mismo tiempo había integrado en su seno a las entidades y los dirigentes tradicionales que claramente se oponían a las políticas peronistas. No obstante ello, el papel que el Estado había cumplido a la hora de impulsar la unificación empresaria y la relación que algunos de sus principales dirigentes habían tenido con el peronismo colocaron a la CGE en una delicada posición política. Con sólo tres años de vida, la CGE y las entidades que representaban a la producción, el comercio y la industria (la Confederación General de la Producción, la Confederación General de Comercio y la Confederación General de la Industria) enfrentaron una difícil coyuntura política marcada por las políticas de desperonización del régimen de Aramburu y la ofensiva de los ex dirigentes de la UIA que habían padecido la liquidación de la vieja entidad industrial.

Muy pronto las presiones del empresariado porteño alentaron al gobierno cívico-militar a declarar la intervención de la CGE y, en diciembre, disponer la liquidación de esa entidad y la rehabilitación de la UIA, como entidad representativa del empresariado industrial. La primera medida fue tomada en octubre de 1955 y respondió a las presiones de un amplio sector del empresariado, particularmente del Litoral, que reclamaba la derogación de la Ley de Asociaciones Profesionales. La CGE intentó infructuosamente afirmar su espíritu de colaboración con el presidente provisional general Eduardo Lonardi "frente al complejo panorama que ofrece la economía y en el cual aguardan arduas soluciones".[3] Pero las entidades y las cámaras porteñas manifestaron su oposición a la perduración de lo que consideraban como una organización de carácter "totalitario", que cercenaba los derechos de las cámaras con el objetivo de poner "en pocas manos el manejo de los intereses de la industria del país".[4]

Finalmente, el último día de 1955, el gobierno militar disolvió por decreto la CGE bajo el argumento de que "tanto la Confederación General Económica como las Confederaciones de la Producción, la Industria y el Comercio y el Instituto Nacional de Productividad y Bienestar Social fueron creaciones artificiales del régimen depuesto con el objeto de centralizar el manejo de un importante sector de la economía nacional".[5] La medida generó la oposición de algunos sectores empresarios y varias federaciones provinciales comenzaron las gestiones para reorganizarse.[6] En marzo de 1956 se realizó una Asamblea de Federaciones Económicas, a cuyo término se designó una Comisión Constitutiva de la Organización Gremial Empresaria de la República Argentina. La comisión fue integrada por dirigentes de las provincias y de la capital que habían pertenecido a la CGE y buscaban ahora reorganizar una nueva entidad de tercer grado sobre bases federales. Pero poco después esta iniciativa quedó trunca cuando el gobierno militar decretó amplias inhabilitaciones para los dirigentes empresarios que habían participado de la CGE.

En cuanto a la UIA, el 13 de diciembre de 1955, mediante el decreto 5236, Aramburu le devolvió la personería jurídica que el

---

[3] "La Confederación General Económica define su posición", *El Economista*, 1 de octubre de 1955, p. 4.

[4] Ver, por ejemplo, las opiniones de la Asociación Textil Argentina y de la Cámara Industrial de la Seda y de las Fibras Sintéticas en *Gaceta Textil*, n° 248, octubre de 1955, p. 10; y n° 251, enero de 1956, p. 22.

[5] "Nueva Reestructuración de la Entidad Empresaria de la Producción, Industria y Comercio de la R. Argentina", *El Economista*, 3 de marzo de 1956, p. 3.

[6] *Boletín de la Cámara de Comercio Argentino-Alemana*, n° 48, 1956, p. 24.

peronismo le había quitado nueve años antes. Pascual Gambino, quien había ganado las elecciones de abril de 1946 liderando una lista de empresarios opuesta al naciente peronismo, fue designado interventor de la entidad. Se inició entonces un largo período de transición que culminaría en abril de 1958, acompañando la vuelta al régimen constitucional con la asunción de Frondizi (Schvarzer, 1991). Durante ese período, Gambino encabezó la reorganización de la entidad y la reforma de los estatutos, cuestión que había sido el motivo final del conflicto con el Estado en 1946. La tarea de la reconstrucción quedó finalizada hacia principios de 1956, cuando varias de las cámaras que habían pertenecido a la CGI, retornaron al seno de la UIA. En mayo, una comisión integrada por el presidente del Consejo Central Miguel Ángel Shaw y el empresario Martín Onetto García, entre otros, visitó al presidente Aramburu para manifestar el deseo de colaboración con el gobierno y al mismo tiempo reforzar su posición entre las entidades empresarias. Para la comisión, la UIA había logrado reconstruirse fusionando a "todas las federaciones [...] y cámaras que desarrollan actividades industriales en el país", lo que representaba algo así como cincuenta mil empresas.[7]

Sin embargo, a la UIA le aguardaba el trabajoso proceso de reforma de sus estatutos cuya prolongación en el tiempo puso de manifiesto las dificultades que enfrentaba la entidad y las divergencias entre los sectores que potencialmente podían integrarla. El propio Gambino colocó a la luz estas controversias al advertir que un sector del empresariado buscaba reconstruir la UIA bajo el modelo organizativo de la CGI, conformado por empresas-cámaras-federaciones y en la cúspide la entidad de tercer grado. Gambino entendía que este tipo de organización vertical limitaba la intervención de los socios, consolidaba una burocracia centralizada y, al subordinar las empresas a la voluntad de los organismos superiores de gobierno de la entidad, recortaba el derecho a peticionar. Por eso, su propuesta consistía en retornar al antiguo

---

[7] "Ofreció su apoyo al gobierno provisional la UIA", *El Economista*, 12 de mayo de 1956, p. 4.

ordenamiento de la UIA conformado por socios individuales (las empresas) y socios colectivos (las cámaras y federaciones).[8]

Si el conflicto y los debates complejizaron la reorganización empresaria, muy pronto los problemas económicos impulsaron al gobierno de Aramburu a buscar un interlocutor en el campo empresario. En efecto, aunque el régimen cívico-militar se disponía a destruir la herencia peronista en el campo empresario, impulsado por la convicción de sus equipos de que debía eliminarse todo rastro de intervencionismo estatal y corporativo, las urgencias de la coyuntura económica demandaron la búsqueda de nuevas fórmulas. Ya a principios de 1956, en ocasión de decretar el incremento de salarios y la renovación de los convenios colectivos, en el marco de la disolución de la CGE y la intervención de la CGT, el Ministro de Trabajo había manifestado que en adelante el Estado dejaría a las partes la libre negociación de los convenios, dado que la fijación de salarios y demás condiciones de trabajo no eran tareas de su competencia.[9] No obstante ello, y los reiterados intentos de creación de organismos empresarios y obreros de consulta, el régimen de Aramburu no avanzó en la organización de canales de negociación y vinculación entre el Estado, los empresarios y los trabajadores. En el caso de la política industrial, el aislamiento se expresó en el proceso que condujo a la evaluación del primer régimen de promoción industrial (14.630/44) y la elaboración de un proyecto de ley que buscaba reemplazar y mejorar a la legislación del peronismo. Como hemos estudiado en otra parte, la Comisión Asesora ministerial sólo dio participación a las entidades empresarias de una manera muy limitada (Belini, 2013).

A lo que se sumó la desaparición de la CGE y el desinterés de las corporaciones representativas habilitadas de los sectores agrario, industrial, comercial y financiero (como la Sociedad Rural Argentina, las Confederaciones Rurales de la Provincia de Buenos Aires y La Pampa, la Federación Agraria Argentina, la

---

[8] "La organización gremial empresaria y la UIA", *El Economista*, 9 de junio de 1956, pp. 3-4.
[9] "¿Se reorganizarán los empresarios?", *El Economista*, 25 de febrero de 1956, p. 1.

Unión Industrial, la Cámara de Comercio Argentina y la Bolsa de Comercio) para organizar nuevas entidades abarcadoras que inhibieran los conflictos entre los intereses empresariales y alentaran la búsqueda de consensos en el preciso momento en que se revaluaban las políticas intervencionistas del peronismo y la orientación marcadamente proindustrial y mercadointernista de esas políticas. Por lo tanto, el período iniciado en 1955 marcó la acentuación de las divergencias y polémicas entre las organizaciones representativas del capital.

La estrategia industrial del desarrollismo

Según el diagnóstico de Frondizi y Rogelio Frigerio, el principal colaborador intelectual del nuevo mandatario, Argentina enfrentaba una crisis de desarrollo. El sector agrario exportador se encontraba estancado y no lograba generar las divisas que el desenvolvimiento de la economía requería. Por su parte, el sector manufacturero se había desarrollado fundamentalmente en las industrias de bienes de consumo no durables, pero su crecimiento demandaba crecientes importaciones de combustibles, insumos básicos y equipos. Como consecuencia del estancamiento de las exportaciones primarias y de la tendencia secular al deterioro de los términos del intercambio, Argentina estaba condenada a la crisis crónica de su balanza de pagos. A fin de resolver el estrangulamiento del sector externo, generar empleo y mejorar el nivel de la renta nacional y de la población, el desarrollismo proponía la implantación de las industrias básicas en el país de manera de poder integrar la estructura del sector manufacturero. Estos objetivos chocaban con la escasa capacidad de ahorro de la economía argentina y el deterioro financiero del Estado. En tanto que el desarrollo de la siderurgia y la industria química básica requería grandes inversiones, con prolongados períodos de maduración y bajo retorno de los capitales, Frondizi y sus partidarios plantearon como única alternativa la apertura de la economía y la industria argentinas, al capital extranjero representado entonces en las grandes corporaciones multinacionales.

Frondizi y Frigerio se acercaban al diagnóstico formulado por la Comisión Económica para América Latina y el Caribe (CEPAL), pero las soluciones propuestas divergían considerablemente. Particularmente importante era el énfasis del desarrollismo local en alcanzar una mayor integración del sector industrial, aun si ello implicaba condenar a la industria a orientarse exclusivamente hacia el mercado doméstico. La propuesta de Frondizi implicaba un cambio importante en su pensamiento, que había sido tributario del nacionalismo económico hasta los años finales del gobierno peronista. Todavía en 1957, Frondizi había señalado en su libro *Industria argentina y desarrollo nacional*:

> Para impulsar nuestra industrialización necesitamos capitales. *Estos capitales deben provenir, fundamentalmente, del esfuerzo y del ahorro nacional* –sin descartar la colaboración del capital extranjero– y del ordenamiento de nuestro comercio exterior. Los industriales argentinos deben participar en el estudio de las propuestas de radicación de capitales y los empréstitos deben ser canalizados por el crédito oficial, dentro de una clara política tendiente al desarrollo nacional.[10]

Una vez en el poder, estas ideas fueron marginadas a favor de una postura pragmática. En un dramático giro, el presidente Frondizi firmó, en julio de 1958, contratos para la explotación de áreas petrolíferas que pertenecían a YPF con empresas británicas y norteamericanas. La convocatoria al capital extranjero se acentuó con la disposición oficial de alcanzar acuerdos en todos los pleitos legales entre el Estado nacional y las empresas extranjeras heredados desde los tiempos del peronismo, como la nacionalización de las empresas alemanas agrupadas en el *holding* estatal DINIE, las usinas norteamericanas ANSEC pertenecientes a la American and Foreign Power Co., la Compañía Argentina de Electricidad y

---

[10] Arturo Frondizi, *Industria argentina y desarrollo nacional*, Buenos Aires, Ediciones Qué, 1957, p. 99.

el grupo Bemberg, que había sido nacionalizado en 1952 tras un largo y penoso juicio por evasión impositiva.

A fines de ese año, el gobierno de Frondizi puso en marcha un programa de estabilización económica, de marcado tinte ortodoxo, cuyos lineamientos fundamentales habían sido acordados con el Fondo Monetario Internacional. El programa incluyó una fuerte devaluación monetaria, la liberación del mercado cambiario, el anuncio de recortes en los gastos públicos, la eliminación de los controles sobre los precios en el mercado interno, el incremento de la presión impositiva y la privatización y racionalización de las empresas públicas, que eran las responsables del fuerte déficit de las cuentas públicas. El "Plan de Estabilización y Desarrollo", como se lo denominó, tuvo efectos muy negativos sobre la macroeconomía en el corto plazo: la inflación minorista alcanzó un récord histórico del 129% en 1959, en tanto que el nivel de actividad industrial, la construcción y el comercio se deprimieron violentamente con caídas del 10, 25 y 11% respectivamente. Por su parte, los salarios reales se deprimieron y cayó también notablemente la participación de los ingresos de los trabajadores en el ingreso nacional (Petrecolla, 1989; García Heras, 2008).

El programa económico buscaba crear las condiciones de estabilidad macroeconómica necesarias para alentar el ingreso de capitales extranjeros, eliminando las distorsiones de los precios relativos, el déficit de las cuentas públicas y la implantación del mercado libre de cambios que permitiría a los inversores extranjeros el libre giro de utilidades a sus casas matrices.

El plan de estabilización fue precedido por la presentación de dos proyectos de ley destinados a incrementar la inversión extranjera en el sector manufacturero y alentar una profundización de la industrialización, con el desarrollo de las ramas básicas. En octubre de 1958, el presidente Frondizi envió al Parlamento ambos proyectos de ley, que serían finalmente sancionados a principios de diciembre.

Gracias a la amplia mayoría oficialista, el tratamiento parlamentario de ambos proyectos fue expeditivo, de manera que las leyes fueron finalmente sancionadas en diciembre de ese mismo año, y bajo los números ley 14.780 y 14.781. La primera norma configuró un cambio radical con respecto a la ley peronista 14.222 de 1953, al instaurar un régimen legal muy favorable para el inversor extranjero. El nuevo régimen legal eliminó todas las restricciones impuestas por el peronismo para la libre operatoria de los capitales extranjeros, estableciendo, entre otras medidas, que las empresas extranjeras podrían girar utilidades sin restricciones hacia las casas matrices al tipo de cambio libre.

Si bien la rectificación del pensamiento de Frondizi hacia una postura favorable a la inversión extranjera fue central, se aspiraba a que la presentación del proyecto de ley de promoción industrial constituyera una forma de apoyar a las empresas de capitales argentinos frente a la competencia de las firmas extranjeras.

El mensaje del proyecto de Ley de Promoción Industrial ratificaba el lugar central de la industrialización en los planes oficiales, al afirmar que "el cambio de estructura económica que hemos anunciado al país debe fundamentalmente apoyarse en el desarrollo industrial".[11] Se señalaba que hasta entonces el crecimiento del sector había estado apoyado en la iniciativa privada "sin contar con una clara y definida política industrial". El objetivo de promover un mayor desarrollo industrial –mediante, entre otras medidas, la descentralización y el aliento a la capacitación técnica y científica de la mano de obra– se fundamentaba en razones de orden económico y social, principalmente las crisis de balanza de pagos, resultado de la caída de los precios internacionales de los productos primarios, y la imposibilidad de que el sector agropecuario o el terciario dieran ocupación a los brazos que se volcaban al mercado de trabajo, lo que era parcialmente cierto.

El gobierno de Frondizi sostenía que el sendero de la industrialización no podía ser "fruto de teorizaciones ni de caprichosas concepciones doctrinarias". Por lo tanto, el mensaje no presentaba referencia alguna a las diversas teorías de desarrollo entonces en boga. Los instrumentos que podrían emplearse para

---

[11] *Diario de Sesiones de la Honorable Cámara de Senadores de la Nación (DSHCSN)*, vol. 4, pp. 2599-2600.

fomentar la inversión en el sector reproducían casi textualmente el proyecto realizado por la Comisión de 1957: liberación de derechos para equipos y materias primas, derechos adicionales o recargos cambiarios para los productos que compitieran con la producción nacional, controles sobre las importaciones, tipos de cambios preferenciales para introducir maquinarias y equipos, tipos de cambios especiales para las exportaciones de manufacturas, exenciones impositivas, créditos de la banca oficial, preferencia para la importación de insumos, equipos y energía, y para las compras del Estado. Todos estos instrumentos venían siendo utilizados intensivamente desde el ascenso del peronismo. Incluso la promoción de las exportaciones de manufacturas había sido aplicada –sin revertir la declinación posterior a la Segunda Guerra Mundial– desde principios de la década de 1950 (Belini, 2012).

El proyecto frondicista también establecía la creación de un organismo oficial –el Consejo Nacional de Promoción Industrial (CNPI)– que debía asesorar al secretario de Industria y Minería. A diferencia del Consejo Nacional para el Desarrollo Industrial, cuya creación se contemplaba en el proyecto de 1957 y que incluía delegados de la industria, el comercio interno, los exportadores e importadores y los trabajadores, el CNPI estaba integrado exclusivamente por representantes de la burocracia pública.

¿En qué aspectos este proyecto se distanciaba del elaborado por la "Libertadora"? El proyecto de ley desarrollista era notablemente más escueto y dotaba de atribuciones considerablemente menores al Estado en la implementación de la política industrial (Belini, 2013). Las obligaciones establecidas para las empresas protegidas y las atribuciones que se conferían a la Secretaría de Industria para inspeccionar costos, controlar precios de venta y aprobar o denegar la ampliación de las fábricas fueron suprimidas. Además de eliminar funciones, el proyecto desarrollista era más ambiguo en cuanto a los plazos máximos de promoción, el tipo de industrias que debían fomentarse y el propósito de promover la competitividad de la producción argentina. El artículo 9 establecía que se fijaría "un razonable plan de vigencia [...] que podrá prorrogarse conforme las circunstancias y el interés nacional lo aconsejen", pero sin definir plazo alguno.[12] En cuanto a las manufacturas a ser protegidas, el artículo 10 establecía que la ley se aplicaría de acuerdo a los fines generales mencionados: el equilibrio del balance de pagos, la descentralización industrial, la diversificación productiva, la promoción de la tecnología en la fabricación y "las necesidades de la defensa nacional, la salud y la seguridad pública".[13]

Dos aspectos más permiten observar los límites de la ley 14.781. Por un lado, no se establecía ningún criterio ni se mencionaba la posibilidad de una futura reglamentación, lo que introduce –junto a la tardanza oficial en llevar adelante esta última medida– interrogantes sobre el perfil de la política industrial del desarrollismo. La ambigüedad de los términos oficiales en relación al tipo de industrias que se buscaba fomentar, los plazos máximos de protección y la inexistencia de objetivos o metas claros y de criterios de evaluación verificables configuraban un sistema de promoción notablemente débil a la hora de ayudar a construir relaciones de reciprocidad entre el Estado y los empresarios, un aspecto clave en los procesos de desarrollo tardío (Evans, 1996; Maxfield y Schneider, 1997; Vartianen, 1999; Schneider, 1999; Amsden, 2001). Es probable que ello respondiera a la apreciación de que el Estado no poseía ni el poder financiero ni las capacidades burocráticas necesarias para llevar adelante las transformaciones estructurales que requería la economía argentina, mientras que, bajo su tutela, los empresarios por sí mismos podrían alentar el desarrollo de las industrias cuyo desenvolvimiento se consideraba imprescindible.

En este sentido, el desarrollismo argentino como doctrina escondía mal una profunda desconfianza en el papel del Estado y se acercaba a una concepción neoclásica del "Estado Gendarme". Como admitía Frigerio:

> La libre empresa constituye una forma superior que complementa todas las demás libertades esenciales. La expe-

---

[12] *DSHCSN*, 1958, vol. 4, p. 2600.
[13] Ídem.

riencia universal prueba su superioridad, pero esa libertad debe ser preservada del factor externo que la avasalla y la torna eventualmente una falacia. Para evitar que esto se repita, es necesario constituir un Estado nacional fuerte, apoyado en una economía independiente con bases de siderurgia, combustibles, química pesada, comunicaciones y agro tecnificado. La palanca capaz de promover la nación a su completo desarrollo es, entonces, la libre empresa defendida por un firme proteccionismo de toda la industria, sin exclusiones.[14]

Por otro lado, la ley 14.781 relegaba a un lugar secundario la distinción entre las empresas de capital nacional y las compañías extranjeras. Si bien se argumentó que esta ley era necesaria para que los empresarios locales enfrentaran con éxito la competencia de las transnacionales que se radicarían en el país, ninguno de sus artículos otorgaba beneficios especiales para las empresas argentinas, lo que desmentía el pretendido carácter complementario de la Ley de Promoción Industrial con la Ley de Inversiones Extranjeras.[15]

El trámite parlamentario del proyecto no enfrentó mayores contratiempos, en buena medida como resultado de que la Unión Cívica Radical Intransigente (UCRI) tenía mayoría en ambas cámaras –en el Senado contaba con unanimidad–, pero también porque la bancada opositora de la Unión Cívica Radical del Pueblo (UCRP) no poseía una postura diferente en este tema. En la Cámara Alta se introdujeron modificaciones menores, como la incorporación de un representante del sector industrial y otro de los trabajadores al CNPI y la obligatoriedad de que comunicara todas sus decisiones al Congreso. Este último punto resultaba de la exigencia de moderar las atribuciones del Poder Ejecutivo en la aplicación de la ley. En la Cámara Baja, las discusiones fueron algo más intensas.

---

[14] Rogelio Frigerio, *Las condiciones de la victoria. Manual de política argentina*, Buenos Aires, Sociedad Editora Argentina, 1959, pp. 149-150.
[15] En este punto nos distanciamos de la interpretación de Sikkink (2009).

Oficialismo y oposición acordaron que la industrialización era un objetivo común, y los discursos hicieron referencia a distintos argumentos para apoyarlo, con citas que iban desde autores como Friedrich List hasta Gunnar Myrdal y, con mayores prevenciones, Raúl Prebisch. A pesar de estas definiciones, un diputado oficialista hizo explícito los límites con que se observaban los nuevos desafíos que enfrentaba Argentina al afirmar que el concepto de país "subdesarrollado" no se aplicaba al caso argentino y que no era del agrado del partido, pero servía para dar una idea general.[16]

Además, se reafirmaron las declaraciones oficiales en el sentido de que el proyecto serviría para apoyar la industria nacional frente a la amenaza que podía significar la aplicación de la Ley de Inversiones Extranjeras:

> Tenemos que promover y encauzar la radicación de empresas extranjeras principalmente dentro de los sectores que no estén reservados al capital nacional. En esta forma, el Estado defiende precisamente al capitalismo nacional a través de su acción en contra de la competencia que podría significarle la entrada de formas capitalistas extranjeras para aquellos productos que ya se elaboran en nuestro país por formas capitalistas nacionales.[17]

En cuanto al proyecto en particular, la UCRP censuró su carácter excesivamente general, sin que se definiera con claridad un perfil industrial deseable.[18] La crítica de la UCRP era sólo parcialmente cierta, ya que por entonces Frondizi había anunciado profusamente su postura a favor de un modelo industrial diversificado, con particular acento en el desarrollo de las industrias básicas. Pero la oposición acertaba en señalar la falta de una planificación mínima y de una evaluación del impacto que tendría la implementación

---

[16] *Diario de Sesiones de la Honorable Cámara de Diputados de la Nación (DSHCDN)*, 1958, vol. 9, p. 6514.
[17] *DSHCDN*, 1958, vol. 9, p. 6508.
[18] *DSHCDN*, pp. 6501-6502 y pp. 6518-6527.

de la política industrial. A diferencia de Brasil, donde el presidente Juscelino Kubitscheck puso en marcha el Plan de Metas, el desarrollismo de Frondizi apenas presentó algunos documentos sobre las industrias que debían fomentarse, que resultaban de una rápida lectura de los principales rubros de importación, pero al parecer sin realizar una mínima estimación de las posibilidades reales de sustituir esas importaciones, un orden de prioridades y muchos menos una evaluación sobre sus costos. La Secretaría de Industria y Minería emitió el documento "Industrias que el país necesita", en donde sólo enumeraba un grupo de "industrias" sin contener mayores precisiones sobre los motivos de su selección, las posibilidades de desarrollo y el impacto de su fomento en términos de divisas y otros recursos imprescindibles. El trabajo mencionaba en orden de prioridad los siguientes rubros de explotación minera e industrial: petróleo, siderurgia, carbón, industria petroquímica, soda cáustica, soda solvay, celulosa, papel y fibra vegetal.[19]

Por fin, luego de dos meses de trámite parlamentario, y con las pequeñas modificaciones mencionadas, el proyecto fue aprobado por la mayoría ucrista y el voto negativo de la oposición. La ley 14.781 recién se reglamentó en 1963, de tal manera que el régimen de promoción industrial careció de claras especificaciones en cuanto a objetivos y metas (Altimir, Santamaría y Sourrouille, 1966; Katz y Kosacoff, 1989).

Las debilidades de la norma sancionada y la ausencia de un enfoque integral de la cuestión merecieron, como veremos, la crítica de las entidades empresarias. Incluso Néstor Grancelli Chá, un dirigente desarrollista ucrista que había presidido la Comisión de Radicación de Inversiones Extranjeras y reemplazó a Frigerio al frente de la Secretaría de Relaciones Económico-Sociales de la Presidencia, advirtió este problema:

Es en el sector industrial, no obstante, donde es más sensible la insuficiencia de la acción de las autoridades econó-

---

[19] Secretaría de Industria y Minería, "Industrias que el país necesita", Buenos Aires, 1958.

micas. La Ley 14.781 de Fomento Industrial, aprobada por las Cámaras a fines de 1958, no ha sido aún reglamentada. Este hecho tiene un sentido simbólico: indica hasta qué punto no tiene vigencia una adecuada política de fomento que, dentro de las normas de respeto a la iniciativa privada, ponga el crédito y la acción impositiva al servicio de los sectores cuyo desarrollo atiende en mayor medida los intereses nacionales. Las acciones parciales, como los regímenes preferenciales para tractores, automotores, motores a explosión, industria naval, etc., no sirven sino para hacer más destacable la ausencia de una política general.[20]

En diciembre de 1960, la Convención Nacional de la UCRI aprobó una declaración, cuyos fundamentos habían sido delineados por Grancelli Chá, mediante la cual se alentaba al gobierno de Frondizi a una definición más clara de los contenidos y alcances de la política industrial mediante la reglamentación de la Ley 14.781, la concesión de desgravaciones impositivas, préstamos preferenciales, créditos para la compra de equipos de producción nacional y hasta una "especificación precisa de las actividades industriales de interés nacional y establecimiento de un orden de prioridades".[21]

Cuando en abril de 1961, Álvaro Alsogaray fue reemplazado por Roberto Alemann como ministro de Economía y Frondizi logró integrar a dos miembros de la UIA y la CGE en las Secretarías de Industria y Minería y de Comercio respectivamente, pareció abrirse el camino para que madurara un régimen de promoción industrial más consistente. Pero la forma que asumió no fue la de una reglamentación general de la ley 14.781, sino de la creación de sistemas específicos de promoción manufacturera de carácter sectorial y regional. La legislación de aliento a la inversión industrial

---

[20] Néstor Grancelli Chá, *De la crisis al desarrollo nacional. La UCRI y la realidad económica*, Buenos Aires, Comité Nacional de la Unión Cívica Radical Intransigente, 1960, p. 104.

[21] Ídem, p. 131.

se hizo más compleja, aunque no necesariamente sistemática. En un evidente cambio de orientación con respecto al bienio previo, a partir de junio de 1961 se dictaron los decretos que incluían actividades específicas como la siderurgia (5.038/61), la petroquímica (5.039/61), la producción de celulosa (8.141/61) y los regímenes de fomento de la Patagonia (6.130/61), Noroeste (9.477/61) y la provincia de Corrientes (11.324/61) (Altimir, Santamaría y Sourrouille, 1966; Katz y Kosacoff, 1989). Con el anuncio de estas medidas, Alemann subrayó que hasta entonces se habían alentado las industrias de bienes de consumo durable y no durable, a través de ventajas cambiarias y de protección arancelaria al producto final. En cambio, a partir de ese momento, el fomento de las industrias básicas se realizaría mediante el uso de instrumentos de política fiscal, crediticia y el abastecimiento de materias primas a precios preferenciales. La idea era evitar que los precios de los productos básicos, el acero, la celulosa y los insumos petroquímicos incrementaran aún más los costos de los productos finales.[22]

En realidad, el cambio era sólo parcial porque ya en 1959 se habían alentado actividades con regímenes específicos. Por lo tanto, cabe concluir que el gobierno de Frondizi prefirió establecer decretos específicos para alentar mediante incentivos cambiarios, crediticios y fiscales industrias que los hacedores de la política industrial consideraban claves, como la automotriz, siderurgia, petroquímica, papelera y de motores de combustión. Este mecanismo permitía al gobierno mayor discrecionalidad a la hora de alentar al sector manufacturero, pero a costa de garantizar un marco de estabilidad en el mediano y largo plazo. Al mismo tiempo, por su ambigüedad, la falta de claras definiciones y la transferencia de atribuciones al Poder Ejecutivo, la promoción industrial implementada a partir de 1958 quedó más expuesta a las presiones de los grupos de interés, ya fueran las grandes empresas locales, las transnacionales o aquellos ligados al comercio importador.

---

[22] *Boletín de la Cámara de Comercio Argentino-Alemana*, n°101-102, julio y agosto de 1961, pp. 218-219.

¿Cuáles fueron los resultados de las políticas desarrollistas en el corto y mediano plazo? Como se observa en el gráfico 1, el período 1958-1962 estuvo marcado por fuertes fluctuaciones en el crecimiento de los principales sectores de la economía argentina. Mientras el sector agrario mantenía todavía un comportamiento mediocre, debido sobre todo a que no habían madurado las transformaciones que se estaban produciendo en el sector, la industria mostró un desempeño más positivo. Pero este desempeño no fue mucho mejor que el de la industria en la década de 1950. El período de Frondizi estuvo marcado por un importante crecimiento de la industria automotriz y, en menor medida de la siderurgia y petroquímica, en particular gracias a la fuerte inversión extranjera, que alcanzó una cifra cercana a 470 millones de dólares. En cambio, las ramas más importantes por su aporte al valor de la producción a finales de la década de 1950, como Alimentación y Bebidas y Textil, sufrieron una aguda caída. Esta depresión se manifestó en la caída de la ocupación en el sector. Mientras las primeras industrias absorbieron 24.000 empleos, las industrias de bienes de consumo no durable expulsaron unos 90.000 obreros y empleados (Petrecolla, 1989).

Gráfico 1. Evolución anual del PBI, el sector primario y la industria manufacturera (1955-1963)

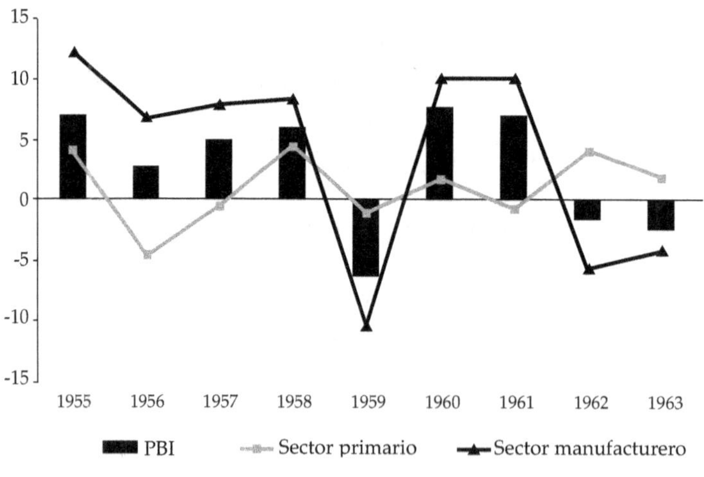

Fuente: elaboración propia en base a BCRA, Sistema de Cuentas de la República Argentina, vol. II, 1975; y BCRA, Cuentas Nacionales de la República Argentina, vol. III, 1976.

Por último, conviene señalar el marcado comportamiento cíclico de la economía argentina. El gráfico permite observar también el impacto del plan de estabilización económica iniciado en 1959, en medio de una crisis de balanza de pagos, y la caída más prolongada como consecuencia de la crisis de 1962-1963. La restricción externa, que venía limitando el crecimiento de la economía desde los años cincuenta, continuó desempeñando un papel crucial en la evolución económica.

Los industriales frente al gobierno industrialista

El gran capital industrial y el gobierno industrialista

La UIA recibió la restauración del gobierno constitucional con una postura de fuerte crítica y censura. La prédica de Frondizi y el programa de la UCRI, que implicaban una acentuación del intervencionismo del Estado e incluso auspiciaban la reorganización de las entidades empresarias que habían disputado hasta 1955 el espacio de representación a la antigua entidad industrial, fueron recibidas con dureza por la UIA. Las primeras medidas tomadas por Frondizi, como el aumento de los salarios del orden del 60%, la suspensión de los permisos de importación y la discusión de la nueva Ley de Asociaciones Profesionales que restauraba el principio de un sindicato único por rama y cumplía con la promesa realizada por el presidente a los sindicalistas peronistas, constituían claras expresiones de un programa económico que estaba en las antípodas de la ideología "liberal" de la UIA. Por todo ello, cada una de estas medidas recibió la opinión crítica de los grandes industriales.[23]

La presentación a fines de 1958 del programa de Estabilización y Desarrollo significó una revaluación parcial de esta postura crítica. La UIA reconoció que el plan de ajuste significaba una clara rectificación del gobierno, que se mostraba dispuesto a introducir las reformas imprescindibles para inaugurar una etapa de

---

[23] UIA, *Memoria y Balance, 1958*, Buenos Aires, 1959, pp. 16-22.

crecimiento y estabilidad. Pero, para la entidad existían grandes dudas de que el presidente Frondizi y su equipo económico pudieran torcer el rumbo de una larga saga de políticas intervencionistas y estatizantes. Por un lado, el programa no parecía recibir todo el apoyo del radicalismo intransigente: "El plan de austeridad no parece haber sido tomado muy en serio por el gobierno [...]. Impone sacrificios a los empresarios y a los trabajadores, pero no se los impone a sí mismo".[24] En ese plano, la entidad reclamaba una reducción de los gastos públicos y del déficit fiscal, así como la eliminación de impuestos. Por otra parte, los elencos políticos y burocráticos de la UCRI no sólo no estaban convencidos del nuevo enfoque de la política económica, sino que se comportaban según las nocivas prácticas del clientelismo, lo que conspiraba contra el objetivo de alcanzar el equilibrio fiscal y la estabilidad monetaria. Así, por ejemplo, la UIA observaba que durante los primeros meses de 1958 "los gobernadores de provincias [...] rivalizaban con el ministro [de Economía] en sus esfuerzos por conquistar al movimiento obrero; algunos secretarios de Estado no ocultaban sus inclinaciones a favor de la resurrección de entidades empresarias disueltas [la CGE], y se resolvían cuestiones que involucraban cuantiosos intereses nacionales por conducto particular de funcionarios *sui generis*, no contemplados en los cuadros legales del gobierno", en abierta alusión al papel desempeñado por Frigerio como secretario de Relaciones Económico Sociales.[25] Todo ello no podía más que presagiar dificultades para la implantación de un nuevo modelo económico. En su primer balance, la UIA afirmaba que "la falta de concordancia entre lo que dice el Presidente y lo que hacen sus funcionarios es el rasgo más característico de este gobierno y la causa más cierta de confusión reinante". En suma, el drástico giro de la política económica frondicista era observado con gran desconfianza y escepticismo.

Durante el duro año 1959, la posición de la UIA apenas se modificó. La entidad realizó un balance del plan de estabilización

---

[24] Ídem, p. 27.
[25] Ídem, p. 23.

que ponía el acento sobre los desafíos y riesgos que se abrían a la economía argentina y al gobierno ante las drásticas medidas tomadas. En ese plano, la UIA subrayó que el plan sumergía a la economía argentina en una etapa de transición entre una fase dominada por el estancamiento y la inflación, y la estabilización monetaria y el crecimiento. Con respecto a la inflación, se señalaba que tenía al menos tres orígenes principales, que debían ser atacados simultáneamente si se quería alcanzar el éxito: el déficit fiscal, el deterioro de los índices del intercambio y el incesante incremento de los costos. Como se observa la entidad no compartía el diagnóstico ortodoxo sobre la inflación. Pero la distancia que la entidad tomaba de las recetas más ortodoxas era interesada porque implicaba poner el acento en la necesidad de moderar las restricciones crediticias que afectaban al sector industrial.[26] Además, la UIA entendía que la inflación de costos era producida por "la política laboral vacilante, sin objetivos definidos" que Frondizi sostenía. Por ello, la UIA reclamó al gobierno la revisión de la legislación social y el sistema jubilatorio, que eran vistos como factores institucionales que impulsaban los costos hacia arriba. Entonces, el éxito del programa antiinflacionario recaía sobre la corrección del déficit fiscal, el congelamiento de los salarios (que al capital concentrado le parecía imposible en el marco de la devolución de los gremios a los dirigentes peronistas), la privatización de las empresas públicas, y la reforma de la legislación previsional y social.

La transición entre una economía inflacionaria y otra en crecimiento requería, según la entidad, la puesta en marcha de un programa de expansión de la inversión. Como la corrección del déficit fiscal, la reforma de la legislación social y previsional y la contención salarial tendrían un efecto deflacionista, era imprescindible alentar la inversión interna y externa. La primera debía auspiciarse por medio de desgravaciones impositivas y de la concesión de créditos externos para financiar la renovación del stock de capital. Por su parte, la inversión extranjera debía alentarse particularmente hacia "los sectores que generen divisas o constituyan

---

[26] UIA, *Memoria y Balance, 1959*, Buenos Aires, 1960, pp. 25-27.

una base técnica indispensable para la expansión industrial".[27] Esta última postura era tradicional entre los empresarios y convergía con la política oficial que buscaba privilegiar el ingreso masivo de multinacionales como una manera de alentar el crecimiento industrial y la renovación tecnológica.

Contra lo que podría esperarse, la UIA encontraba serios reparos a las políticas oficiales. Especialmente crítica era la posición de la entidad frente a las políticas monetaria y crediticia constrictivas que acompañaron el programa de estabilización ya que imponían a las empresas un drástico giro con respecto a las políticas compensatorias con que habitualmente el sector manufacturero era beneficiado desde los tiempos del peronismo. La restricción del crédito oficial obligaba a las empresas a buscar otras fuentes de financiamiento notablemente más costoso tanto en el crédito con los bancos privados como los préstamos del sector financiero no bancario. Pero los empresarios también censuraban los cambios de las políticas de control de importaciones, la política salarial y otras medidas de política económica. Estos reparos dejaban ver una acentuada desconfianza sobre la orientación de las políticas frondicistas. Así la UIA advertía que era necesario poner fin a la confusión entre democracia y demagogia:

> Gobernar con el asentimiento del pueblo no significa sometimiento a sus pasiones, pues cuando los intereses de un grupo social contrarían los imperativos permanentes de la Nación, privan sobre ellos. Es por estas razones, precisamente, que el Gobierno tiene que llevar a cabo las medidas antes propiciadas, aunque resulten transitoriamente impopulares.[28]

En cambio, la UIA no formuló ningún comentario sobre la legislación de Promoción Industrial (14.781/58) y de Inversiones Extranjeras (14.780/58) durante su primer año de vigencia, que en

---

[27] Ídem, p. 31.
[28] Ídem, p. 32.

los hechos constituían las bases de la política industrial desarrollista. Este silencio revela cierta despreocupación por el impacto de
una política que podía condicionar la evolución del sector manufacturero y especialmente de las empresas de capital nacional.

A partir de 1960, la entidad reforzó su postura crítica al
gobierno. La coyuntura más crítica había sido superada, pero
persistían las dificultades. La entidad ponderó "la vitalidad del
sector industrial" en oposición a lo que se percibía como el estancamiento agrario y, al mismo tiempo, "la extraordinaria elasticidad
de la empresa para adaptarse a condiciones tan cambiantes". No
obstante, la UIA mantuvo su postura crítica frente a las políticas
oficiales. En 1960, reconoció que el principal y único éxito de la
política desarrollista era la intensificación de la explotación petro-
lífera. En cambio, sostuvo que los problemas estructurales de la
economía argentina no podrían ser superados si no se adoptaba
"un programa integrado" que permitiera incrementar la productividad del sector primario y de la industria. Incluso, advirtió que el
déficit externo podría provocar una crisis si se revertía el flujo de
inversiones y de créditos, al tiempo que afirmaba que la política
cambiaria estaba produciendo una apreciación del tipo de cambio
que vendría a acentuar la crisis.[29]

Al año siguiente, la entidad sostuvo que el Plan de Estabilización
había fracasado "casi totalmente", imputando al gobierno de
Frondizi por la mala implementación pero salvando los principios
del "sistema de la libertad económica" que por vez primera en
treinta años se había intentado restaurar.[30] El incremento de precios, el aumento de oferta monetaria, especialmente debido al déficit fiscal, y el desequilibrio externo eran los principales problemas
que se enfrentaban para restaurar la estabilidad y el crecimiento:
"Todo eso no existiría, o por lo menos estaría en vías de desaparecer, si realmente se hubiese ejecutado con decisión y coherencia un
Plan de Estabilidad Monetaria y Desarrollo Económico".[31]

---

[29] UIA, *Memoria y Balance, 1960*, Buenos Aires, 1961, pp. 25-29.
[30] UIA, *Memoria y Balance, 1961*, Buenos Aires, 1962, p. 20.
[31] Ídem, p. 27.

Con respecto a la política industrial, la UIA tomó una postura ambigua. Por un lado, demandó la reglamentación de la Ley de Promoción Industrial, pero al mismo tiempo se opuso a la fijación de un orden de prioridad en el desarrollo de los sectores industriales ya que implicaba "una política limitativa" para el resto de las ramas. La definición de la política industrial debía, a su entender, ir acompañada de la reglamentación de la Ley de Inversiones Extranjeras. El principio fundamental debía ser que todo beneficio otorgado a las empresas transnacionales debía otorgarse también a las firmas argentinas que operaran en el mismo sector.[32]

En realidad, parece claro que la principal preocupación de la entidad estuvo en reforzar la protección que gozaba el sector manufacturero. Al respecto, la entidad participó activamente de la Comisión Asesora de Importaciones donde se discutían los problemas derivados del sistema de recargos establecido en 1959. Para la UIA este sistema era muy inestable y debía ser reemplazado por un régimen aduanero más claro. En 1960, alertó contra el ingreso de empresas extranjeras que venían a producir bienes intermedios y reclamaban los máximos recargos, amenazando a las empresas ya instaladas con incrementar aún más sus costos. Aunque se quejaba de que esta política podía colocar a la industria local en malas condiciones frente a la competencia externa, era claro que el problema principal sería sobre todo la colocación de los productos en el mercado doméstico.[33] Un año más tarde la UIA logró que el gobierno aprobara el decreto 8158/61 que fijaba las normas aduaneras y establecía los mecanismos para establecer los precios de los productos de importación. La UIA festejó la aplicación de la norma que a su entender establecía "una verdadera y concreta protección industrial menguada hasta el presente".[34]

En cambio, el camino exportador mereció una atención menor. En realidad, el propio gobierno desarrollista no otorgó a esa cuestión casi ninguna atención a pesar de su decisión de integrar a la

---

[32] UIA, *Memoria y Balance, 1960*, Buenos Aires, 1961, pp.32-33.
[33] Ídem, 1961, p. 35.
[34] UIA, *Memoria y Balance, 1961*, Buenos Aires, 1962, p. 91.

Argentina en la Asociación Latinoamericana de Libre Comercio (ALALC) con la firma del Tratado de Montevideo en 1960. En ese sentido, la política oficial, bastante tímida por cierto, de promover la exportación de productos no tradicionales se focalizó en la sanción de un régimen de *draw back* y de otro sistema de Promoción de Exportaciones. En cambio, el gobierno no previó ningún sistema de financiamiento de las ventas de manufacturas, una cuestión clave para alentar los primeros pasos de la corriente exportadora. Aunque el Banco Central y el Banco de la Nación se mostraron dispuestos a recibir propuestas en ese sentido, la UIA sostuvo que poco se había avanzado en ese plano y menos aún en la desgravación impositiva de los productos de exportación.[35]

En suma, para finales del gobierno desarrollista, el balance realizado por la UIA de las políticas macroeconómicas y sectoriales era negativo, no tanto en sus principios sino sobre todo en las fallas de implementación. Manifestó que el PBI industrial no había alcanzado los niveles máximos anteriores de 1958, a pesar de que algunas ramas habían logrado, sobre todo por la inversión extranjera, un gran crecimiento. Mientras las industrias de bienes durables mostraban un incremento notable, las ramas productoras de bienes no durables acusaban una profunda depresión. La entidad no admitía que tal comportamiento era la consecuencia lógica de un plan de ajuste que había alentado la concentración en la distribución del ingreso. En cambio, prefería sostener que era el resultado de la pésima implementación oficial. Había faltado mayor rigor, sobre todo en el programa de racionalización estatal y en la reforma de las políticas laborales, para lograr una mayor estabilidad y crecimiento. Concluía que "la industria manufacturera ha sido el sector económico que más ha sufrido y sufre los inconvenientes actuales [...]. El sector industrial necesita trabajar en otras condiciones [...] para que sea un factor activo y dinámico en el crecimiento económico de la Nación".[36]

A pesar de la perspectiva crítica con que la entidad observó las políticas desarrollistas, no renunció a la posibilidad de integrarse

[35] UIA, *Memoria y Balance, 1960*, Buenos Aires, 1961, p. 37.
[36] UIA, *Memoria y Balance, 1961*, Buenos Aires, 1962, pp. 22-24.

en algunas comisiones y agencias del Estado. La UIA y varios de sus socios lograron una activa participación en el gobierno de Frondizi. Por un lado, luego del paso del abogado y ex funcionario Alberto Tedín por la Secretaría de Industria y Minería, fueron designados empresarios y dirigentes de la UIA al frente de esa institución clave para la formulación de la política industrial: Carlos Juni durante el ministerio de Álvaro Alsogaray, entre junio de 1959 y abril de 1961, y Jorge Blanco, entre abril de 1961 y marzo de 1962. Este último pasó de la presidencia de la UIA a la Secretaría de Industria y Minería. Su nombramiento, durante el ministerio de Alemann fue tal vez el intento más orgánico del gobierno frondicista por captar el apoyo de las entidades empresarias, mediante la concesión del manejo de las políticas sectoriales a representantes de las entidades corporativas. La influencia de la UIA fue más directa y prolongada que la de cualquier otra entidad industrial. De hecho, fue en ese período en que se dieron los pasos para una definición más clara de las políticas industriales, mediante el incremento de la protección aduanera y la sanción de varios decretos específicos para el desarrollo sectorial y regional. Como vimos, el ingreso de Blanco al gobierno no evitó que la entidad formulara una apreciación crítica sobre las políticas macroeconómicas. La entidad empresaria también obtuvo representación en varias comisiones y organismos estatales menos importantes desde el punto de vista de la definición de las estrategias económicas e industriales. Para 1961, sus representantes integraban unas 14 comisiones, casi la totalidad sin funciones ejecutivas, como las Cajas de Asignaciones para la Industria y de Jubilaciones del Personal, las comisiones asesoras de Importaciones, Hacienda y Economía, y de Comercio Exterior del Ministerio de Economía; de Marina Mercante, el Consejo Nacional de Educación Técnica, el Consejo Nacional de Relaciones Profesionales, la Comisión del Paralelo 42, y la vicepresidencia del Instituto Nacional de Tecnología Industrial, entre otras.[37]

[37] Ídem, pp. 16-19.

Los empresarios nacionales frente al desarrollismo

La postura de la CGE frente a la administración Frondizi estuvo muy influenciada por su lucha para recuperar la personería jurídica que le había sido quitada en 1955. José Bel Gelbard, el líder de la entidad, había trabado contacto durante los años de la "Libertadora" con Frondizi y Frigerio con el propósito de apoyar la candidatura del dirigente intransigente y coordinar un programa económico social. Al mismo tiempo, aunque Gelbard permanecía entre los ciudadanos que no podían desempeñar cargo alguno por las interdicciones dictadas por Aramburu, desde las sombras tejió junto a otros dirigentes relaciones para lograr la rehabilitación de la entidad por el nuevo gobierno constitucional (Seoane, 1998). Para Frondizi y Frigerio era la oportunidad deseada de consolidar el frente nacional y popular, sumando a los empresarios junto a los trabajadores peronistas. Cumpliendo con su promesa durante la campaña, en junio de 1958, el presidente Frondizi volvió a otorgarle la personería jurídica a la CGE. El decreto suponía el reconocimiento oficial de que la CGE y las entidades que la integraban "han sido organizaciones representativas de los empresarios de todo el país y han obrado conforme a las leyes de la República". Frondizi también justificó la reconstitución de la entidad atendiendo a que "el asesoramiento y la colaboración de las entidades empresarias representativas de las fuerzas económicas del país se hacen necesarios para el desarrollo del programa de gobierno que el Poder Ejecutivo se ha propuesto cumplir".[38]

A principios de octubre, una asamblea de empresarios de todo el país reorganizó a la CGE. Sus primeros años en la etapa posperonista estuvo en gran medida signada por la búsqueda de legitimidad como voz empresaria que aspiraba a representar a los sectores empresarios pequeños y medianos de la producción, el comercio y la industria de todo el país (Cúneo, 1967; Brennan y Rougier, 2013). En este sentido, la CGE enfrentó con dureza las

---

[38] "Restitúyese la Personería Jurídica de la Confederación General Económica", *El Economista*, 14 de junio de 1958, p. 4.

críticas de las entidades tradicionales y levantó como consigna el derecho de los empresarios a organizarse libremente sin la intromisión del Estado.

Durante su primer año de vida, entre junio de 1958 y junio de 1959, la CGE debió emprender la doble tarea de reconstruir las organizaciones que la conformaban y, al mismo tiempo, definir su postura frente al gobierno de la UCRI. El apoyo de Frondizi para la recuperación de la personería jurídica y el giro de las políticas desarrollistas hacia principios económicos ortodoxos colocaron a la CGE frente a importantes disyuntivas.

Los dilemas que enfrentaba la entidad fueron abordados a través de una estrategia que combinaba el fortalecimiento de la organización y de su legitimidad como corporación, y al mismo tiempo la censura frente a las políticas económicas. Desde un comienzo, la CGE buscó reforzar su posición como entidad representativa del capital convocando a la unidad de las organizaciones empresarias, sobre la base federal, e intentando alcanzar acuerdos con las organizaciones que representaban al trabajo. De esta manera, a principios de 1959, la CGE advirtió al gobierno que "sólo la unidad de las fuerzas del trabajo, la producción, la industria y el comercio pueden facilitar el éxito de cualquier plan".[39] En julio, en el marco de la profundización de la recesión y el impacto inflacionario de la devaluación producida como consecuencia de la liberación del mercado cambiario, la CGE convocó a las 62 Organizaciones Peronistas, los 32 gremios democráticos, el Movimiento de Unidad y Coordinación Sindical, y los gremios independientes a una reunión para definir el curso a seguir y reclamar al gobierno una intervención activa en la definición de la política económica. Para la entidad empresaria se trataba de "convenir las bases de una tarea orgánica inspirada en concepciones realistas, hasta lograr el trazado de una política que dinamice el desarrollo económico argentino, lo encauce en un clima de progreso y de paz social".[40] La propuesta parecía limitarse entonces a reclamar la participa-

---

[39] CGE, *Memoria y Balance, 1958-1959*, Buenos Aires, 1959, p. 24.
[40] Ídem, pp. 86-87.

ción de las organizaciones del capital y el trabajo en organismos o comisiones que intervinieran en la definición de la política económica. Como veremos, estas consignas alcanzarían años más tarde un contenido programático más definido.

En relación a las políticas desarrollistas, la CGE expresó en diversas oportunidades su postura crítica. Luego de reclamar en diciembre de 1958 la definición del plan de estabilización, la CGE asumió posiciones cada vez más severas sobre el programa oficial. Si bien coincidía con el gobierno en que era necesario encarar una reforma de la economía argentina, no acordaba con los instrumentos aplicados.[41] En julio de 1959, luego de que el presidente Frondizi superara una grave crisis militar, que entre otras concesiones había concluido con la designación de Álvaro Alsogaray al frente de un unificado Ministerio de Economía y Trabajo, la CGE expresó su apoyo al mantenimiento del orden constitucional. No obstante ello, la entidad recusaba el programa económico, reclamando su revisión:

> El programa de estabilización y desarrollo está condicionado en gran medida a la convención suscripta con el FMI. Pero ésta puede ser brújula que oriente y no un compás que trace un círculo. Por tal motivo afirmamos la necesidad de flexibilizar en su aplicación el convenio suscripto con el FMI, llegando a la reducción de los compromisos contraídos cuando así lo exijan las particulares condiciones del desarrollo económico argentino y la evolución social del país.[42]

Si bien la entidad agrupaba a los tres sectores productivos básicos, en gran medida, sus posturas reflejaban el peso que el empresariado industrial tenía a través de la CGI. El impacto del plan sobre el sector industrial mereció una destacada atención de la entidad. La CGE declaró que el plan de ajuste no podía

---

[41] Ídem, p. 16.
[42] Ídem, pp. 20-21.

llevarse adelante mediante el ataque a las "industrias existentes", sino que las políticas de aliento de las ramas básicas debían contemplar los intereses de las industrias establecidas, que eran las generadoras de empleo. De esta manera, la CGE censuró el manejo oficial de la banca pública, que reducía el auxilio al sector en el preciso momento en que se incrementaban sus costos, el aumento de la presión impositiva, la reforma de las políticas de control de importaciones y la liberación de derechos para la introducción de equipos industriales. Para evitar los efectos negativos de estas políticas, la entidad creía que el gobierno debía declarar expresamente el apoyo a la industria argentina y alentar el otorgamiento de créditos externos para la inversión. Esta primera evaluación de las políticas oficiales coincidía paradójicamente con la mirada de la UIA, al afirmar que "muchas indecisiones e incoherencias" del gobierno estaban profundizando la crisis.[43]

A partir de 1960, la CGE ensayó un discurso que articulaba en líneas generales los desarrollos teóricos de la CEPAL a favor de la industrialización. Citando a Prebisch sostuvo que la industrialización era un camino inevitable si se quería sacar al país del estancamiento y elevar el nivel de vida de la población. En crítica abierta a la orientación de la política económica conducida por Alsogaray, la entidad sostuvo que el librecambio sólo existía como ideología pero que el comercio mundial no se regía ya por los tradicionales principios de la economía liberal. Argentina como productora de bienes agrarios templados sufría particularmente por los efectos del proteccionismo agrícola que derivaba en el deterioro de los términos del intercambio.

> Con la CEPAL manifestamos que el desarrollo económico de la Argentina no se resolverá espontáneamente sino mediante una vigorosa política, que obre inteligente y eficazmente sobre el curso de los acontecimientos económicos y sociales.[44]

<hr>

[43] Ídem, p. 24.
[44] CGE, *Memoria y Balance, 1960*, Buenos Aires, 1961, p. 9.

Para la CGE el problema residía en que el gobierno anteponía la estabilización económica a los planes de desarrollo. Con excepción de la política petrolera, donde la CGE observaba un avance considerable, el gobierno no había puesto en marcha sus planes de desarrollo económico. La falta de progreso en el desenvolvimiento de la industria siderúrgica, química básica y petroquímica, los lentos avances en las políticas de transportes ferroviarios y vial, limitaban la recuperación económica. En cuanto a la política industrial, la CGI inició a finales de 1960 una campaña a favor de la reglamentación de la ley 14.781/58, que contó con el apoyo de la Federación de Industrias Metalúrgicas Livianas, la Cámara de Fabricantes de Repuestos de Automotores y la Cámara de Industriales Metalúrgicos de Córdoba.[45] Recién en julio de 1961, luego del reemplazo de Alsogaray por Alemann, y de la sanción de varios decretos de promoción sectorial para la industria siderúrgica y petroquímica y de los regímenes de promoción de la Patagonia y el Noroeste, la CGI afirmó que se iniciaba la prometida reglamentación de la ley 14.781.[46]

En los meses finales de la experiencia desarrollista la CGE afirmó que "el esfuerzo por desarrollar el país está dando sus resultados, observando un cambio radical en la estructura económica del país. El esquema de una nación exportadora de carne, lana y cereales, e importadora de materias primas industriales, combustibles y manufacturas en general ha sido modificado".[47] No obstante ese balance positivo, la entidad no ahorraba críticas al esquema de política económica e industrial desarrollado. La principal objeción continuaba siendo la primacía del objetivo de estabilización por sobre el desarrollo, que se expresaba particularmente en materia de política crediticia y monetaria. La escasez de crédito para las industrias del Interior era el principal reclamo frente al gobierno. En septiembre de 1961, la CGE expresó por medio de la Declaración de San Luis su demanda por una política de crédito

---

[45] Ídem, p. 42.
[46] CGE, *Memoria y Balance, 1961*, Buenos Aires, 1962, p. 32.
[47] Ídem, p. 13.

centrada en el apoyo a las actividades productivas y especialmente orientada a las diversas regiones del interior del país.[48] La respuesta oficial ante este pedido fue negativa. El ministro Alemann reafirmó el propósito oficial de continuar con la misma política crediticia, lo que mereció la censura de la CGE, que consideró que "la persistencia en el error de mantener esa política lesiona gravemente el plan de estabilización y desarrollo".[49]

La crítica de la entidad a la ortodoxia económica no necesariamente implicaba adoptar criterios económicos nacionalistas y estatizantes. Retomando una prédica que la entidad había ensayado durante los años finales del gobierno de Perón, consideró que el problema inflacionario no estaba resuelto y que la principal responsabilidad de las presiones alcistas provenía del déficit de las empresas públicas. Aunque se reconocía que Frondizi había hecho mucho por racionalizar el Estado y privatizar las empresas públicas, era necesario corregir el déficit fiscal y aliviar la presión impositiva.[50]

En relación al capital extranjero, la CGE también le reconocía al desarrollismo que "las medidas adoptadas para atraer el capital extranjero han permitido al país recuperar la confianza en el exterior". Encontraba como muy positiva la radicación de nuevas empresas que significaban una inversión que calculaba exageradamente en 750 millones de dólares. No obstante, advertía que el gobierno debía vigilar que esas radicaciones "se realicen en forma efectiva y atendiendo a las necesidades del desarrollo nacional".[51] En este sentido, en julio de 1961, mientras el gobierno evaluaba el régimen de promoción de la industria automotriz, la CGE expresó que si bien esta política había "significado el paso necesario para expandir la industria automotriz, [...] la falta de adecuado control había posibilitado que se gastaran importantes cantidades de divisas con propósitos exclusivamente comerciales y no de desarrollo

---

[48] Ver la Declaración reproducida en CGE, *Memoria y Balance 1961*, pp. 78-80.
[49] CGE, *Memoria y Balance 1961*, p. 36.
[50] Ídem, p. 15.
[51] Ídem, p. 13.

industrial".[52] Por detrás de esta crítica al capital extranjero, no estaba ningún principio nacionalista sino los intereses del grupo de empresas nacionales productoras de autopartes que buscaban colocar su producción.

En realidad, el eje de las posiciones económicas de la CGE estaba constituido por la defensa de la industria y del agro del interior del país. Por lo tanto, la entidad reclamaba políticas económicas, agrarias e industriales que contemplaran esos intereses, más vinculados –especialmente en el caso de los productores agrarios– al desarrollo del mercado interno.

Pese al tono crítico de sus intervenciones, la voz de los empresarios del Interior logró respuestas oficiales parcialmente favorables en el plano de la intervención en la política económica, al integrarse representantes de la entidad y de las organizaciones por ella agrupadas en diversas comisiones. En 1959, la CGE se sumó a dos comisiones; al año siguiente, el gobierno le concedió representación en cinco comisiones más: el Consejo Asesor del Comercio Exterior, las comisiones de Mercado Común y de Estudios de Productos dependientes de la Secretaría de Comercio, el Consejo Nacional de Relaciones Profesionales y la Caja Nacional de Previsión para el Personal del Comercio. Para 1961, la CGE tenía representación en ocho organismos más, entre los cuales se destacaban el Banco de la Nación Argentina, el Banco Industrial, el Banco de la Provincia de Buenos Aires y el Banco Hipotecario Nacional.[53] La más importante de estas instancias de vinculación entre el Estado y los empresarios fue la creación, en agosto de 1959, del Consejo Asesor de Economía y Trabajo.[54] Esta última iniciativa fue recibida con entusiasmo, pero si bien se nombraron los representantes de la CGE, el gobierno desarrollista nunca convocó al Consejo. En conjunto, la representación alcanzada por la CGE en el estado no quebró la tradición de los gobiernos argentinos por marginar a las corporaciones representativas del nuevo mundo

[52] Ídem, pp. 31-32.
[53] Ídem, pp. 11-12.
[54] CGE, *Memoria y balance, 1959*, Buenos Aires, 1960, p. 75.

empresario de las tareas más importantes vinculadas con la elaboración de las políticas económicas (Wynia, 1986).

En un caso, sin embargo, la CGE logró tener participación más activa en el gobierno. Si bien usualmente se menciona que la Secretaría de Industria fue ocupada a partir de 1959 por empresarios ligados a la UIA, en 1961, Frondizi designó a Pedro García Oliver, vocal de la CGE, como secretario de Comercio. Por supuesto, la designación era a título personal y no parece haber involucrado ningún acuerdo entre Frondizi y la entidad empresaria, pero motivó el rechazo de la Acción Coordinadora de Instituciones Empresarias Libres (ACIEL), donde estaba integrada la UIA. García Oliver se apresuró a renunciar a su cargo en la CGE, pero ésta, en claro apoyo a su designación, le solicitó que asumiera la Secretaría de Estado haciendo uso de licencia como vocal cegeísta.[55] Por sus atribuciones, García Oliver no influyó en las políticas manufactureras, pero es claro que la designación venía a contemplar los intereses de un importante sector de la economía argentina como el comercio.

La crisis de 1962-1963 y su impacto en las relaciones entre el Estado y los empresarios industriales

A principios de 1962 se hizo inminente el estallido de una crisis. Durante el año previo, la balanza comercial había arrojado un importante déficit, unos 496 millones de dólares, en tanto que otros índices acentuaron el pesimismo en los círculos empresariales y financieros, como el déficit de las cuentas públicas y la caída de la producción agraria exportable. Además, las tensiones económicas se vieron acentuadas por la crisis institucional. El triunfo electoral peronista en la provincia de Buenos Aires y otros distritos desató nuevos conflictos en la relación entre el gobierno de Frondizi y las Fuerzas Armadas, que finalmente desplazaron al Presidente de la Nación y sin demasiado entusiasmo aceptaron

---

[55] CGE, *Memoria y Balance, 1961*, Buenos Aires, 1962, p. 27.

su reemplazo por el presidente provisional del Senado José María Guido. Como se sabe, durante algo más de un año, la crisis política se profundizaría en el seno de las Fuerzas Armadas, poniendo al país en su más grave situación institucional desde 1955. El débil gobierno de Guido no pudo enfrentar con éxito los problemas de la coyuntura económica. Desde finales de marzo se declaró el feriado bancario para evitar el pánico entre los clientes. El nuevo ministro de Economía, Federico Pinedo, inicialmente partidario de no modificar el tipo de cambio, anunció la decisión de liberarlo, lo que provocó en pocas semanas una fuerte corrida hacia el dólar. Además, el gobierno incrementó un 20% el recargo a las importaciones, subió la tasa del impuesto a las ventas de 10 a 13% y aumentó tasas y tarifas de las empresas públicas.[56] Poco después, Pinedo renunció, pero la conducción económica cayó en manos de economistas ortodoxos durante el siguiente bienio: Álvaro Alsogaray y José Alfredo Martínez de Hoz.

Los efectos de la crisis económica fueron profundos. Entre 1962 y 1963, el PBI per cápita cayó un 7%, la inflación mayorista trepó al 30% anual, la tasa minorista alcanzó un 26%, la desocupación ascendió hasta un récord histórico del 8,8% de la población económicamente activa en el Gran Buenos Aires, y la moneda perdió sólo en 1962 un 40% de su valor. El sector manufacturero fue tal vez el más afectado por las políticas económicas. La devaluación monetaria redujo drásticamente la demanda del mercado doméstico en tanto que aumentó los costos de los insumos y maquinarias de importación. La devaluación también provocó un incremento considerable de las deudas que grandes firmas argentinas habían tomado en el extranjero a través de los programas oficiales de apoyo a la importación de maquinarias y equipos.

¿Cómo reaccionaron las entidades empresarias frente a la doble crisis de 1962-1963? Para la UIA, la recesión reconocía causas diversas pero su gravedad y su prolongación eran el resultado de las políticas económicas adoptadas por los equipos económicos.

---

[56] *Boletín de la Cámara de Comercio Argentino Alemana*, n° 108, mayo y junio de 1962, p. 110.

La UIA entendía que, en la dimensión económica, la crisis era resultado de las políticas monetarias y crediticias constrictivas que desde mediados de 1961 estaban provocando una "asfixia monetaria": suspensión de los pagos a proveedores del Estado, jubilados y empleados públicos, liquidación de salarios y otras obligaciones oficiales mediante bonos públicos que eran recibidos en la esfera privada por un valor significativamente menor, reducción de la oferta crediticia de los bancos oficiales e incremento de los impuestos y de las tarifas de las empresas públicas. En ese contexto, la devaluación monetaria no había hecho otra cosa que agravar la fase depresiva del ciclo económico, pero de ninguna manera era su principal origen. A los factores económicos se le sumaban los efectos de la crisis institucional, la falta de previsibilidad frente a la futura orientación económica oficial y la fuga de capitales. Este diagnóstico se sustentaba en una comparación de los efectos de las devaluaciones de 1959 y 1962, que mostraban la gravedad de esta última. Pinedo y Alsogaray, optaban por políticas de contención monetaria a costa del nivel de actividad y de ocupación de la economía en su conjunto:

> Aquí radica la falta de coherencia en la política de gobierno: pretender estabilizar los precios mediante la contención monetaria, olvidándose de las otras medidas que debía tomar en los demás sectores de la política económica y que hacen también al nivel general de precios [...]. El resultado inexorable de esta política es la disminución de la producción con permanencia de la inflación, que es lo más absurdo y estéril que se pueda pedir.[57]

Para la UIA, la crisis era un síntoma de problemas más profundos que afectaban a la Argentina. Éstos no residían en factores estructurales sino en la "falsa noción" de que el país podía distribuir más equitativamente los ingresos aun antes de aumentar la productividad y eficiencia de la entera economía. La causa última del

---

[57] UIA, *Memoria y Balance 1962*, Buenos Aires, 1963, pp. 25-26.

deterioro económico residía entonces en las expectativas de los actores económicos y en las políticas del Estado. La acusación se centraba en el intervencionismo estatal en la fijación de impuestos, el incremento de los gastos públicos, los controles de precios y las reglamentaciones "farragosas", que desalentaban la mejora de la eficiencia y de la competitividad de la economía. Pero también era responsable "cierto género de acción sindical", eufemismo con el que el capital industrial más concentrado denunciaba la acción de los sindicatos peronistas. La solución se encontraba en la recomposición del "sistema de la economía privada", por la cual se entendía no sólo el estímulo al empresario sino a todos los grupos sociales: un acuerdo social que estableciera las metas que debían alcanzar empresarios y trabajadores, poniendo fin a la lucha por la redistribución del ingreso.[58]

La interpretación que expuso la CGE estaba en las antípodas del diagnóstico de la UIA. Si bien aquélla entendía que la recesión económica tenía su origen en la combinación de políticas de ajuste que incluían la devaluación monetaria y la aplicación de políticas monetarias y crediticias constrictivas, no dejaba de puntualizar que por detrás se encontraban factores estructurales. Por lo tanto, la reactivación económica no podía provenir solamente de la reversión del signo de las políticas fiscales. Así, en 1963, ante la flexibilización de las políticas monetarias y crediticias tomadas para cubrir los gastos ordinarios del Estado, la entidad señaló:

> La ausencia de un plan basado sobre prioridades económicas y de un programa de realizaciones, a las cuales encauzar la capacidad financiera del país, ha impedido, en gran parte, la activación del crédito industrial, sobre bases selectivas orientadas a estimular la producción y a desalentar las actividades especulativas o ficticiamente sobreexpandidas. Los desajustes de la economía argentina son de tal modo estructurales que la sola expansión de los medios de pago,

---

[58] UIA, *Memoria y Balance 1963*, Buenos Aires, 1964, pp. 23-24.

> se ha mostrado insuficiente para producir la tan esperada
> reactivación de los sectores industriales.[59]

Lo que se requería era un programa de desarrollo económico a largo plazo, que contemplara el desenvolvimiento de las industrias básicas y la reactivación de las economías del Interior. Para fortalecer su diagnóstico la entidad volvió a recurrir al ideario de la CEPAL, esta vez mediante el auspicio de una conferencia televisada de Raúl Prebisch, que tuvo gran resonancia en la esfera política.[60]

Lo que diferenciaba la postura de la entidad de la que representaba al gran capital nacional y extranjero no era tanto su diagnóstico estrictamente económico, sino su estrategia política consistente en la construcción de vínculos con los sectores políticos y sociales en la búsqueda de senderos institucionales favorables a la participación de los diversos actores. Esta estrategia se manifestó en distintos planos. Tuvo su expresión primaria en el apoyo de la entidad por las soluciones que abrieran paso a la restauración de un gobierno constitucional. Sin dudas, ello se fundaba en que la CGE podía abrigar mayores temores de una salida autoritaria que, conducida por los sectores castrenses más fuertemente antiperonistas, pondría en peligro su existencia y autonomía como corporación. Más allá de que la CGE ya había dejado de ser una entidad auspiciada por el peronismo, no por ello era menor el grado de enfrentamiento y división que su presencia generaba entre las fuerzas empresarias.

Sin embargo, la expresión más importante de la estrategia fueron las convocatorias que la CGE realizó a los líderes de todos los partidos políticos y a los sindicatos peronistas. El primer éxito de esta política se produjo en octubre de 1962 cuando la entidad presentó públicamente las "Bases para un plan económico-social" en una reunión que contó con la presencia de representantes

---

[59] CGE, *Memoria y Balance 1963*, Buenos Aires, 1964, p. 59. Lógicamente, la entidad reclamaba una expansión monetaria y crediticia ordenada y concentrada en la promoción de los sectores que el país necesitaba desarrollar.

[60] Ídem, pp. 8-9.

de la CGT, la UCRI, la UCRP, el Partido Demócrata Progresista, la Unión Federal, el Partido Conservador Popular, el Partido Cívico Independiente (cuyo líder era precisamente el ministro Alsogaray), el Partido Conservador de la Capital Federal y el Partido Demócrata Cristiano. En esa oportunidad, la CGE señaló la gravedad de la coyuntura política y económica argentina, en el marco de una no menor crisis latinoamericana. Con agudeza, la entidad se pronunció políticamente al advertir que "la democracia practicada con restricciones dirigidas por cualquier minoría, por ilustrada y democrática que ella misma se proclame, terminará por naufragar en forma definitiva".[61]

El documento reclamaba la puesta en marcha de una programación clara del desarrollo económico y social, que elevara el ingreso nacional y mejorara su distribución. El Estado debía cumplir el papel de ejecutor de ese programa, pero cabía a los empresarios y trabajadores participar en la definición de las soluciones, por medio de la creación de un Consejo Económico y Laboral como institución permanente que enlazara el Estado y la sociedad civil. El "Pacto Social" sería el resultado de esta labor. Pero lejos de limitarse a la esfera de los salarios y precios, la CGE entendía que el Pacto Social debía incluir "todo el panorama de la política financiera, económica y social de la República".[62] Como se observa, el programa propuesto anticipaba las políticas que una década más tarde se pondrían en marcha a partir del retorno del peronismo al poder. La reunión permitió a la entidad un reconocimiento más amplio que el que había tenido en el pasado entre los actores políticos, e inició una larga saga de contactos entre los "empresarios nacionales", las organizaciones obreras y las fuerzas políticas.

En conjunto, la crisis de 1962-1963 reclamó la atención de las entidades empresarias más ligadas al sector manufacturero. Si bien la gravedad de la situación institucional y el hecho de que el poder político pasara a manos de las Fuerzas Armadas limitaron el contacto entre el Estado y las entidades empresarias, éstas se

---

[61] CGE, *Bases para un plan económico-social*, Buenos Aires, 1962, p. 6.
[62] Ídem, p. 7.

expresaron abiertamente sobre los problemas que afectaban a la economía argentina. Mientas la UIA formuló un diagnóstico muy duro sobre las políticas económicas y sus resultados recesivos, la CGE fortaleció una estrategia consistente en la articulación y el contacto de la entidad con las organizaciones gremiales y las fuerzas políticas, lo que le posibilitó un mayor reconocimiento como entidad representativa del capital industrial. En lo inmediato, ninguna de las dos entidades logró presionar más efectivamente sobre el Estado, pero cabe poca duda que la estrategia de la CGE le permitió reposicionarse lentamente en un lugar más central en el proceso económico, que alcanzaría su culminación a comienzos de la década de 1970, momento en que el desarrollismo sería opacado por el retorno de las estrategias estatistas y redistribucionistas.

Consideraciones finales

La presidencia de Frondizi, entre 1958 y 1962, constituyó el intento más orgánico de reformulación de la ISI como modelo de desarrollo en la Argentina posperonista. Durante ese breve período se produjeron importantes transformaciones en la estructura industrial con el incremento del ritmo del crecimiento de las industrias metalmecánicas, especialmente la industria automotriz, y la producción de insumos químicos y siderúrgicos básicos para el sector manufacturero. Estos cambios fueron producto del ingreso masivo de grandes empresas multinacionales que pasaron a controlar los sectores más dinámicos, desde el punto de vista de la tasa de crecimiento y del componente tecnológico, de la industria argentina. Caben pocas dudas de que los cambios que se operaron en ese período de apenas tres años y medio estuvieron en la base de lo que la historiografía considera como "la década dorada" de la ISI, entre 1963 y 1973, cuando la producción manufacturera y la productividad del sector crecieron a tasas elevadas.

La puesta en marcha de la estrategia desarrollista, que implicaba una reforma parcial del modelo de desarrollo seguido desde 1930, se enmarcó en un contexto político social de gran conflictividad. Al menos en parte, ello fue el resultado del giro que implicaron las políticas desarrollistas con respecto a lo que el presidente Frondizi había sostenido durante la década previa, un ideario de marcado tono nacionalista y estatizante. En cambio, la estrategia económica del desarrollismo combinó un programa de desarrollo intensivo de las industrias de bienes de consumo durables y de base, con una política de estabilización económica ortodoxa.

Por otra parte, el desarrollismo debió enfrentar una coyuntura política marcada por la proscripción de la principal fuerza política y sindical del país: el peronismo. En el plano de las relaciones entre el Estado y los empresarios, el gobierno constitucional heredó de la dictadura cívico-militar de 1955 la fragmentación del campo empresario y la politización de las entidades que se reclamaban como representativas del capital industrial. El desarrollismo propuso la integración del peronismo y la participación de las corporaciones empresarias en la elaboración de las políticas económicas. Sin embargo, las prácticas seguidas a partir de 1958 variaron poco con respecto al pasado. Si bien la UIA, la CGE y la CGI lograron obtener alguna representación en comisiones estatales, la elaboración y la implementación de las políticas económicas e industriales estuvieron en mano exclusiva de un grupo de técnicos y economistas.

La fragmentación y politización del campo empresario industrial y las particularidades de la estrategia económica desarrollista contribuyeron a crear un clima de escasa colaboración y diálogo, así como desconfianza en las relaciones entre el Estado y los empresarios industriales. La experiencia desarrollista en Argentina mostró la paradoja de un gobierno que alentó enfáticamente la industrialización y unas organizaciones industriales que criticaron con severidad sus políticas y sus ejecutores. Si bien existieron matices en las posturas de la UIA y la CGE, que pueden interpretarse como expresión de la presencia de sectores capitalistas más centrados en la primera institución y pequeños y medianos empresarios del Interior en la segunda, ambas manifestaron sugerentes puntos de contacto como la crítica por la falta de coherencia en la estrategia económica desarrollista y la censura a sus políticas fiscales y crediticias.

Al mismo tiempo, la división de las organizaciones empresariales expresó también la complejidad de la estructura manufacturera argentina. Las diferencias entre la UIA y la CGI no eran un conflicto entre élites identificadas políticamente con los contendientes, sino la manifestación de la maduración del tejido empresario y el fortalecimiento de una identidad más definida por parte de las pequeñas y medianas empresas del Interior. La CGE adquirió formas organizativas de base federal y recogió varias de las banderas que había sostenido previamente a 1955. Más importante aún, la entidad logró en un par de años reclamar legitimidad como expresión de un sector del empresariado argentino, más favorable al diálogo con las fuerzas políticas y a la búsqueda de nuevas alianzas, incluso con el movimiento obrero, mayoritariamente en manos del peronismo. En el contexto de la grave crisis económica e institucional de 1962-1963, la entidad se pronunció por el mantenimiento de la legalidad constitucional y propuso un "Pacto Social", que anticipaba en cierta medida lo que el gobierno pondría en marcha diez años más tarde con el retorno de Juan Perón.

Referencias bibliográficas

Altimir, Oscar, Santamaría, Horacio y Sourrouille, Juan, 1966, "Los instrumentos de promoción industrial en la posguerra", en *Desarrollo Económico*, vol. 6, n° 21.

Amsden, Alice, 2001, *The Rise of 'The Rest'. Challenges to the West from Late-Industrializing Countries*, Oxford: Oxford University Press.

Belini, Claudio, 2012, "Industrial Exports and Peronist Economic Policies in Postwar Argentina", en *Journal of Latin American Studies*, vol. 44, n° 2.

———, 2013, "Controversias y oscilaciones de la política industrial: de Perón a Frondizi" en Rougier, Marcelo (comp.), *Estudios sobre la industria argentina 3*, Carapachay: Lenguaje claro Editora.

———, 2014, *Convenciendo al capital. Peronismo, burocracia, empresarios y política industrial, 1943-1955*, Buenos Aires: Imago Mundi.

Brennan, James, 1997, "Industriales y 'Bolicheros': la actividad económica y la alianza populista peronista, 1943-1976", en *Boletín del Instituto de Historia Argentina y Americana Dr. Emilio Ravignani*, n° 15.

Brennan, James y Rougier, Marcelo, 2013, *Perón y la burguesía argentina. El proyecto de un capitalismo nacional y sus límites*, Carapachay: Lenguaje claro Editora.

Castellani, Ana, 2009, *Estado, empresas y empresarios. La construcción de ámbitos privilegiados de acumulación entre 1966 y 1989*, Buenos Aires: Prometeo.

Cúneo, Dardo, 1967, *Comportamiento y crisis de la clase empresaria argentina*, Buenos Aires: Pleamar.

Evans, Peter, 1996, *Embedded Autonomy. States and Industrial Transformations*, Princeton: Princeton University Press.

Freels, John, 1970, *El sector industrial en la política nacional*, Buenos Aires: Eudeba.

García Heras, Raúl, 2008, *El Fondo Monetario Internacional y el Banco Mundial en la Argentina*, Buenos Aires: Lumiere,

Jáuregui, Aníbal, 2004, *Brasil-Argentina. Los empresarios industriales, 1920-1955*, Buenos Aires: Imago Mundi.

——, 2013, "Las organizaciones de los industriales argentinos en la era del desarrollo, 1955-1976", en *Revista de Sociología E Política*, vol. 21, n° 47.

Katz, Jorge y Kosacoff, Bernardo, 1989, *El proceso de industrialización en la Argentina: evolución, retroceso y prospectiva*, Buenos Aires: CEAL CEPAL.

Lewis, Paul, 1993, *La crisis del capitalismo argentino*, Buenos Aires: Fondo de Cultura Económica.

Maxfield, Sylvia y Schneider, Ben Ross, 1997, "Business, the State, and Economic Performance in Developing Countries", en Maxfield, Sylvia y Schneider, Ben Ross (eds.), *Business and the State in Developing Countries*, Ithaca y Londres: Cornell University Press

Niosi, Jorge, 1974, *Los empresarios y el estado argentino (1955-1969)*, Buenos Aires: Siglo XXI Editores.

O'Donnell, Guillermo, 1977, "Estado y alianzas en Argentina, 1956-1976", en *Desarrollo Económico*, vol. 16, n° 64.

Petrecolla, Alberto, 1989, "Unbalanced Development, 1958-1962" en Di Tella, Guido y Dornbusch, Rudiger (eds.), *The Political Economy of Argentina, 1946-83*, University of Pittsburgh Press.

Schneider, Ben Ross, 1999, "The *Desarrollista* State in Brazil and México", en Woo-Cummings, Meredith (ed.), *The Development State*, Ithaca y Londres: Cornell University Press.

——, 2004, *Business Politics and the State in Twentieth Century Latin America*, Cambridge: Cambridge University Press.

Schvarzer, Jorge, 1991, *Empresarios del pasado. La UIA*, Buenos Aires: Imago Mundi.

——, 1996, *La industria que supimos conseguir*, Buenos Aires: Planeta.

Seoane, María, 1998, *El burgués maldito*, Buenos Aires: Planeta.

Sikkink, Kathryn, 2009, *El proyecto desarrollista en Argentina y Brasil: Frondizi y Kubitschek*, Buenos Aires: Siglo XXI Editores.

Smulovitz, Catalina, 1988, *Oposición y gobierno: los años de Frondizi*, Buenos Aires: CEAL, 2 volúmenes.

Szusterman, Celia, 1998, *Frondizi. La política del desconcierto*, Buenos Aires: Emecé.

Vartiairnen, Juhana, 1999, "The Economics of Successful State Intervention in Industrial Transformation", en Woo-Cummings, Meredith (ed.), *The Development State*, Ithaca y Londres: Cornell University Press.

Wynia, Gary, 1978, *La Argentina de posguerra*, Buenos Aires: Editorial de Belgrano.

ANÍBAL JÁUREGUI

3 | Empresarios y política económica en la "Revolución Argentina" (1966-1973)

La cuestión de la vinculación entre empresario-Estado autoritario en la literatura y el caso argentino

Hace ya algunas décadas que la literatura puso en la mira el problema de la colaboración entre empresarios y Estado como un eje cardinal de los debates sobre las particularidades y los impulsos de los procesos de industrialización (Schneider, 1999). Indudablemente el marco legal y constitucional en que esa colaboración tiene lugar adquiere una particular relevancia. Aunque desde una mirada institucionalista podría objetarse que, en gobiernos de facto, inconstitucionales, basados en el poder militar, el crecimiento económico se encuentra limitado por la marca de la anormalidad y el peligro de la anomia, existen casos significativos que muestran que la vigencia de un sistema democrático no es requisito indispensable para el despegue. Los ejemplos de los países del sudeste asiático como Corea del Sur y el más reciente de China vienen a la mente cuando se piensa en esta hipótesis.

Peter Evans elaboró el concepto de "autonomía enraizada" a partir del análisis de los casos de Corea, Brasil e India (Evans, 1995). Dicho concepto introdujo la doble dimensión del problema al conjugar la capacidad de tomar decisiones en forma autónoma con el anclaje en las realidades del mundo de la empresa. Sin embargo, algunos autores, como Schvarzer, entienden que la relación podría no ser relevante toda vez que el actor estatal asume el rol dinámico. El paradigma de este modelo estaría representado por el caso coreano, en el que, según su lectura, el Estado no sólo asumió el papel de la burguesía, sino que creó fácticamente las empresas a través de distintos mecanismos de promoción (Schvarzer, 2009). Otra perspectiva fue adoptada por Alice Amsden (1997) para quien los empresarios del país asiático fueron incluidos dentro de una dinámica de estímulos y contrapartidas por parte del Estado. Esta autora diferencia los procesos de industrialización temprana con aquellos que lo hicieron tardíamente. En estos últimos tenían una significativa presencia los grupos multiimplantados, nacionales y extranjeros, lo que determinaba una diferente capacidad de acción en el mercado.

Algunos trabajos sobre los casos nacionales de industrialización en América Latina (Perú y Colombia) se acercan a las conclusiones de Amsden. Por ejemplo, Thorp (1991) encuentra en las relaciones de confianza mutua que se daban entre el Estado y los empresarios en Perú y Colombia las causas del éxito de las políticas públicas. Dentro de esta línea argumental, la industrialización brasileña durante el régimen militar de 1964 aporta un ejemplo relevante de un "milagro" en situación de gobierno autoritario. En este caso resulta evidente que una conducción jerárquica de la industrialización no impedía un claro protagonismo del empresariado (Leopoldi, 2000), que apuntalaba el crecimiento de la industria mediante el "corporativismo negociado", concepto tomado de P. Schmnitter y G. Lehmbruch, próximo a la autonomía enraizada de Evans, aunque enfatizando aquí la importancia de las organizaciones de la sociedad civil. Debe señalarse que esta modalidad corporativa se desenvolvió como una práctica de gran relevancia entre 1930 y la década de 1990, con notable continuidad. En este marco, el empresariado brasileño tuvo una clara actuación política, buscando incidir, pero también enfrentando a los gobiernos e incluso aplicando cierto poder de veto sobre las decisiones de los poderes del Estado.[1]

Los trabajos destinados a estudiar la "Revolución Argentina" abordaron de diversas maneras la conjunción entre el régimen y los hombres de negocio, cuya participación política pasaba a tener un valor adicional ante escenarios que se presumían altamente posibles

---

[1] Otras miradas sobre el problema consideran que la participación empresaria en los procesos contemporáneos de modernización industrial en detrimento del rol del Estado es el vector decisivo para romper estructuras determinadas por el atraso económico y por la concentración económica

en el corto plazo: el despegue económico en un contexto internacional favorable, el mejoramiento de los vínculos con los organismos multilaterales, el fortalecimiento de la industria y la infraestructura económica y la disminución de la conflictividad social.

Guillermo O'Donnell, autor del trabajo que a la larga sería el más influyente, consideraba que el régimen operaba en nombre de los intereses generales de un modelo de acumulación económica, en una defensa genérica del orden socioeconómico para lo que se proponía la "normalización" de la sociedad, restableciendo la dominación social y la conducción del proceso de trabajo en el microcosmos de la empresa, alteradas por las tensiones sociales y políticas de la década anterior. El Estado burocrático autoritario buscaba garantizar de esta forma la dominación ejercida a través de una estructura de clases subordinada a las fracciones superiores de una burguesía altamente oligopólica y transnacionalizada. De esta forma, su principal base social era la gran burguesía (O'Donnell, 1980). Contra lo que podría suponerse, el Estado no es el instrumento de los intereses de las clases dominantes sino un proyecto de la nueva élite política de reconstrucción del Estado, de sus instituciones y de la gobernabilidad, conectadas a la transformación y modernización del sistema capitalista.

Otros autores profundizaron el sesgo heterodoxo, partiendo de las condiciones de la estructura social argentina, y consideraron que los sectores concentrados determinaban la política económica y la orientación general del régimen. E. Basualdo, por ejemplo, estima que el gobierno militar afianzó una nueva ortodoxia que buscaba bloquear la posibilidad del retorno al distribucionismo que había caracterizado al peronismo en beneficio de esos sectores a los que define como "oligarquía diversificada" (Basualdo, 2006). Castellani (2010) entiende este gobierno militar como fruto de una alianza entre el sector paternalista de las Fuerzas Armadas y las diversas fracciones que componían la gran burguesía industrial. Para Notcheff, esta burguesía se había constituido en base a la obtención de cuasi rentas de privilegio garantizadas por las políticas estatales (Notcheff, 1994). Buena parte de esta literatura hace el eje en que los sectores dominantes establecieron con el régimen una relación privilegiada para fundar un orden que garantizara el proceso de inversión de los sectores más concentrados. De todas maneras en este enfoque se buscaba establecer las relaciones del Estado con los grupos económicos nacionales y extranjeros en los mercados gubernamentales. Los enfoques más ortodoxos por su parte subrayan que durante este régimen continuaron predominando políticas económicas nacionalistas y estatistas, que no contradecían la lógica prebendalista y que llevaron al fracaso final de los intentos de recuperación económica (Lewis, 1990). En cierto sentido la lectura ortodoxa y la heterodoxa coinciden en considerar como excesivo el nivel de proteccionismo, aunque la heterodoxia enfatiza que éste fue puesto al servicio del *establishment* y del crecimiento del peso de las empresas transnacionales. Parece evidente que hubo empresas y sectores que claramente resultaron favorecidas por las medidas del Estado, aunque esto no pueda ser considerado una particularidad argentina.

El abordaje que proponemos aquí tomará en cuenta en primer lugar la mirada específica de las organizaciones empresarias para pasar a ver su valoración de los intereses sectoriales y generales, su concepción del mundo y su relación con la evolución de la economía.

El punto de partida temporal será 1966 cuando se revelaron condiciones ideales para que el Estado adquiriera esa singular autonomía sin aislamiento que sugiriera Evans como condición para un fuerte crecimiento de la industria. En términos ideológicos y tomando los pronunciamientos públicos del bienio 1965-67, se advierten además sólidas coincidencias entre militares y empresarios en torno a algunos de los ítems fundamentales de un Estado Desarrollista: la valorización del orden, la tecnocracia y el cuestionamiento a la inestabilidad política, adjudicada a la democracia. También aparecían como tópicos del componente desarrollista del nuevo régimen, su vocación por la empresa privada, la defensa del sistema capitalista dentro del mundo bipolar de la Guerra Fría y el reconocimiento gubernamental de la necesidad de contener el creciente proceso inflacionario.

A estas coincidencias se sumaba el apoyo de buena parte del empresariado al proyecto de construcción de un orden sin el peronismo –que se revelaría imposible– sostenido en la idea de los "excesos" de ese movimiento, aunque más adelante se verá que no todo el empresariado acompañaba este sentido del nuevo régimen. Antes del golpe de Estado de junio de 1966 existían elementos para una coincidencia en la experiencia autoritaria.

Sin embargo, no podremos dar cuenta del panorama empresario en esta época sin definir precisamente la situación estatal vivida. La conducción jerárquica de la industrialización, que resumía las metas económicas del régimen, estaba dificultada por la escasa capacidad que tenía el Estado para imponer su agenda con prescindencia de otros actores decisivos de la sociedad argentina. Así, aunque estuvieran dadas las condiciones para el afianzamiento de un Estado Desarrollista (ED), no pudo consolidarse un consenso entre funcionarios públicos, militares, empresarios y principalmente trabajadores en torno a las instituciones y políticas desarrollistas (Perissinotto, 2014).

Todo este conjunto determinó que la relación entre las asociaciones empresarias y el gobierno discurriera por andariveles conflictivos que no diferían demasiado de lo que había sucedido en los años 1955-1966. Recién instalado el régimen, en el apogeo del poder de Juan Carlos Onganía surgieron resistencias hacia el carácter marcadamente personalista que asumía el nuevo gobierno. Pero además las tendencias corporativistas que se esbozaban eran recibidas con recelo por las entidades empresarias, ya que estaban impregnadas con la pasada experiencia peronista y con el peligro de un fortalecimiento de las direcciones sindicales.

Más allá de la pretensión centralista y jerárquica de Onganía, el régimen y las bases militares se dividieron entre "paternalistas", "nacionalistas" y "liberales", cuyas divergencias se hicieron sentir en los diversos momentos que pasó este gobierno. Mientras que el sector "liberal" tenía una mayor inclinación a colaborar con el sector privado, dudaba respecto a las bondades del corporativismo. El sector "paternalista" se inclinaba por las formas corporativas y recelaba del *laissez faire*.[2] El "nacionalista" adoptó una orientación de

---

[2] La Revista *Mercado*, que reflejaba el pensamiento del *establishment* económico, consideraba a este sector gubernamental como "antinegocios" y subrayaba que

tinte desarrollista favorable a la empresa nacional y a la movilización popular controlada. Por encima de estos planteos concretos, predominaba una contradicción entre las "dos almas de la Revolución Argentina", la liberal dominante en el terreno de la economía y la social cristiana en las políticas asistenciales. A pesar de ser dos, las "almas" compartían cuerpos comunes de creencias en torno a un desarrollismo autoritario y tecnocrático (Altamirano, 2001).

Las divisiones al interior del régimen fueron correspondidas con una dinámica del movimiento sindical, cuya influencia siguió siendo ostensible a pesar de las intervenciones a gremios y la represión a las huelgas y movilizaciones. Las tensiones entre "combativos" y "colaboracionistas" no impidieron que el sindicalismo asumiera la representación indirecta del peronismo proscrito. Este dato resignificaba la amenaza representada por el "sector popular activado" que, según O'Connell, había sido uno de los factores coadyuvantes del impulso empresario a la toma militar del poder. El mismo temor explica la desconfianza por las aproximaciones del gobierno con los sindicatos y con una eventual reformulación de la "política nacional popular" (acuerdo de militares y sindicatos) que el Ejército había impulsado en la década de 1940 (Portantiero, 1977).

Ante este panorama, a pesar de su vocación de participar con algunos hombres provenientes de sus filas en los cargos de gobierno, el empresariado careció de una base organizacional que le diera solidez y continuidad a la agregación de sus intereses. Esta carencia se convertía en un obstáculo para el desarrollo de relaciones basadas en la confianza mutua y en la colaboración colectiva más allá de los casos de empresas individuales, nacionales y extranjeras, que sacaban provecho de su acceso a los ámbitos privilegiados de acumulación a los que alude Castellani.

Las organizaciones empresarias se integraban a un sistema de representación de intereses que evidenciaba un alto nivel de heterogeneidad en los distintos actores, ya que adoptaba una

---

el mismo Onganía diferenciaba en función de su conducta moral, empresas buenas y malas más allá de su performance estrictamente económica. "Asamblea", *Mercado*, n° 30, febrero de 1970, p. 3.

modalidad para los industriales, otra para los rurales y otra para el movimiento obrero, lo cual dificultaba alcanzar acuerdos generales entre las partes.

La división de la representación empresaria entre la Confederación General Económica, dentro de la cual se encontraba la Confederación de la Industria, y la ACIEL, que contenía el grueso del sector empresario representado por la Unión Industrial Argentina, junto a la Sociedad Rural y otras entidades tradicionales como la Bolsa de Buenos Aires y la Cámara de Comercio es uno de los rasgos más marcados a nivel organizacional.[3] En la práctica se carecía de un interlocutor institucional del sector industrial que fuera reconocido por todos los que participaban de la actividad. La significación de esta división es contradictoria. Si bien en ciertos momentos contribuía a una menor capacidad de actuar sobre los gobernantes, en otros podía encarnar una forma de diversificar las vías de acceso al poder. Esto puede advertirse en las varias etapas de construcción de vínculos que sintetizamos a continuación (Jáuregui, 2013).

El breve reinado del "paternalismo" puro

El golpe de Estado que derrocó al presidente constitucional Arturo Illia e instaló al general Juan Carlos Onganía en la Casa Rosada fue aprobado por un amplio espectro de organizaciones de la sociedad civil, incluyendo las sindicales y las empresarias. Pero la nueva institucionalidad no tardó en mostrarse endeble. Como se sabe, el régimen incluía entre sus funcionarios a militares, pero excluía la participación orgánica de las Fuerzas Armadas, a pesar

---

[3] La encuesta que hiciera Freels (1970) entre octubre de 1967 y febrero de 1968 muestra que las diferencias entre los miembros de esas entidades eran más de matices que de definiciones absolutas. Claro está que esta afirmación no se aplica de igual modo a la dirigencia de ambas entidades que tenían motivaciones políticas y propiamente organizacionales específicas, aunque el sistema de representación empresaria se presenta como un conjunto en que cada parte cumple un cierto rol.

de ser la fuente en que se había originado su poder. Onganía se arrogó toda la responsabilidad política, reuniendo en sus manos los roles de Jefe del Estado y Jefe del Gobierno, desmantelando toda forma de mediación. Esperando la eliminación de factores de incertidumbre, el nuevo régimen buscó dar señales de confianza a través de una planificación global y sectorial. En ese mismo 1966 se confeccionó el Programa de Ordenamiento y Transformación y en 1967 se preparó el Plan Nacional de Desarrollo y Seguridad que sería lanzado en 1968. En ellos estaba previsto incrementar la eficiencia productiva a través de la reducción progresiva del nivel de protección industrial además del combate a las influencias monopólicas y a las interferencias especulativas. A pesar del rechazo de algunas organizaciones de trabajadores, el gobierno con acuerdo del *establishment* económico y social, apuntaba a despolitizar los sindicatos y a diversificar la representación quebrando el monopolio gremial en cada actividad.[4] Las relaciones laborales estarían reguladas por una determinación precisa de deberes y derechos de empresarios y trabajadores para impedir medidas de fuerza y mejorar la productividad.

La heterogeneidad de las fuerzas que pugnaban al interior del régimen pudo advertirse en el equipo recién llegado al Palacio de Hacienda. El designado en el Ministerio fue el empresario Jorge Salimei, uno de los propietarios de la firma alimenticia SASETRU e integrante de la Federación Económica de la Provincia de Buenos Aires de la CGE. Estaba acompañado por un equipo de liberales, demócratas cristianos y técnicos aparentemente apolíticos, muchos de ellos miembros de la Asociación Católica de Dirigentes de Empresa. La diversidad interna fue visible en la dificultad de encarar una política coherente. La parte mayoritaria de este equipo, cuya cabeza visible era Felipe Tami, presidente del Banco Central, se encaminaba hacia una estabilización gradual

---

[4] Discursos del Presidente de la Nación Tte. Gral. Juan Carlos Onganía y Documentos de la República Argentina, "Directiva para el Planeamiento y Desarrollo de la Acción del gobierno. Presidencia de la Nación Argentina", Buenos Aires, 1967, p. 18.

que evitara conflictos con los trabajadores y que en gran medida continuaba las estrategias que había seguido el gobierno constitucional depuesto. Pero estas medidas eran resistidas por otro sector capitaneado por el embajador en Washington, Álvaro Alsogaray, inclinado a una estabilización de tipo ortodoxa y recesiva. En síntesis, podría decirse que no se evidenciaba un rumbo muy claro en un contexto en que el desequilibrio macroeconómico seguía siendo un factor decisivo cuando la tasa de inflación alcanzaba a un 34% anualizado.

Una sensación de desconcierto que dominaba en los medios empresarios se alimentaba en la situación y en la indefinición del régimen acerca de cuál sería su forma de funcionamiento, cuáles serían sus mecanismos de negociación con las fuerzas sociales y cómo procesaría sus diferencias internas. Este contexto explicaba la disconformidad del sector empresario, con la parcial excepción de la CGE, con la política económica y social encabezada por Salimei, que dudaba sobre el curso a seguir. A esto se sumaban algunas medidas contemplativas respecto de las demandas sindicales; así en las discusiones de los convenios metalúrgico y textil en agosto de 1966 el gobierno habría favorecido según la UIA al sector laboral. Onganía se negaba a derogar las normas que regían la vida sindical y que, a pesar de las declaraciones en contrario, mantenían el sistema de sindicato único por actividad. Esta política estaba encaminada a disciplinar junto al gobierno a un sector gremial que permitiera dividir el peronismo que ya había dado muestras de sus fisuras en las tensiones entre Vandor y Perón.

En octubre de 1966 las diferencias en el equipo económico derivaron en la renuncia de Tami, aunque las tensiones internas persistieron. Hacia el mes de noviembre Onganía decidió encarar una postura más firme y para ello mostró una inclinación más clara hacia los sectores empresarios tradicionales. En un discurso del 8 de ese mes, defendió la ortodoxia económica y anunció la realización de obras de infraestructura. Por otra parte, sancionó una Ley de Arbitraje Obligatorio que limitaba el derecho de huelga sometiéndolo al control del gobierno. El diagnóstico en la prensa económica para fines de 1966 preveía un empeoramiento de las condiciones, con inflación creciente, como déficit y deterioro de balanza de pagos. La sensación de falta de rumbo contrariaba la proclama de junio de 1966. Los rumores de inquietud militar, insospechables tiempo atrás, se incrementaron. En el empresariado era posible advertir resistencia a la ideología corporativista que rodeaba a Onganía y a algunos funcionarios afines a ella (sobre todo eran cuestionadas las figuras del Ministro del Interior Martínez Paz, social católico perteneciente al Ateneo del Centenario, y el propio Salimei, a pesar de las depuraciones habidas en su equipo). Estos cuestionamientos eran generalizados aun en la CGE, ya que se tenía la sensación de que Salimei era poco idóneo.

No sorprende entonces que, para resolver esta situación, Onganía el 30 de diciembre decidiera reemplazar a los ministros impugnados por Guillermo Borda en Interior y por Adalberto Krieger Vasena en Economía, ratificando mediante un discurso la vigencia de los objetivos del "tiempo económico". Como símbolo de la mayor aproximación a los organismos multilaterales, el nuevo ministro se encontraba en Europa presidiendo la delegación argentina en la ronda Kennedy del GATT.

Los empresarios ante el Plan Krieger

La política económica implementada por Krieger Vasena resulta a la distancia un caso bastante singular de política económica tanto por su diseño como por sus resultados. A pesar de haber sido considerado por mucho tiempo como uno más de los planes que combinaban autoritarismo con políticas promercado, hoy pueden verse con más precisión sus elementos originales. Este plan surgió de la necesidad de cortar de raíz con la inflación y comenzar el proceso de "normalización". Es indudable que los antecedentes del nuevo ministro como ex funcionario del gobierno de Aramburu, asesor de grandes empresas, con relaciones con la Unión Industrial Argentina, y con llegada a los organismos económicos multilaterales, facilitaban la colaboración y el apoyo del sector empresario al programa que puso en marcha a comienzos de 1967. La idea de que era "uno de los nuestros" fue la que utiliza O'Donnell para afirmar su hipótesis de que con su llegada comenzaba la verdadera implantación del Estado Burocrático Autoritario.

Como una muestra de la importancia que le otorgaba a la participación privada en el diseño de las políticas macroeconómicas, Krieger defendía la participación de los empresarios del sector privado en la formulación de planes nacionales poco antes de asumir como ministro. Este procedimiento aseguraba evitar las dificultades de la proyección de resultados y de control de ejecución, que eran los problemas de lo que se denomina "planificación desde arriba".[5]

El Plan de Estabilización y Desarrollo anunciado en marzo de 1967 por el ministro Krieger Vasena adoptaba el esquema heterodoxo de estabilización al incluir la participación directa del sector empresario en la fijación del nivel de precios y en el sistema de actualización. Este acuerdo también significaba un cambio de enfoque en el tema y en ese punto la colaboración empresaria, sobre todo de las grandes firmas, era fundamental. El experimento era bastante novedoso en Argentina en la medida en que se presentaba como voluntario, a diferencia de otros modelos que habían sido de cumplimiento obligatorio. De esta forma se involucraba a los empresarios que demandaban el fin de la inflación en el programa de estabilización. Esta participación reflejaba la demanda de la UIA para sostener en el tiempo las políticas antiinflacionarias y para contener las demandas salariales y la presión sindical.[6] De momento, las organizaciones obreras dejaron de tener influencia en el mercado de trabajo, aunque la tentación de contar con su colaboración nunca fue abandonada.

El programa monetario incluyó una fuerte expansión de los medios de pago (28% en 1967) pero el equilibrio fiscal sólo fue alcanzado con retenciones a la exportación que tendrían una duración limitada. El mayor costo de la estabilización era pagado por

---

[5] Adalbert Krieger Vasena, "La planificación en la Argentina: fallas en la implementación", *Revista de Administración Pública*, año VI, 24, enero-marzo, 1967, pp. 7-12.

[6] "Política económica sin desalientos", *Revista de la Unión Industrial*, n° 35, octubre-diciembre, 1967, p. 52.

el sector rural que veía discriminados sus precios a partir de esas retenciones cuyo valor era aproximado al porcentaje de la devaluación. En consecuencia, parecía que el sector industrial era el que más se beneficiaba del plan ya que no perdía las ventajas de la protección, aun con la disminución de los aranceles, y contaba con una demanda interna sostenida tanto por el consumo como por el mayor ritmo de obras públicas. Éstas por su parte implicaban el desarrollo de infraestructura que incrementaba las posibilidades productivas a futuro. El problema principal del plan radicaba en que no tenía demasiado tiempo para conseguir bajar considerablemente la inflación y elevar la producción y la productividad.[7] Debía lograrse un aumento de las exportaciones, especialmente industriales, lo suficientemente grande como para evitar que el necesario aumento de las importaciones llevara nuevamente a un déficit de balanza de pagos.

El principal apoyo empresario a la gestión del ministro partió de ACIEL, aunque su extremada heterogeneidad y la carencia de un liderazgo claro, institucional o personal, le impidió tener una respuesta unificada ante las dificultades y presiones. La CGE, por su parte que tenía una conducción mucho más centralizada a pesar de su compleja organización, adoptó una actitud crítica, aunque moderada. En primer lugar, para esta entidad la estabilización era subprioritaria, frente al nivel de actividad y al empleo.

---

[7] La marcha del plan mereció diversas interpretaciones. Para De Pablo el equipo económico no tenía en el contexto internacional un amplio margen de maniobra. El tiempo de que disponía el gobierno para bajar la inflación era de un escaso año, "la inflación debía ser eliminada hacia fines de 1967 para hacer compatibles los objetivos del plan con las medidas adoptadas [...], una estrategia de corto plazo por un lado y la de entender que la inflación argentina era, en realidad, una inflación de costos". De Pablo sostiene que el gobierno para disminuir las expectativas inflacionarias, redujo el déficit fiscal, lo que hubiera sido compatible con el crecimiento del sector privado. Durante la primera etapa se preveía que el aumento de la demanda privada iba a ser originado en el sector externo debido al incremento de las exportaciones no tradicionales y al ingreso de capital externo. Las medidas implementadas provocaron un aumento del precio interno de las exportaciones no tradicionales, a las que no se les impuso retenciones como a las tradicionales. El incremento de las exportaciones no tradicionales fue menor al esperado por los diseñadores del plan y esto tuvo un efecto negativo sobre el nivel de actividad interna. (De Pablo, 1970, p. 49).

Y a pesar de que el crecimiento del PBI era significativo, la CGE consideraba que era insuficiente.[8] Detrás de estas manifestaciones, existía la preocupación por la incidencia creciente de las empresas transnacionales, que aprovecharon la devaluación del peso para expandirse. La CGE solicitaba la ampliación de créditos blandos del sistema financiero nacional para compensar los beneficios de las empresas transnacionales, que tenían un acceso fluido al mercado internacional de fondos, lo que marcaba una fuerte asimetría frente a la debilidad de los mercados de capitales nacionales.

Hacia 1968 el programa alcanza su punto culminante; a partir de ahí comenzaron a incrementarse los reclamos del sector rural, que se quejaba por el nivel de las retenciones a las ventas externas. El problema externo se agravaba por la insuficiencia de las exportaciones industriales. Desde el punto de vista oficial, la falta de vocación exportadora de algunas empresas multinacionales radicadas en el país contribuía a ese resultado y operaba negativamente sobre la balanza de pagos al restringir el sobrante de divisas proveniente de la balanza comercial (Braun, 1970). Cierta aversión al riesgo, que había sido un rasgo del sector privado argentino, continuaba en una época en que el Estado sostenía una fuerte inversión en infraestructura. Aunque podría suponerse una ausencia de reciprocidad en las relaciones entre Estado y empresarios, también el hecho podría explicarse por la falta de mecanismos de control efectivo que pudieran reducir los beneficios a las empresas en función de los aportes a la economía nacional. Por último, el cuadro de restricción externa que tenía la economía argentina imponía limitaciones a la importación de maquinarias, acotando la expansión productiva.

Estas dificultades en la marcha del plan hacían impensable que se pudiera sostener el nivel salarial vigente a pesar de la disminución del ritmo inflacionario. A comienzos de 1969, el *establishment* por boca de la prensa económica y los órganos de las asociaciones, expresaban dudas respecto de la marcha del gobierno. Para retomar

---

[8] "La situación económica", *Estudios sobre la economía argentina*, n° 4, febrero de 1969, p. 3.

la iniciativa en marzo, Onganía anunciaba en un acto oficial el comienzo del "tiempo social", algo que se justificaba por la marcha auspiciosa de la economía y el cumplimiento de los objetivos del "tiempo económico". Pero en los meses sucesivos se produjo una oleada de agitación social que concluyó en el "Cordobazo". En estas condiciones, el balance entre liberales y nacionalistas en el interior del régimen se alteró, en detrimento de los primeros. Los nacionalistas y en alguna medida los paternalistas aparecían más directamente involucrados en una operación de acercamiento con los sindicatos.

Estos acontecimientos, y las propias dudas de Onganía sobre la adecuación del plan económico a los objetivos políticos propuestos, llevaron al recambio de Krieger por José María Dagnino Pastore. El nuevo ocupante del Palacio de Hacienda tenía la dificultad de disponer de menores vínculos internos y externos; en la práctica intentó mantener el plan de su antecesor adaptándolo a las nuevas circunstancias políticas. Para ello buscó involucrar a los empresarios de la industria con las metas gubernamentales de alivio de la restricción externa y creó un organismo de promoción de exportaciones similar al que existía en Italia, algo que fue anunciado en una reunión del consejo directivo de la Unión Industrial Argentina.

El alza de precios acumulada desde marzo de 1967 llevó al gobierno a una nueva devaluación del peso nuevo, creado por la ley 18.188, pasando de 3,5 a 4. Se trataba de un salto del 14,28%, que ponía fin al más prolongado período de estabilidad cambiaria de la década. Sin embargo, buena parte del empresariado rechazó la medida porque significaba una fuerte elevación de su endeudamiento. Arnaldo Musich, economista de FIEL, sostenía que la devaluación premiaba a los que no habían invertido en el desarrollo del país, pero además significaba un golpe a la formación del mercado de capitales en el que estaba empeñado el gobierno. El sector no veía su necesidad cuando el nivel de demanda agregada era lo suficientemente alto como para permitir el funcionamiento de las empresas. Tanto Elbio Coelho, de la UIA, como Julio Broner, de la CGE, coincidieron en su opinión contraria.[9] Esta nueva

---

[9] "Devaluación: El futuro del peso argentino", *Mercado*, núm. 50, junio de 1970, p. 5.

depreciación del peso no tenía el margen de 1967, ya que generaba presiones inflacionarias que obligaron a retomar los denostados controles y al mismo tiempo continuaban las rebajas arancelarias.

En este contexto, los "nacionalistas" del régimen proponían avanzar en el diálogo con los sindicatos para aumentar la popularidad del gobierno ante el nuevo panorama. El cambio de las condiciones políticas se tradujo en una nueva reglamentación de las obras sociales, financiadas con un gravamen a las empresas. Para empeorar la reacción negativa de los empresarios, los directorios de las entidades asistenciales tendrían la participación gravitante de los sindicatos. La UIA, junto con la Bolsa, la Cámara de Comercio, la Sociedad Rural y la Cámara de Sociedades Anónimas, lo cuestionaban porque se presumía el otorgamiento de un gran poder a los sindicatos al obligar a los no afiliados a asociarse para obtener las prestaciones de las obras sociales.[10] Pero también se estimaba la imposición como un nuevo gravamen, un aspecto en el que coincidía la CGE.

Además, otras cuestiones preocupaban a los dirigentes empresarios. En primer lugar, estaba la tendencia a la compra de activos por parte de las empresas transnacionales. Aunque se aprobaban los resultados del Plan de 1967, las presiones inflacionarias hacían dudar acerca del futuro de la política cambiaria. También se cuestionaba –aunque esto podía ser un tópico de reclamo constante– la tendencia expansiva del gasto y el tamaño del componente empresario del Estado.[11]

El gremialismo empresario como actor político

Como se sabe, el secuestro y asesinato de Aramburu terminó de derrumbar a Onganía. La Junta de Comandantes designó como nuevo Presidente de la Nación al general Marcelo Levingston, cuyo gabinete trasuntaba el nuevo clima político que vivía el país.

---

[10] "Una gira equivocada y los aportes de la discordia", *Mercado*, n° 30, febrero de 1970, p. 14.
[11] "El ajustado balance de una gira prolongada", *Mercado*, n° 34, marzo de 1970, p. 13.

En este contexto, la estabilización, aunque no salía de la agenda, dejaba de estar al tope de la "normalización". En el lenguaje presidencial, ya no era "un fin en sí mismo", en gran medida porque la cuestión salarial y las relaciones con los trabajadores y sus organizaciones pasaban a tener una importancia central en la marcha del gobierno. La combinación de mejoras para los trabajadores, estímulo a la empresa nacional y continuidad de la política de obras públicas quedaba resumida en la consigna de profundización de la Revolución cuyos objetivos específicos quedaban deliberadamente indefinidos. En consonancia con esta política nacionalista y desarrollista sería nombrado Secretario de Trabajo Juan Luco, un ex legislador justicialista de origen vandorista con inestimables vínculos con la dirigencia obrera tradicional. También aparecía en el horizonte el objetivo del aumento salarial que sería acompañado con ciertas políticas de seducción del sindicalismo. Finalmente, el gobierno siguiendo la práctica de los últimos tiempos daría un aumento general de salarios, esta vez un 7%, el porcentaje que se consideraba era el retraso que había tenido la actualización salarial.

De todos modos, el ministro Moyano Llerena eligió mantener lo que podía de la política económica "liberal". Para ello buscó sostenerse en los apoyos empresarios de Krieger como FIEL, la SRA (que cuestionaba la política agraria del gobierno, aunque no tanto otros aspectos), la Bolsa de Comercio, UIA (comandada por Elbio Coelho), y ACIEL. La CGE, que no tuvo en principio una presencia, se movió rápido para contactar a la CGT y presentar un frente común.

Aldo Ferrer en el Ministerio de Obras Públicas primero y en el Ministerio de Economía más tarde (con la salida de Moyano en octubre) daba cuenta de un recambio generacional pero también de un enfoque más cepalino y una mayor cercanía con la CGE. Esta nueva política de "nacionalización" duraría lo que su mandato. Ella alentaba al crecimiento de las empresas nacionales tanto a través del sistema de "compre nacional" para la provisión de obras públicas, como en la distribución de los subsidios y apoyo crediticio dentro de un desarrollo nacionalmente integrado. La modificación de la línea que se quería implementar dentro del gobierno quedó ratificada en los Planes Nacionales de Desarrollo de 1970 y 1971 que fueron redactados por el Consejo Nacional de Desarrollo (CONADE), uno de los centros gubernamentales más identificados con la tecnocracia. Ambos documentos propiciaban un incremento de la intervención estatal, la mejora en la distribución del ingreso y el refuerzo de la autonomía nacional a través del apoyo a las empresas locales. La "argentinización" de la política económica que propone Ferrer fue recibida con frialdad por los sectores más tradicionales, aunque la industria podía ser la beneficiaria, en tanto buscaba poner un dique a la expansión de las empresas transnacionales sin limitar el crecimiento económico.[12]

La nueva ideología que se bajaba desde el gobierno modificaba el rol de las asociaciones empresarias. Aunque no se abandonarían completamente los viejos apoyos, el gobierno pasó a otorgar una mayor preponderancia a la CGE como parte de una estrategia que incluía los contactos con la dirigencia sindical y con los partidos políticos mayoritarios. En este escenario se daban las condiciones para que una personalidad con vocación política como Gelbard aprovechara sus contactos para ampliar la influencia de la asociación que encabezaba. Desde una posición más destacada, Gelbard buscó modificar el eje central de la política económica, de la estabilización macroeconómica al nivel de actividad cuya ralentización estaba asociada al consumo. Para la CGE, el aumento de las quiebras, la suba de los indicadores inflacionarios, el avance de la empresa extranjera y la mayor conflictividad eran fruto de esa orientación. Las dificultades externas que originaban no provenían de la incapacidad empresaria de incorporar tecnología sino de las condiciones internas y externas. Por ello la entidad consideraba positiva la ley de compre nacional que se aplicaría en las licitaciones de obras públicas. Por otra parte, también se manifestaba a favor de la planificación de largo plazo en la que debían participar los empresarios nacionales.[13] A partir de 1971,

---

[12] "Reseña económica", *Business Trends*, n° 288, agosto de 1971, p. 1.
[13] Galache de Toro, "Discurso en el Día de la Industria", *Mercado*, n° 62, septiembre de 1970, p. 57.

la CGE acompañaba en sordina la creciente movilización social. Su crítica a la política económica se radicaliza, más por cuestiones políticas que estrictamente económicas. Por su parte, la UIA, que abandonó a la decadente ACIEL, comenzó a aproximarse a los posicionamientos de la CGE.

El ascenso del frente CGE y CGT, que pugnaba por la conformación de un acuerdo económico y social para combatir la inflación, corrió en paralelo a la debilidad en que fue cayendo el gobierno. Un nuevo episodio de violencia política y social en Córdoba, el "Viborazo" tumbó a Levingston y llevó a Alejandro Agustín Lanusse a la presidencia, quien para sostener la gobernabilidad aceleró la salida política. Se hacía evidente que ya se trataba de un gobierno de transición, dificultado de hacer una política económica con propósitos trascendentes. Su objetivo se redujo a evitar una inflación descontrolada y esto quedó evidenciado en la supresión del Ministerio de Economía cuando Ferrer fue desplazado, volviendo a un esquema de Ministerio de Hacienda.

El sistema de control de precios que intentó implementar el gobierno debió relajarse ante la presión de la UIA, CAC y CGE para que se aceptaran modificaciones de precios cuando la industria demostrara quebrantos. Por otra parte, se reabrieron parcialmente las importaciones, apelando al sistema del permiso previo. Para ser autorizados a la importación de materias primas o maquinarias, los industriales debían demostrar que esos productos no tenían producción local. La inflación estaba llegando en ese momento a casi 40% anualizado.[14]

Algunos episodios internos, como el fracaso de la conjura nacionalista de Azul y Olavarría encabezada por el teniente coronel Baldrich, permitieron a Lanusse reforzar su apuesta por la apertura política y también afirmar la política económica limitada a la contención de los desequilibrios macroeconómicos hasta la convocatoria electoral. Uno de los instrumentos utilizados, en los que los objetivos económicos y políticos estaban entrelazados, fue el funcionamiento de un informal Consejo Económico y Social,

---

[14] "Los conflictos del llano", *Primera Plana*, n° 454, octubre de 1971, p. 17.

solicitado tanto por la CGE como por la CGT, aunque estas organizaciones nunca se comprometieron abiertamente con la política económica.[15] Ante el avance de la CGE, la UIA adoptó una postura mucho más moderada. Se desafilió de ACIEL y asumió en sus declaraciones públicas posicionamientos más cercanos tanto a su competidora cegeísta como a la central obrera.[16]

Un régimen asociado y al mismo tiempo en conflicto con los empresarios

Los estudios comparados de industrialización de los países latinoamericanos marcan que en los casos más exitosos –México y Brasil– existía una élite estatal comprometida con las políticas industrializadoras que se tradujeron en la instrumentación de instituciones públicas capaces de impulsar las políticas desarrollistas (Perissinotto, Costa, Nunes, 2009). Como hemos anticipado, estas instituciones de autonomía enraizada en general no arraigaron en Argentina, aunque no faltaron algunas entidades importantes como el CONADE, el CFI y diversos consejos provinciales. Había en su lugar mediaciones institucionales esporádicas adaptadas a cada coyuntura política pero ineptas para avanzar en las políticas de desarrollo y en los planes sectoriales. Como se ha visto, esta carencia provenía de la propia constitución del régimen, que decidió eliminar las instituciones políticas y la "política" en general como modo de regir la vida pública.

Lo antedicho no significa que los vínculos fueron inexistentes. Por el contrario, tuvieron algunas modalidades concretas: 1) las relaciones formales con las asociaciones que se explicitaban en acuerdos sobre las políticas económicas; 2) la provisión al Estado a través de lo que Castellani ha denominado ámbitos privilegiados de acumulación que operaban en áreas como la obra pública y el petróleo (Castellani, 2009); 3) los arreglos particulares que se tejían con algunas empresas para asistencia crediticia o fiscal, cuyo caso más notable sería SIAM.[17]

Junto a esto que fue impulsado por los niveles medios y bajos del gobierno, existía en la cúpula una tendencia a la condena moral, ligada a la influencia que el nacionalismo y el catolicismo tenía en sus miembros. Prueba de ella son varios testimonios, valiosos por la relevancia de sus autores. Por empezar, el propio Onganía haría en 1970 una declaración en la que públicamente censuraba la conducta de algunos sectores empresarios que, al no ser identificados, posibilitaba la generalización. Sostuvo allí que la "suya" era una Revolución de la organización a la que al menos una parte del empresariado no se sumaba sino por el contrario operaba sobre el poder político, a través de mediaciones y lobbies.[18] Para el general, ciertas personas allegadas a él, a las que denomina "pseudo asesores", y que frecuentaban su despacho, respondían a intereses particulares. Daba a entender que esos intereses pertenecían a los de grandes empresas que buscaban inclinar decisiones gubernamentales en favor de ellas en contra del objetivo buscado de afianzar la alianza entre la clase media y la industria, pequeña, mediana y grande. Aunque puede entenderse que estas afirmaciones de Onganía estaban influidas por la caída de su imagen pública, el diálogo trasuntaba una mirada negativa sobre los empresarios, sólo movidos por su interés particular. Ciertas concesiones a los sindicatos no fueron bien recibidas por el mundo empresario. Onganía en la Conferencia de Gobernadores

[17] Según cuenta Roberto Roth, Secretario Técnico durante el período de Onganía en la Casa Rosada, la primera disidencia interna de consideración surgió a raíz de SIAM. Esta empresa entraba en el "clásico camino hacia la ruina" con una deuda sideral. Salimei proyectó una ley que consolidaba la deuda de esta empresa y otras doscientas empresas de capital nacional. La discusión se centró en su reglamentación. Onganía perseguía que fuera la última norma de este tipo lo que equivalía a una moratoria sobre deudas fiscales, sociales y bancarias. El ministerio perseguía que cada empresa fuera considerada en forma separada por el ministerio con criterios flexibles. Krieger había opinado en contra de esta ley, pero una vez que llegó al ministerio se volvió a favor (Roth, 1980; Rougier y Schvarzer, 2006).

[18] Manrique, "Una conversación de cuatro horas con el presidente", *La Nación*, 7 de febrero de 1970, p. 6

sostuvo que la alternativa a las correcciones que se proponían era la violencia con la cual grupos revolucionarios podrían intentar corregir la situación social. Allí Onganía advertía a los empresarios sobre la necesidad de una administración racional de sus empresas, que incluía la disminución de los márgenes de utilidad ante la imposibilidad práctica de aumentar los precios. Se venían tiempos de austeridad para las empresas, con un manejo cuidadoso de los costos y una disminución de los beneficios para poder atender las demandas de los asalariados.

Estas confesiones mostraban que la conquista del orden que había prometido Onganía en junio de 1966 no había conseguido encuadrar al poder económico como esperaba. Poco después de haber asumido la presidencia, Levingston replicó en un argumento similar en torno a la necesidad de moralización de las actividades económicas que haría en su discurso de agosto de 1970. Allí aludió específicamente al vaciamiento de empresas que encadenó en forma más general a la conducta que podía verse en ciertos empresarios. "El desmedido afán de lucro, la carencia de normas de conducta, la falta de solidaridad social y de sentido nacional que ha desarrollado y perfeccionado las formas de la delincuencia económica".[19] Es decir que determinadas conductas "normales" fueron el punto de partida de la delincuencia económica.

Otro testimonio, más tardío, que iba en esta dirección fue la del Secretario Técnico de Onganía, Roberto Roth que confirma el pensamiento del que fuera su superior. El autor destaca diferencias de criterios entre Onganía y Krieger en torno al tratamiento de las empresas en problemas. Mientras que el ministro pretendía apelar al método caso por caso, Onganía quería un tratamiento igualitario sin injerencia de los funcionarios. Pero el ministro no estaba solo, contaba con el apoyo de una burocracia dispuesta a atender estos reclamos y "una clase porteña" con poder. "Doscientas empresas –las calculadas beneficiarias– tendrían que recurrir a estudios jurídicos y contables, vestir sus directorios con gente de

---

[19] "La situación económica. El discurso del presidente de la Nación", *Economic Survey*, n° 1248, 25 de agosto de 1970, p.1.

pro y elegir representantes adecuados para una negociación delicada cuyo resultado se cotizaba a buen precio". Específicamente acusaba a los "liberales" del gobierno de ayudar a buena cantidad de empresas. "Onganía quería resolver un problema. El equipo económico quería realimentar su base política y consolidar apoyos. Los objetivos no eran excluyentes pero la concordancia no era exacta. Ministros y secretarios no podían oponerse formalmente a la intención presidencial de racionalizar la administración, pero podían impedir que se cumpliera, que fue lo que aconteció en el sector económico" (Roth, 1980). Éste confirmaba la visión de Onganía en cuanto a la autonomía que debía tener el Estado frente a los grupos económicos. Si nos atenemos al testimonio de Roth las diferencias de Onganía con Krieger parecían haber comenzado al inicio de la gestión del ministro, en el mejor momento de la "Revolución Argentina".

Este estado de ánimo reinante era percibido claramente por el empresariado y por la prensa económica. La revista *Mercado* señalaba críticamente la distinción moral que hacían los funcionarios entre empresas buenas y malas, entre intereses lícitos y espurios, e incluso delictivos. La corrupción, a lo que se apelaba en los ambientes gubernamentales para explicar la deserción del empresariado de su función social, "por lo que sabemos –y somos especialistas en información empresaria– no es mayor en nuestro país que en otros de parecido nivel de desarrollo".[20]

Actitudes empresariales frente al régimen

Las quejas de los gobernantes en relación a la reticencia de los empresarios se apoyaban en el dato de que a pesar de que la macroeconomía había mejorado significativamente la tasa de inversión se mantuvo constante. Moyano Llerena señalaba para explicar esa reticencia inversora a los cambios en la conducción de las empresas que las dejaban en manos de gerentes profesionales,

---

[20] "Al lector", *Mercado*, n° 31, febrero de 1970, p.5.

a los que denomina *semidueños*, que no arriesgaban nada y cuyo modelo de gestión no contemplaba los intereses globales de las firmas. Proponía una reforma legal de la empresa que le devolviera el manejo a los dueños y evitara el vaciamiento.[21]

Este tema nos remite al concepto de comportamiento empresario que utilizara Dardo Cúneo (1967) en su obra clásica. Este concepto alude tanto a las conductas individuales como a las colectivas. En ese momento, ambas reflejaban los cambios estructurales de sectores, ramas y firmas económicas. Nos referimos a las ramas modernas de la industria como la petroquímica, la metalmecánica y la de bienes de capital, con fuerte presencia en todas ellas del capital extranjero. Pero también a otras como las del papel y la celulosa, donde gravitaba Celulosa Argentina de fuerte dinamismo y que podía considerarse como abanderada de un capitalismo nacional. Desde algunos centros de opinión se consideraba que el surgimiento de la *burguesía gerencial* estaba ligada a una modificación de la estructura de las firmas y al nuevo liderazgo económico por parte de las empresas transnacionales que dominaban casi todas las ramas industriales y que creaba con ellas una barrera no siempre fácil de superar para el empresariado local (Sourrouille, 1978).

Resulta claro que este nuevo empresariado fue más abierto a la innovación tecnológica, aun aquél en que predominaba la organización familiar. Los cambios en la conducción empresaria a partir del predominio creciente de los gerentes profesionales en el manejo de las empresas actuaban en el sentido de afianzar los criterios tecnocráticos y meritocráticos. Alpargatas por ejemplo enviaba a empleados jerárquicos jóvenes a instituciones del exterior. Fue el caso de Roberto Oxenford que siendo directivo fue a estudiar a Harvard en 1968 y que llegó a ocupar el cargo de vicepresidente y director delegado. Oxenford había comenzado su carrera en el área productiva. Ahora incentivaba la investigación en la empresa.[22]

---

[21] Carlos Moyano Llerena, "Hacia un manejo activo de la empresa", *Mercado*, n° 62, 17 de septiembre de 1970, p. 56.

[22] Borrini, "Quiénes son los nuevos hombres de Alpargatas", *Mercado* n° 43, mayo de 1970, pp. 72-73.

Esta nueva configuración afianzó un sentimiento dominante en el empresariado de alienación ante la esfera política. La sensación de alienación –que podría describirse como la percepción de que la vida política institucional se constituía en una traba para el crecimiento empresario– no obstaba para que se entendiera que la marcha de los negocios estaba en gran medida determinada, influida y dependiente del poder político y de la situación institucional.

Las actitudes adoptadas por el sector empresario, tanto los empresarios propiamente dichos como sus asociaciones, frente al gobierno militar estuvieron precedidas y determinadas por las ideas sobre la política y las condiciones institucionales argentinas previas al golpe militar de junio de 1966. Como se ha dicho, predominaba la idea de que la economía argentina tenía muchas posibilidades de desenvolverse perfectamente si no fuera por la interferencia de factores ajenos. En una imagen de la sociedad idealizada y simplificada, primaba lo económico sobre lo político y lo social. "La economía genera hechos, la sociología elabora supuestos", había sostenido el presidente de la UIA Blanco (citado por Freels, 1970). El tópico de la política como interferencia sobre la marcha normal de la economía alentaba en contrapartida la aspiración a la configuración del empresariado como un factor de poder sin definición orgánica. Esta configuración era obligatoria ya que los empresarios no podían ser indiferentes.

La valorización poco positiva de la política y los partidos también se advertía en la CGE, aunque era menos enfática. Por su origen peronista, la CGE resultó renuente a involucrarse de forma abierta en política durante los gobiernos constitucionales previos a 1966. Por una vía diferente la CGE llegaba al mismo punto que la UIA en cuanto a defender la tesis de que el empresariado era un factor de poder extrainstitucional.

Estas definiciones al nivel de dirigencia eran corroboradas por afiliados a ambas entidades que consideraban que los tradicionales canales de representatividad política no eran adecuados para sus necesidades, de acuerdo a la encuesta que hiciera Freels en 1967 y 1968 a los empresarios argentinos, afiliados a la UIA y a la Confederación de la Industria (CI/CGE).[23] Si bien todavía los empresarios se manifestaban opuestos a los políticos y los partidos (ninguno de los entrevistados solicitaba su legalización), seguían considerando que la burocracia y el Estado, la mala planificación y la inflación eran problemas de magnitud. Los empresarios de la CI/CGE favorecían en términos generales el regreso más temprano de los partidos políticos a diferencia de los de la UIA. Por otra parte, también se evidencia un rechazo al corporativismo que aparecía ligado a la pérdida de la autonomía de las asociaciones representativas, tal como había sido vivido en el régimen peronista. Pero, aun así, la mitad de los entrevistados se manifestaban a favor de las instituciones democráticas recientemente destruidas por el golpe de 1966. En la encuesta se consideraba que el sector industrial había sido más influyente en la presidencia de Frondizi que en la de Onganía, aunque ésta figuraba en segundo lugar. Y entre los afiliados a la Confederación sólo una parte consideró que fueron influyentes los industriales bajo el gobierno de Perón. El único punto de consenso fue que la presidencia de Illia resultó el momento de menor incidencia del sector en la política nacional.

Respecto de la intervención estatal en la economía, más de la mitad consideran que contribuía a la expansión de la actividad económica, el 72% de afiliados a la UIA y el 86% de afiliados a la CI/CGE (Freels, 1970). La amplia mayoría defendía la expansión de las obras públicas. Si bien las políticas económicas del gobierno de Onganía eran defendidas, persistían las dudas sobre el éxito de las medidas que procuraban la estabilización de los precios. Un aspecto que generaba dudas era la política cambiaria: el 58% de los entrevistados creía en una nueva devaluación a corto plazo (se confirmó en la gestión de Dagnino Pastore). En cuanto a las opiniones de los empresarios sobre los sindicatos se

---

[23] Las muestras de Freels eran una continuación de las que hicieron Eduardo Zalduendo en junio de 1962 y el ingeniero Juan Carlos Marín en 1965. Todas ellas estaban en sintonía con la utilización del método "encuesta" para las proyecciones económicas que ponía por entonces en marcha el CONADE.

muestran sorprendentemente de acuerdo en cuanto a que estaban profundamente politizados.

Entre los afiliados a una y otra entidad se advertían algunas diferencias en torno a temas específicos. La posición de la CGE respecto de la reforma agraria, por ejemplo, le impedía acordar con otras asociaciones empresarias, específicamente la SRA y las demás organizaciones tradicionales del agro argentino. Pero no había una oposición de los empresarios afiliados a la CI/CGE al capital extranjero, coincidiendo en esto con los afiliados a la UIA: se consideraba que la función del inversor extranjero resultaba trascendente, aunque debía ser regulada y controlada por el Estado para proteger los intereses nacionales. Su oposición estaba concentrada en los procesos de fortalecimiento del rol de las grandes empresas y su penetración en el mercado (Freels, 1970).

Haciendo un balance de la encuesta, Freels sacaba la conclusión en 1968 de que había entre los empresarios cierta confianza en Onganía para la resolución de los difíciles problemas a resolver en el corto plazo. Sin embargo, el autor estimaba en ese momento que era probable que los empresarios pudieran "darle la espalda" al régimen autoritario.

Si nos referimos específicamente a las organizaciones más que a los empresarios individuales, sus declaraciones políticas fueron cambiando de tenor conforme evolucionaba la situación política en el sentido del progresivo deterioro del régimen. Pero aun en los momentos de auge se podía notar cierto sentido crítico que fue aumentando con el tiempo. Una conclusión de este tipo puede extraerse de las manifestaciones públicas de la UIA respecto del Plan de 1967. En su Memoria de 1967/8 juzgaba que el principal mérito del plan se encontraba en los resultados del sector externo y en la estabilización de precios. Pero cuestionaba la política cambiaria, al sostener que el principal beneficiario de ella era el propio Estado y no el sector productivo, y la política monetaria a la que responsabilizaba por los aumentos de costos. Sus conclusiones no eran diferentes de las que hacía por entonces la CGE: no era factible alcanzar la estabilidad a costa del crecimiento económico. Cuestionaba la baja de aranceles a la importación y el encarecimiento de los servicios públicos que elevaba los costos empresarios. Por último, la empresa nacional no tenía acceso al mercado de capitales porque a la Bolsa no iban los ahorros por la inflación.

En lo social, se mostraba satisfecha con la política laboral. Apoyaba la intención de disciplinar a los sindicatos y a la CGT, y la nueva jurisprudencia en esta materia: por ejemplo, la legalización de la rotatividad de los trabajadores y la anulación de la ley de despidos que había sancionado el gobierno de Illia. A pesar de esto, continuaba el reclamo de la despolitización de los sindicatos, el aliento a las medidas de mejora de la productividad en la fábrica y la eliminación de situaciones calificadas de privilegio laboral que elevaba los costos.[24]

Tanto la UIA como la CGE criticaban al Estado en sus políticas antiinflacionarias, fiscal y crediticia, aunque la UIA le otorgaba mucha más importancia a la estabilización. La CGE remarcaba en sus declaraciones públicas la necesidad de las políticas estatales de fomento regional, sectorial y de las PYMES. En 1970, Gelbard sintetizaba la filosofía de la CGE en el apoyo a las políticas de descentralización económica, el acuerdo social entre empresarios y trabajadores, la defensa de la empresa nacional, y el incremento del volumen de préstamos y subsidios para favorecer la inversión productiva.[25]

La impresión general podría resumirse en que a través de sus manifestaciones asociativas, como en las encuestas de Freels, se reflejan unas imágenes de reconocimiento parcial, aunque nunca se manifestó completamente conforme con la marcha del gobierno ni con el nivel de gravitación empresaria.

Palabras finales

Hemos recorrido la trayectoria vincular de empresarios y Estado en la etapa de la historia argentina de la modernización autoritaria,

---

[24] Unión Industrial Argentina, *Memoria 1967-1968*, Buenos Aires, 1968, pp. 29-37.
[25] José Ber Gelbard, *Las organizaciones empresarias en la evolución argentina*, Buenos Aires, Confederación General Económica, 1971.

una trayectoria que aunó contramarchas y contradicciones. Los empresarios intentaron atravesar esta etapa haciendo valer al máximo su condición de "factores de poder", desde el mismo junio de 1966 cuando se impuso la acción directa para conducir los intereses corporativos después de haber dado apoyo y legitimidad al golpe. Predominaba la sensación de que estaban dadas las condiciones para una más intensa etapa de colaboración mutua entre asociaciones de interés y el Estado. A pesar del apoyo al programa económico de 1967, con la integración de algunas figuras del mundo empresario al gobierno y la participación en los acuerdos de precios, no hubo una participación directa en la política económica, específicamente en lo que se refería al crédito, los temas fiscales o la regulación cambiaria.

El "tiempo social", por su parte, no llegó en la forma ordenada y controlada que se había previsto cuando fue diseñado el programa general de gobierno. A la alta conflictividad social, estimulada por la inflación y la lucha sindical, se sumó la violencia política, que le agregó una cuota adicional de particular dramatismo al cuadro de inestabilidad dominante. Al acelerarse el "tiempo político" la participación de las asociaciones empresarias se modificó completamente. Por una parte, se evidenciaba un ascenso de la CGE, una decadencia de ACIEL y posteriormente la unificación del movimiento empresario, incluida la UIA, la FAA y la SRA, en la central conducida por la sagacidad política de José Ber Gelbard, que supo tender puentes hacia todos los protagonistas de la vida política y social.

A pesar de estas situaciones cambiantes de acceso de las asociaciones empresarias al poder gubernamental, la dirección empresaria se mostró crítica hacia la dirección de la política nacional. La constatación de este hecho no puede soslayar los lobbies empresarios que fueran tan críticamente señaladas por los testimonios ofrecidos por Onganía y su secretario Roberto Roth ni la existencia de acuerdos sectoriales en la obra pública y en el área energética.

Como reflexión final, es evidente que el régimen estuvo lejos de haber alcanzado los objetivos de orden y tecnocracia que había propuesto cuando se entronizó en el golpe de Estado de junio de 1966. Un indicador claro de esto fue el índice de inflación –uno de los principales problemas a resolver por la "normalización"– que pasó de 31,9% en 1966 a 60,3% en 1973. Pero otro dato revelador consistía en la dificultad de acordar con el empresariado una forma de colaboración. Como hemos visto esta dificultad estuvo en el corazón mismo del régimen que dudaba acerca del "patriotismo" y el desinterés del sector empresario al tiempo que esperaba en algún momento retomar una relación especial con el movimiento obrero. El empresariado, más allá de algunas ramas y firmas particulares, tampoco se identificaba con el régimen en forma colectiva, ante el clima de crisis permanente que comenzaría a emerger a partir del "Cordobazo".

Referencias bibliográficas

Altamirano, Carlos, 2001, *Bajo el signo de las masas (1943-1973)*, Buenos Aires: Ariel.

Amsden, Alice, 1997, "South Korea Entrepresing Groups and Enterpreneurial Government" en A. Chandler, F. Amatori y T. Hikino, *Big Bussines and the Wealth of the Nations*, Cambridge: Cambridge University Press.

Basualdo, Eduardo, 2006, *Ensayos sobre historia económica argentina*, Buenos Aires: FLACSO/Siglo XXI.

Braun, Oscar, 1970, *Desarrollo del capital monopolista en la Argentina*, Buenos Aires: Tiempo Contemporáneo.

Castellani, Ana, 2006, "La relación entre intervención estatal y comportamiento empresario. Herramientas conceptuales para pensar las restricciones al desarrollo en el caso argentino", I Jornadas de Estudios Sociales de la Economía, organizadas por el IDAES y el Museu Nacional de Rio de Janeiro.

—————, 2009, "La difusión de ámbitos privilegiados de acumulación en la Argentina. Un análisis del ámbito conformado en torno a la implementación del Plan Vial Trienal (1968-1970)", Documento de Trabajo n° 6, IDAES, Universidad de San Martín.

—————, 2010, "La intervención económica estatal entre 1966 y 1973. Orientación, calidad y resultados", XII Jornadas de

Historia Económica, Río Cuarto: Asociación Argentina de Historia Económica.

Cúneo, Dardo, 1967, *Comportamiento y crisis de la clase empresaria argentina*, Buenos Aires: Pleamar.

De Pablo, Juan Carlos, 1970, *Política antiinflacionaria en la Argentina (1967-1970)*, Buenos Aires: Amorrortu.

Evans, Peter, 1995, *Embedded Autonomy: States and Industrial Transformation*, Princeton: Princeton University Press.

Freels, John, 1970, *El sector industrial y la política argentina*, Buenos Aires: Eudeba.

Jáuregui, Aníbal, 2013, "Las organizaciones de los industriales argentinos en la 'era del desarrollo' (1955-1976)", en *Revista de Sociologia e Política*, n° 9.

Leopoldi, 2000, *Política e interesses: as associações industriais, a política econômica e o Estado na industrialização brasileira*, São Paulo: Paz e Terra.

Lewis, Paul, 1990, *La crisis del capitalismo argentino*, Buenos Aires: FCE.

Notcheff, Hugo, 1994, "Los senderos perdidos del desarrollo. Elite económica y restricción al desarrollo en la Argentina", en Azpiazu, D. y Notcheff, H., *El desarrollo ausente. Restricciones al desarrollo, neoconservadurismo y elite económica en la Argentina. Ensayos de Economía Política*, Buenos Aries.

O'Donnell, Guillermo, 1978, *Notas para el estudio de la burguesía local con especial referencia con el capital trasnacional y el aparato estatal*, Buenos Aires, Serie Estudios Sociales n° 12, Instituto Latinoamericano de Estudios Trasnacionales.

———, 1980, *El Estado burocrático autoritario*, Buenos Aires, Editorial de Belgrano

Perissinotto, Renatto, 2014, "O conceito de Estado Desenvolvimentista e sua utilidade para os casos brasileiro e argentino", en *Revista de Sociologia e Política*, n° 52.

Perissinotto, Renatto, Costa, Paulo, Nunes, W. y otros, 2014, "Elites estatais e industrializacao: ensaio de comparação entre Brasil, Argentina e México", en *Revista de Economia Política*, vol. 34, n° 3.

Portantiero, Juan Carlos, 1977, "Economía y política en la crisis argentina: 1958-1973", en *Revista Mexicana de Sociología*, vol. 39, n° 2.

Roth, Roberto, 1980, *Los años de Onganía*, Buenos Aires: La Campana.

Rougier, Marcelo y Schvarzer, Jorge, 2006, *Las grandes empresas no mueren de pie: El (o)caso de SIAM*, Buenos Aires: Norma.

Schneider, Benn Ross, 1999, "Las relaciones entre el Estado y las empresas y sus consecuencias para el desarrollo. Una revisión de la literatura reciente", en *Desarrollo Económico*, n° 153.

Schvarzer, Jorge, 2009, "De nuevo sobre la burguesía nacional. Una nota con breves fines didácticos", en A. Müller (coord.), *Industria, Desarrollo, Historia. Ensayos en homenaje a Jorge Schvarzer*, Buenos Aires: CESPA/FCE/UBA.

Sourrouille, Juan Vital, 1978, *La presencia y el comportamiento de las empresas extranjeras en el sector industrial argentino*, Buenos Aires: CEDES.

Thorp, Rosemary, 1991, *Economic Management and Economic Development in Peru and Colombia*, Pittsburgh: Pitstburgh Univeristy Press.

ANDREA LLUCH Y NORMA LANCIOTTI

4 | Las empresas extranjeras en la industria argentina (1950-1976)

Importantes cambios en la estructura productiva e industrial argentina, asociados a la expansión sostenida del mercado interno durante las décadas previas al estallido de la guerra mundial, se consolidaron durante la segunda posguerra. En la década del veinte, las oportunidades de negocios ofrecidas por los mercados internos protegidos de América Latina se habían multiplicado y atrajeron la instalación de numerosas filiales comerciales de grandes firmas industriales. Empresas importadoras de maquinarias agrícolas y motores, firmas químicas y farmacéuticas abrieron sus oficinas comerciales en Argentina en la primera posguerra, y pocos años más tarde, comenzaron a producir, empaquetar o ensamblar sus productos en el país.

En los años cuarenta, con la retirada de las empresas británicas de servicios públicos y transportes, y el final del ciclo de inversión externa asociado a infraestructura primaria y recursos naturales, la participación de las empresas manufactureras en el stock de inversión externa directa total se volvió relevante. El acuerdo de Bretton Woods primero y la reactivación del mercado internacional de capitales a fines de los años cincuenta, dieron el impulso final al ingreso de empresas multinacionales –en su mayoría, de origen norteamericano–, en las ramas más dinámicas de la industria, pero también en otro amplio conjunto de actividades comerciales y de servicios.

La consolidación de las empresas de origen extranjero en el sector industrial fue impulsada por la puesta en marcha de políticas locales para la promoción de la inversión externa orientadas a resolver los problemas de las crisis recurrentes de balanza de pagos. En 1953, la sanción de la Ley de Inversión Extranjera procuró incentivar la radicación de firmas en la producción de bienes industriales que permitieran suplantar insumos importados y ahorrar divisas. La entrada de multinacionales, que había sido un proceso continuado y consistente durante el período de entreguerras, fue además favorecida por la sanción del decreto 14630/44 que otorgaba incentivos a un amplio rango de industrias declaradas de interés nacional.[1] Este régimen de promoción industrial contribuyó a fortalecer la estrategia de las multinacionales extranjeras de instalar filiales industriales en países receptores y aumentar de ese modo su participación en la economía global. Luego de finalizada la guerra, la reestructuración del sistema monetario y financiero internacional fue la condición necesaria para que se reactivaran los flujos de capitales desde los países centrales a las economías latinoamericanas, dando origen a un nuevo ciclo de inversión externa directa en la región.

El estudio de las empresas extranjeras en Argentina hasta el momento ha estado dominado por los análisis basados en los datos sobre inversión externa en términos de flujos y stock de capital publicados por distintos organismos (Comisión Económica para América Latina y el Caribe [CEPAL], Fundación de Investigaciones Económicas Latinoamericanas [FIEL] y Ministerio de Economía de la Nación Argentina). A partir de esta información, se han sistematizado las tendencias generales de entrada y salida de capital extranjero en Argentina durante el siglo veinte y se han identificado un primer ciclo de auge de la inversión extranjera directa (IED) durante la primera economía global y uno segundo iniciado a fines de la década de 1950, que se extendió hasta el comienzo de la década de 1970.

Este capítulo se basa en una propuesta metodológica novedosa que enriquece, confirma y contrasta estos enfoques generales al identificar no sólo las transformaciones en la procedencia, perfil y actividades sino también las formas de organización y estrategias de entrada de las principales firmas extranjeras industriales en Argentina. La identificación nominal de las empresas extranjeras radicadas en Argentina se realizó a partir del procesamiento de datos sobre las empresas extranjeras registradas en las guías de

---

[1] Sobre el régimen de promoción de industrias de interés nacional, ver Belini (2014).

sociedades anónimas y en otras fuentes complementarias, información sistematizada en una nueva base de datos denominada "Base de Datos de Empresas Extranjeras en Argentina / Foreign Companies in Argentina Database BDEEA/FCAD–PICT 2010/0501".[2]

Desde la perspectiva de la historia de empresas, la comparación entre los ciclos de IED asociados a las fases de globalización (1880c-1930) y desglobalización (1930-1970c) en Argentina, ofrece contrastes significativos. En primer lugar, los destinos prioritarios de inversión se articularon con las actividades más dinámicas en las respectivas coyunturas: infraestructura, transporte y servicios para el comercio de exportación durante el primer ciclo de entrada de firmas extranjeras; industrias orientadas al mercado interno durante el segundo ciclo.

Este capítulo analizará las principales características de la inserción de las empresas extranjeras en el sector industrial argentino, en el período de industrialización dirigida por el Estado.[3] Para ello, primero revisaremos las condiciones internacionales que favorecieron la expansión de las multinacionales extranjeras en la región en las décadas de 1950 y 1960; luego reconstruiremos brevemente las políticas relativas al capital extranjero durante el período y finalmente analizaremos el origen, las formas de organización y los destinos prioritarios de la inversión externa directa en la industria argentina, para ofrecer una caracterización del ciclo de IED que finalizó en la década de 1970.

El panorama internacional: la expansión de las multinacionales norteamericanas

En los años cincuenta, el objetivo prioritario de los países centrales fue la reconstrucción de las economías afectadas por la Segunda

---

[2] Ver al final el detalle de las fuentes utilizadas para la construcción de la base de datos. La base de datos, así como los procedimientos y criterios utilizados para su construcción pueden consultarse en http://www.empexargentina.com.

[3] Sobre la definición de "industrialización dirigida por el Estado", ver Ocampo y Ros (2011).

Guerra Mundial. Un componente clave en dicha reconstrucción era el diseño del sistema monetario internacional, cuya reorganización estaba en marcha. Más allá de los acuerdos de Bretton Woods, la fijación de los tipos de cambio de las diferentes monedas al patrón dólar fue un proceso que llevó varios años, dejando mientras tanto al dólar como única moneda convertible. Recién en 1958, la mayoría de los países europeos eliminaron las restricciones para la convertibilidad de sus monedas a monedas extranjeras, dando un fuerte impulso a los flujos de IED (Wilkins, 1974). La gradual flexibilización de los controles de cambios en los países latinoamericanos atrajo el flujo de inversiones externas, pero no en la magnitud registrada durante el ciclo anterior, puesto que la proporción mayoritaria de los capitales se dirigió a Europa occidental y América del Norte. En cuanto a las economías exportadoras de capital, la Segunda Guerra consolidó la hegemonía absoluta de Estados Unidos como país exportador de capitales con el 85% de los flujos de IED (Jones, 2005).

Además del cambio en los países exportadores de capital y en los destinos de inversión prioritarios, se produjo también un desplazamiento desde la inversión orientada a recursos y servicios, característica de la primera globalización, por la inversión orientada a la producción industrial. Al mismo tiempo, los años sesenta fueron testigos del despegue de los bancos y de la internacionalización de empresas exportadoras de *commodities* como Cargill o Nidera, que, junto con las ya consolidadas Dreyfus y Bunge y Born, asumirían el control del comercio internacional de cereales en la fase de desglobalización. En el sector financiero, la reestructuración del mercado de capitales y de un sistema monetario internacional basado en el patrón oro-dólar y las restricciones al pago de interés sobre los depósitos en los bancos estadounidenses (Regulation Q) alentaron el desarrollo de un mercado de dólares fuera de Estados Unidos, poco regulado, con centro en Londres, Tokio, Singapur y Hong Kong. En este contexto, se abrieron nuevas filiales de bancos internacionales –especialmente norteamericanos– en los países capitalistas para aprovechar las nuevas oportunidades de negocios. La suba de los precios del petróleo que inundó de liquidez el sistema financiero y la creciente desregulación financiera consolidaron la expansión de estas multinacionales en la década de 1970 (Jones, 2005).

Dado que las actividades que atrajeron la inversión externa eran menos intensivas en capital que la explotación de recursos naturales y la construcción de redes y servicios de infraestructura que habían concentrado la mayor parte de la IED en el primer ciclo, resulta claro que la magnitud global de la inversión externa directa en estos años, fue notoriamente inferior al total registrado en el cenit del ciclo anterior. En su momento, la inversión extranjera en redes e infraestructura implicó la creación de nuevos mercados para los productos industriales europeos, mientras que, durante la industrialización dirigida por el Estado, la inversión en manufactura se dirigió a captar los mercados internos. En las décadas de 1950 y 1960, luego de la nacionalización de las empresas de transporte y de servicios públicos en varios países occidentales, no hubo nueva inversión externa en esas actividades, que continuaron a cargo de los estados nacionales y provinciales, según el caso.

Las estrategias de penetración de las compañías multinacionales en el período que se abre con la segunda posguerra tuvieron marcadas diferencias según las ramas. Durante los años de entreguerras se habían consolidado los oligopolios y carteles en las ramas más dinámicas de la industria: química, electricidad, siderúrgica y producción de bienes de capital. Un extenso proceso de fusiones y adquisiciones entre las firmas químicas alemanas, norteamericanas y británicas fue el paso previo a la expansión mundial de grupos como Imperial Chemical Industries o IG Farben. La concentración en la producción de material eléctrico, bienes de capital y en la industria siderúrgica mediante la formación de carteles fortaleció la posición mundial de empresas como General Electric, Siemens, Thyssen y Alcan.

La Segunda Guerra y la derrota alemana cerraron la fase de acuerdos mundiales entre empresas abonando el camino para la hegemonía de las multinacionales norteamericanas, además del crecimiento de aquellas que tenían sede en países aliados o neutrales como Gran Bretaña y Suiza (Jones y Lubinsky, 2012). Las empresas alimenticias como Coca-Cola y Nestlé se expandieron en los años de entreguerras mediante sistemas de franquicias o la instalación directa de plantas en distintos países. Por otra parte, las empresas químicas alemanas retomaron su autonomía y adquirieron o recuperaron las plantas que habían sido confiscadas como propiedad enemiga en los países latinoamericanos (Belini, 2006; Moreno, 2003; Schröter, 1993).

No obstante, las industrias de mayor expansión fueron la petroquímica y la automotriz. La primera de ellas, desarrollada como resultado de innovaciones tecnológicas en las industrias petrolera y química, tuvo una expansión acelerada por la demanda de otras industrias. La automotriz fue activada por la recuperación económica y el aumento de los ingresos y del consumo de amplios sectores de la población resultante de las políticas de crecimiento y de pleno empleo, aplicadas en los países capitalistas de occidente.

A partir de los años sesenta, la difusión de estrategias de entrada del tipo *brownfield* y *joint-venture*, esto es, la adquisición de firmas locales y de la participación como socio o accionista en firmas locales, no sólo representaba el mayor desarrollo de la industria local sino también el creciente interés de las multinacionales extranjeras por acceder a activos específicos en países de la periferia que pudieran ampliar sus ventajas de propiedad. La adquisición de firmas ya instaladas en los mercados locales, especialmente en la industria alimenticia, fue el primer paso hacia la globalización del consumo administrado por multinacionales. Los casos más típicos, además de los citados Nestlé y Coca-Cola, fueron los de las bebidas (cerveza, gaseosas), tabaco y dulces.[4]

Además de la ya mencionada consolidación del dólar como patrón monetario en los países capitalistas de occidente, el rápido desarrollo de estrategias publicitarias globales centradas en las marcas y la difusión de la televisión, abrieron las puertas al liderazgo norteamericano en las industrias alimenticia, química, petroquímica, de maquinaria y automotriz en las décadas de 1950 y 1960. La posición global de las multinacionales norteamericanas en estas ramas comenzaría a debilitarse con la devaluación del

---

[4] Sobre las adquisiciones en la industria de la cerveza y el fortalecimiento de las multinacionales globales en el rubro, ver Da Silva Lopes (2006).

dólar en 1971 y la crisis del petróleo poco después, marcando la correlación entre la disponibilidad de capital de los países exportadores y el origen de las multinacionales dominantes en el mercado global en diferentes momentos históricos.

El contexto nacional: en búsqueda de un régimen legal para las inversiones extranjeras

Tanto el marco regulatorio general, como las políticas específicas fueron siempre favorables a la radicación de empresas extranjeras en Argentina. En efecto, la dirigencia política argentina manifestó una posición benévola frente a las inversiones externas no sólo durante los gobiernos liberal-conservadores previos al estallido de la primera guerra mundial, sino también durante los gobiernos nacionalistas de la década de 1930. En tanto se consideraba que la entrada de capitales extranjeros contribuiría al crecimiento económico, el tratamiento dado a las empresas extranjeras era equivalente al recibido por las empresas nacionales y no se implementaron reglamentaciones específicas sobre el tema hasta la Segunda Guerra Mundial.[5]

Con la creación del Banco Central en 1935, la IED comenzó a ser formalmente regulada por las circulares de esta entidad y por cláusulas específicas de los convenios internacionales de pagos. Las firmas extranjeras estaban sujetas a las mismas regulaciones e impuestos que las nacionales, pero tenían un régimen más favorable si eran empresas ferroviarias o de servicios públicos, puesto que estaban exentas de impuestos a la importación de insumos y maquinaria.

Durante el gobierno militar de 1943-1946 no se formuló una normativa específica sobre inversiones externas pero el

---

5 Por cierto, esta visión no fue privativa de Argentina. Aún aquellos estados latinoamericanos que asumieron un rol más activo en la economía durante los años 1930, como México por ejemplo, llevaron adelante políticas de promoción de la inversión extranjera asociadas a programas de modernización y desarrollo. Sobre las políticas del PRI mexicano respecto a las multinacionales norteamericanas, ver Moreno (2003).

enfrentamiento con las empresas norteamericanas de electricidad generó ciertas suspicacias sobre un giro en la disposición tradicionalmente favorable hacia el capital extranjero, suspicacias que se extenderían a la evaluación de la política económica del peronismo. La nacionalización de las empresas británicas de ferrocarriles, gas y aguas corrientes durante el primer gobierno peronista efectivamente produjo cambios profundos en el volumen y la composición de la IED, pero estos cambios no se debieron al viraje en la visión sobre el rol del capital externo en la economía argentina, sino que representaron más bien el último paso de un acuerdo sobre la transferencia de activos al término de las respectivas concesiones, articulado a un programa de fortalecimiento del Estado en la gestión de los servicios públicos. De hecho, no se promovió entonces el aumento de la regulación de la actividad desarrollada por firmas extranjeras, como tampoco se aprobó legislación alguna contraria o discriminatoria hacia las compañías extranjeras, que continuaron sujetas al mismo régimen impositivo que las compañías locales.[6]

No obstante, la continuidad en el tratamiento de la IED en los años 1940, las políticas económicas orientadas al desarrollo de la industria, sumadas a una serie de acontecimientos externos sintetizados en la sección previa, determinaron el cambio en el origen y en la distribución sectorial de la IED. Las participaciones británica y alemana declinaron como resultado de la nacionalización de empresas ferroviarias y de servicios públicos, de la liquidación voluntaria de empresas y de la confiscación de las empresas alemanas bajo el título de bienes enemigos durante la guerra. Dado que la mayor parte del stock de IED representaba activos en infraestructura y transportes, la nacionalización de estos sectores hizo caer la inversión extranjera a 1.255 millones

---

6 El régimen impositivo tampoco se modificó para las empresas extranjeras durante el peronismo, pero aumentaron las alícuotas del impuesto a los réditos de las sociedades (tanto argentinas como extranjeras) hasta llegar a 24% en 1950. De todos modos, estas tasas eran bastante menores a las aplicadas en otros países: en Estados Unidos el ingreso de las corporaciones estaba gravado por una tasa de 48% y en Francia llegaba a 50% (Sánchez Román, 2013).

de dólares en 1949, lo que representaba casi un tercio del capital extranjero en Argentina en los años 1930 (CEPAL, 1959; Lanciotti y Lluch, 2009). Por otra parte, la sanción del decreto 14630/44 de promoción industrial que consolidó la expansión de la industria nacional contribuyó a signar el final del ciclo de IED centrado en recursos naturales e infraestructura en favor de un nuevo ciclo liderado por la industria.

El conflicto con las empresas norteamericanas tuvo otro cariz. Las expropiaciones de las empresas eléctricas subsidiarias por la compañía holding norteamericana American & Foreign Power iniciadas en 1943 continuaron su curso en manos de los gobiernos provinciales en los años siguientes, obstaculizando la entrada de nuevas inversiones norteamericanas y aumentando la tensión entre el gobierno argentino y el Departamento de Estado de Estados Unidos (Lanciotti, 2011; Rapoport, 1981). Además del conflicto con las empresas eléctricas, la suspensión de las transferencias de fondos al exterior limitó la entrada de nuevas inversiones norteamericanas: entre 1945 y 1952, las empresas norteamericanas se limitaron a reinvertir sus utilidades, que sumaban alrededor de unos 100 millones de dólares (*Revista Competencia*, 1967).

Paradójicamente, la protección a la industria nacional inaugurada por el decreto de 1944 también convalidaba la estrategia de las multinacionales industriales de producir en el país. El alcance del decreto se profundizó a partir de legislación complementaria como el decreto 3347 de 1948, que creaba la Comisión Nacional de Radicación de Industrias, con el fin de promover selectivamente la radicación de industrias completas, y el decreto 25.056/51 por el que se declaraba de "interés nacional" a la industria de automotores y de maquinarias e implementos (Altimir y otros, 1967; Altimir y otros, 1966; Belini, 2014).

La crisis económica de 1951-1952 condujo a la revisión de la política del gobierno peronista hacia las inversiones extranjeras, dando comienzo a una serie de reformas que asignaron al capital extranjero un rol complementario a la inversión privada nacional y a la inversión estatal en "actividades industriales intensivas en tecnologías no disponibles en el país" (Azpiazu y Kosacoff, 1985). En consecuencia, en 1953, se constituyó el primer régimen legal para la radicación de capitales extranjeros en la Argentina. La ley 14.222[7] estableció que las inversiones debían dedicarse a la producción de bienes y servicios que significaran un ahorro de divisas o que las obtuvieran vía exportaciones. Se aseguraba a las empresas extranjeras autorizadas por el Poder Ejecutivo condiciones equivalentes a las vigentes para las compañías argentinas y, además, la exención de derechos aduaneros para el ingreso de bienes físicos, aunque imponía un límite de 8% sobre la inversión registrada al envío de utilidades-beneficios y las repatriaciones de capital estaban autorizadas luego de transcurridos 10 años (Altimir y otros, 1967).

La dictadura militar que derrocó al peronismo en 1955 derogó la ley 14.222 y la reemplazó por una normativa más flexible para la repatriación de utilidades (decretos 13.403 y 16.640). Desde ese momento hasta el dictado de la circular N° 2.881 de 1957 no existió formalmente un régimen, sino que las inversiones extranjeras volvieron a regirse por circulares del Banco Central. Las inversiones se realizaban por medio del mercado libre, de acuerdo a una resolución ministerial (N° 928, de 1955) y otras disposiciones. Estas medidas, sumadas a reformas tales como la incorporación de Argentina al FMI, la liberación del mercado cambiario y la anulación de la reforma bancaria realizada por el peronismo, no tuvieron una respuesta inmediata (Azpiazu y Kosacoff, 1985).

Existen en la literatura claras divergencias en la magnitud de las inversiones que se originaron a partir de esta legislación. Según Fischer (1973), hasta mediados de 1955 se otorgaron permisos por valor de 15 millones de dólares, de los cuales 40% fueron de origen norteamericano. Otros estudios estiman que el monto no superó los 13 millones, 8 millones de los cuales se habrían concentrado en una única inversión, Kaiser (FIEL, 1973). En cuanto a los países de

---

[7] Ley 14.222 de agosto de 1953 y decreto reglamentario 19.111 de octubre de 1953 (según Stebbings, 1975, no fue publicado en el Boletín Oficial). Por esta ley se facultaba al Presidente a eximir total o parcialmente del pago de derechos de importación a los bienes de capital que formasen parte de una inversión y a ofrecer, si dicha inversión era declarada de interés nacional, una serie de incentivos previstos en el decreto 14.630 de 1944 de promoción industrial.

origen de las inversiones que se acogieron a esta ley, también hay divergencias. Mientras FIEL identificaba un aumento de la participación de Estados Unidos al 73%, seguido de Alemania con 14,2%, Italia con 6,9% y Francia, con 3,7%, una encuesta del Banco Central arrojaba para 1955 las siguientes participaciones en las existencias de capital extranjero: Estados Unidos 33%, Gran Bretaña 23%, Bélgica 11%, Suiza 9% y Francia 7% (BCRA, 1968). Entre 1955 y 1958, el ingreso estimado de capital externo fue de 80 millones de dólares, 80% proveniente de Estados Unidos (36 millones en nuevas inversiones y 25 millones en reinversiones), y mayoritariamente orientados a las industrias automotriz y química.[8]

La literatura sobre el tema es unánime, en cambio, al indicar las transformaciones generadas por la sanción de un nuevo régimen legal en 1958 durante el gobierno de Arturo Frondizi. En coincidencia con la nueva oleada expansiva de multinacionales a nivel global, fue aprobada una nueva ley de inversiones extranjeras (14.780) que eliminó el límite a la remisión de utilidades y a la repatriación de capitales. Se sancionó además una ley de garantías de inversiones que aseguraba a los inversionistas extranjeros contra riesgos de inconvertibilidad cambiaria. Finalmente, se firmaron distintos convenios con las empresas extranjeras expropiadas, acordando la forma y los plazos de pago de los montos indemnizatorios.[9]

La ley 14.780 operó como un régimen de inversiones de capital y su aplicación fue bastante discrecional al menos hasta 1963, cuando se sancionó la reglamentación complementaria (decreto 5.339). La ley no preveía ningún límite a la remisión de utilidades ni a la repatriación de capitales y otorgaba a las empresas

---

[8] Los problemas estadísticos difieren entre autorizaciones acordadas y realizadas. Las estadísticas de Estados Unidos además sólo registraban las salidas físicas de capital o las reinversiones realizadas por las empresas que ya estaban instaladas. Los datos presentados por Altimir y otros (1967) muestran cifras menores, pero se mencionan algunas inversiones no incluidas en la estimación.

[9] Se eliminó además el control de cambios y se mantuvo un alto grado de protección para la actividad industrial desarrollada en el país (Mallon y Sourrouille, 1975). Se sancionaron leyes y acuerdos similares entre Estados Unidos y los países latinoamericanos en los años 1960.

extranjeras las mismas condiciones que regían para las nacionales. En realidad, su alcance debe interpretarse en conjunto con la ley 14.781 de promoción industrial, sancionada pocos días después, en tanto formaron un mismo "cuerpo orgánico" orientado a impulsar y proteger a la industria, sin distinción entre empresas nacionales y extranjeras (FIEL, 1973). Esta normativa autorizaba al Poder Ejecutivo a otorgar franquicias aduaneras para importar maquinarias y equipos, así como a proteger los elementos de fabricación nacional con recargos de hasta 200% a sus equivalentes importados. La eximición de impuestos aduaneros podía aplicarse a la importación de máquinas, equipos, materias primas, productos semielaborados y hasta unidades terminadas consideradas necesarias para desarrollar la industria (DGFM, 1964; Azpiazu y Kosacoff, 1985).[10]

Los efectos de la sanción del nuevo régimen son indiscutibles, aunque hay diferentes estimaciones sobre el monto total de las inversiones asociadas, ya que las fuentes difieren en la correspondencia entre los permisos de radicación y las inversiones efectivamente realizadas (cuadro 1). De todos modos, las estadísticas disponibles indican que entre 1959 y 1961 se concentró el grueso de los montos ingresados y que particularmente en 1959 se otorgaron permisos por aproximadamente 200 millones de dólares dirigidos fundamentalmente a la inversión extranjera en la industria petroquímica y automotriz, que concentraron el 60% de los nuevos permisos. En cuanto al origen de los fondos, todas las fuentes coinciden en señalar que se consolidó definitivamente el predominio del capital norteamericano (Altimir y otros, 1967; Mato y Colman, 1974) con porcentajes cercanos al 60% de las nuevas inversiones.

[10] Belini (2013) señala que, aunque la ley de promoción industrial de 1958 se presentaba como superadora del régimen establecido a partir del decreto 14630/44, no había grandes diferencias en las políticas propuestas ni en las actividades protegidas en ambos casos.

Cuadro 1. Autorizaciones de radicación de capital extranjero según fuente (millones de dólares)

Años	Sourrouille (1976)*	OECEI (1974)**
1958	12,9	12,9
1959	209,3	194,1
1960	111,7	110,3
1961	133,3	137,4
1962	85,7	41,6
1963	34,6	30,5
1964	33,8	17,9
1965	6,3	5,6
1966	2,5	2,5
1967	13,1	12,5
1968	31,5	31,4
1969	59,1	59,1
1970	9,8	9,8
1971		9,8
1972		8,9

Basado en Ministerio de Economía, Informe Económico.
**Basado en Dirección Nacional de Inversiones Extranjeras.*

El régimen de promoción industrial sancionado en 1958 se mantuvo vigente durante la década de 1960. Durante el gobierno de Arturo Illia (1963-1966) se reorganizaron una vez más las disposiciones relativas a beneficios y franquicias, se reforzaron los incentivos para el desarrollo industrial regional (incluyendo a algunos departamentos de Formosa y excluyendo de los beneficios promocionales al área metropolitana) y se incorporaron como actividades sujeto de promoción a las de forestación y reforestación, la minería, la pesca y caza marítima, y la industria de la construcción (viviendas económicas) (Lindenboim 1982). Otras disposiciones dieron además mayor intervención al Consejo Nacional de Desarrollo Económico (CONADE) y al Banco Central en la selección de proyectos de promoción industrial con inversión extranjera (Donolo, 1980).

En 1970 y 1971, en la fase madura de las inversiones previas, se produjeron nuevas variaciones en el tratamiento de las inversiones extranjeras, que contribuyeron al declive del ingreso de capital y al aumento de las repatriaciones. La ley 18.587 (febrero de 1970) reformuló las condiciones bajo las cuales los inversionistas extranjeros podían acogerse al régimen de promoción industrial. El texto de elevación de la ley indicaba que hasta el momento los regímenes de promoción industrial habían puesto énfasis con exclusividad en la inducción de las inversiones para el desarrollo de la industria no existente, y que este proyecto se proponía administrar el sector industrial "ya desarrollado en el país". Esta ley mantuvo la propuesta de descentralización industrial e incorporó el criterio de promover inversiones en los denominados "polos de desarrollo" (FIEL, 1973).

Si bien esta ley tuvo corta vida, es interesante considerar que mantenía garantías de convertibilidad y trato equivalente para empresas extranjeras y nacionales en los regímenes de promoción industrial.[11] No obstante, la ley incorporó por primera vez el criterio de que algunos proyectos realizados mediante licitaciones con beneficios promocionales (por ejemplo, en la producción de aluminio, soda solvay y papel) debían otorgarse sólo a empresas nacionales. Asimismo, introdujo algunas restricciones al acceso al crédito bancario para las empresas extranjeras.[12] En cuanto a las adquisiciones y contratos del Estado ante las empresas extranjeras, la ley 18875/70 y su decreto reglamentario 2930/70 establecieron que la administración pública, las empresas del Estado y los concesionarios de servicios públicos debían contratar con empresas constructoras locales y proveedoras de obras y servicios locales (con domicilio legal en Argentina y un 80% del personal directivo

---

[11] Las leyes 14.780 y 18.587 extendían a las inversiones extranjeras autorizadas los beneficios de orden impositivo, arancelario, crediticio, de suministros y compras del Estado, etc. previstos para las empresas establecidas en el país.

[12] Se estableció que la cartera de préstamos generales de cada banco, asignada a las empresas de capital extranjero, debería reducir su crecimiento a un ritmo inferior a la mitad del que experimentara el conjunto de los préstamos bancarios (eso es una Circular del Banco Central). En estos años los beneficios bancarios y crediticios eran para empresas domiciliadas en el país, con un 80% de sus directores, directivos y técnicos residentes o administración no dependiente, directa o indirectamente de empresas del exterior, con 51% de capital y votos locales.

y gerencial domiciliado en el país). La legislación preveía que las empresas extranjeras que participaran en licitaciones internacionales debían asociarse con empresas locales, de capital efectivamente nacional, cuyos directivos fueran argentinos, sin dependencia directa o indirecta respecto a entidades del exterior, y un 51% del capital y votos pertenecientes a personas físicas con domicilio real en el país, o la prueba de que en el último quinquenio el total remitido al exterior en concepto de dividendos no superara el 25% de las utilidades y en conceptos de regalía el 2% de las ventas. En cuanto a los servicios de ingeniería y consultoría, se contratarían con profesionales o firmas locales de capital 100% argentino.[13]

En 1971, el gobierno militar de Alejandro Lanusse aprobó una nueva ley sobre inversiones extranjeras (ley 19.151 del 30 de julio de 1971 y decreto 2.400 del 27 de abril de 1972). Esta ley preveía el registro obligatorio de las firmas extranjeras y procedimientos para su aprobación, introdujo la nominatividad obligatoria de las acciones y la condición de que los técnicos y profesionales locales constituyeran al menos el 85% del personal de las firmas extranjeras, y se comprometía a publicitar los contratos de promoción que se suscribiesen entre el gobierno y las firmas extranjeras (Azpiazu y Kosacoff, 1985). Sin embargo, como alerta Stebbings (1975) esta ley no alcanzó a aplicarse en forma efectiva y, a pesar de sugerir un mayor control, mantuvo el carácter de ley promocional de la IED, sin establecer limitaciones a remesas o repatriaciones de capitales. Considerando el significativo proceso de transferencia de empresas nacionales a capitales extranjeros que se produjo entre 1967 y 1970, es importante destacar que esta ley no consideraba inversión externa a aquella destinada a la compra de empresas ya existentes (OECEI, 1974).

El tercer gobierno peronista aprobó un nuevo régimen legal para las inversiones extranjeras en 1973. En primer lugar, se sancionó la ley 20.557 sobre radicación de capitales extranjeros (29 de noviembre de 1973), que regulaba el ingreso de inversión directa, los créditos externos y los contratos que entrañaban la

---

[13] Para más detalles ver INTAL (1970).

transferencia de valores al exterior.[14] Luego se aprobó la ley 20.575 de inscripción de los representantes de entidades extranjeras (20 de diciembre de 1973) y decreto 414 (5 de febrero de 1974) que dispuso la inscripción en un registro oficial de todas las personas o entidades que llevaran a cabo actividades relacionadas con la argentina en representación de intereses extranjeros. De acuerdo a Stebbings (1975), se registraron 11.500 inscripciones en vez de las 1.000 previstas.[15]

Se constituyó así el primer marco legal restrictivo para la actividad de las empresas extranjeras en Argentina. La reglamentación estipulaba que en ningún caso podría otorgarse tratamiento más favorable a las inversiones extranjeros que a las nacionales y restringió el otorgamiento de permisos para nuevas inversiones en áreas estratégicas de interés o defensa nacional (Sourrouille, 1976).[16] También limitó la protección de los regímenes promocionales (pasados o futuros) a empresas de capital extranjero, estableciendo que aquellos que participaran en el capital de empresas que obtuvieran beneficio por el acogimiento a regímenes promocionales perderían el derecho a remesar utilidades y repatriar capital mientras duraran esos beneficios. Sin embargo, como indica Stebbings (1975), el decreto reglamentario limitó esta medida permitiendo la participación extranjera hasta el 49% de empresas mixtas o nacionales que se beneficiaran por el acogimiento a regímenes promocionales sin la pérdida de los derechos de transferencia. También se introdujeron algunas modificaciones en el régimen impositivo: comenzaron a gravarse

---

[14] El decreto 413 fue emitido en febrero de 1974, en el cual se ampliaba e interpretaba el estatuto original.

[15] *Buenos Aires Herald*, 23 de junio de 1974 p. 10.

[16] No serían autorizadas nuevas radicaciones destinadas a estos sectores: defensa y seguridad nacional, servicios públicos, seguros, banca comercial y actividades financieras, medios de comunicación masiva, servicios de comercialización interna, actividades que por ley estén reservadas a empresas estatales o de capital nacional, actividades agrícolas-ganaderas, forestales, pesca. Tampoco aquellas que tuvieran por objeto la adquisición de acciones, cuotas, participaciones sociales de cualquier tipo y fondos de comercio destinados a la producción o comercialización de bienes existentes en el país y pertenecientes a empresas de capital nacional (OECEI, 1974).

los dividendos con una alícuota progresiva y se aumentó la tasa para beneficios no distribuidos.

La inscripción en el registro oficial otorgaba a las empresas el derecho de remitir beneficios y repatriar capital, aunque en la práctica, el sistema de registro no terminó de implementarse. La legislación introdujo además un elemento de discusión que no había aparecido previamente, como era establecer los criterios jurídicos para la definición de las empresas extranjeras. En principio, se consideraron extranjeras aquellas empresas cuyo capital nacional fuera inferior al 51%; pero también se agregó el criterio basado en la definición del poder jurídico de la decisión, cuando la dirección técnica, administrativa, financiera o comercial estuviera en manos de gerentes o directivos extranjeros. La ley y el decreto reglamentario clasificaron finalmente a las empresas en tres grupos: extranjeras, mixtas y nacionales.

La construcción de un régimen legal para la radicación de empresas extranjeras que terminó por limitar la promoción de la industria extranjera a actividades específicas no sólo se vinculó a la evolución del ingreso de empresas y del stock de inversión extranjera directa en Argentina, sino que también fue incorporando las perspectivas críticas al rol de la IED en América Latina que comenzaron a formularse en la región durante los años sesenta. Este cambio de perspectiva se materializó por ejemplo en la aprobación del régimen andino para el tratamiento de los capitales extranjeros por parte de la Comisión del acuerdo de Cartagena en 1970, según el cual los países se comprometían a armonizar el tratamiento dado a las inversiones (e inversionistas) extranjeros, contemplando algunas de las normativas que en Argentina comienzan a formularse en 1971 y que se establecieron con mayor decisión en 1973.

El aumento de la regulación al capital extranjero en la crítica coyuntura mundial de 1973-4, bajo los efectos de la salida de la convertibilidad del dólar y el alza de los precios de los productos primarios que puso en vilo el paradigma de crecimiento económico y pleno empleo asociado a la expansión de las grandes multinacionales productoras de bienes de consumo durable y de insumos para estas industrias, determinaron por cierto el cese del ingreso de nuevos capitales a la región. A partir de entonces, la transferencia de recursos desde las economías receptoras de la inversión hacia los países centrales que se había incrementado en la década de 1960, aumentó aún más por el crecimiento de las cantidades repatriadas y la disminución de la reinversión, en un contexto local recesivo. Estos factores, en conjunto, explican la menor radicación de capitales extranjeros en Argentina a partir de 1973, así como también el fuerte aumento de la repatriación de los mismos (Azpiazu y Kosacoff, 1985; Katz y Kosacoff, 1989).

En 1976 la dictadura militar se propuso "incentivar el ingreso de capitales". En el marco de un programa económico de corte liberal-monetarista y de reformas de liberalización arancelaria y financiera, se desmontó el armado legal restrictivo del anterior gobierno. Se derogó la ley 20.557 y se sancionó la ley 21.382, que definió como inversión extranjera "tanto la introducción de capitales como la adquisición de participaciones en empresas de capital nacional". Esta ley eliminó las restricciones de la legislación anterior, y sólo estableció como limitación la aprobación previa por parte del Poder Ejecutivo cuando se efectuaran inversiones en sectores vinculados con defensa y seguridad, servicios públicos postales, electricidad, gas, telecomunicaciones, medios de comunicación oral y escrita, energía, educación y entidades financieras y seguros. Restableció la igualdad con las empresas argentinas, declaró optativa la inscripción en el Registro de inversiones extranjeras y desreguló las transacciones entre las empresas radicadas en Argentina y sus casas matrices en torno a préstamos, acuerdos de tecnología, transferencia de utilidades y repatriación de capitales (que podían efectivizarse al tercer año de instaladas en el país). De este modo se cerraba el ciclo de elaboración de un régimen legal para las inversiones extranjeras, volviendo a una situación similar a la vigente al momento de la integración argentina a la economía global, que equiparaba las condiciones de operación para empresas argentinas y extranjeras (cuadro 2).

Cuadro 2. Principales leyes-decretos sobre inversión extranjera en Argentina (1948-1976)

Decreto 3.347	1948	Fiscalización de inversiones extranjeras-Creación de Radicación de Industrias
Ley 14.222	1953	Primer status legal definido para las inversiones de capital externo
Decreto 16.640	1956	Deroga la Ley 14.222
Circular Banco Central 2.881	1957	Régimen de reequipamiento industrial
Decretos 1.594 y 2.483	1958	Comisión Asesora de Inversiones extranjeras
Ley 14.780	1958	Ley de Inversiones extranjeras
Ley 14.781	1958	Promoción Industrial
Decreto 5.539	1963	Prioridad de equipamiento-Limitación temporal a la transferencia de capital
Decreto 3.113	1964	Modificación de la reglamentación de la Ley de Promoción Industrial 14.781
Decreto 5.364	1967	Creación del Servicio de Promoción de Inversiones Externas
Ley 18.587	1970	Nuevo régimen de promoción y reequipamiento industrial
Ley 19.151	1971	Ley sobre inversiones extranjeras
Ley 20.557	1973	Ley de radicación de capitales extranjeros
Ley 20.575	1973	Inscripción de los representantes de entidades extranjeras
Ley 21.382	1976	Ley de Inversiones extranjeras

Fuentes: FIEL (1973), Stebbings (1975), Fabricaciones Militares (1964), Ledesma (1981).

Empresas extranjeras e industria en la economía argentina, (1950-1976)

La evolución general de las radicaciones de empresas extranjeras en el país muestra un crecimiento constante que no se restringe a las fases de auge de la IED (1885-1913; 1958-1971), como lo hemos señalado en trabajos previos (Lluch y Lanciotti, 2012; Lanciotti y Lluch, 2015a, 2015b). Por el contrario, la entrada de nuevas firmas no se interrumpió con la denominada "desintegración de la economía global" que se iniciara en la década de 1930. Según se observa en el cuadro 3, las políticas adoptadas como respuesta a la crisis (devaluación del peso, control de cambios, restricciones al envío de remesas) no hicieron que las grandes multinacionales repatriaran sus inversiones y, en especial, no desalentaron la entrada de nuevas firmas, proceso que también ha sido detectado en Italia y España (Colli, 2014 y Álvaro Moya, 2012). Por el contrario, la política de control de cambios y el incremento de los aranceles de importación contribuyó al cambio de estrategia de las empresas extranjeras que optaron cada vez más por establecer filiales o subsidiarias para producir en Argentina lo que antes importaban y diversificar la provisión de servicios en el mercado interno.

Por otra parte, los datos muestran que el ciclo de inversión externa en actividades primarias no se interrumpió (A y B), sino que se consolidó en la década de 1960, al igual que las actividades comerciales (G) y financieras (K). Particularmente, la explotación de recursos mineros y petrolíferos (B) se intensificó desde fines de la década de 1950, a juzgar por el número de empresas, al igual que el sector financiero (K), que muestra entre 1959 y 1972 un nuevo período de auge similar al experimentado durante la primera globalización. En síntesis, aunque la nueva fase de entrada de empresas extranjeras se haya concentrado en la actividad industrial, la distribución sectorial de las empresas muestra un patrón más diverso que el observado por los estudios previos sobre la inversión externa basados en el ingreso de capital (Azpiazu y Kosacoff, 1985). La entrada de nuevas firmas de ingeniería, construcción, explotación de petróleo y otros servicios, además de la multiplicación de bancos y sociedades financieras, no parece haber implicado una inversión intensiva en capital, ejerciendo, sin embargo, un significativo impacto en el ámbito de la producción de insumos y en la provisión de servicios asociados a la industria.

Cuadro 3. Empresas extranjeras en Argentina por actividad (1930-1972)

ISIC	Actividad	1930	1937-8	1944-5	1959-60*	1971-2
A	Agricultura, ganadería, silvicultura y pesca	41	47	50	44	40
B	Explotación de minas y canteras	12	14	12	40	60
C	Industrias manufactureras	114	147	177	289	629
D	Suministro de electricidad, gas, vapor y aire acondicionado	19	19	15	7	4
E	Suministro de agua; evacuación de aguas residuales,	4	4	4	1	1
F	Construcción	23	30	21	27	46
G	Comercio al por mayor y al por menor	163	150	149	160	165
H	Transporte y almacenamiento	44	55	55	42	46
I	Actividades de alojamiento y de servicio de comidas	0	0	0	3	5
J	Información y comunicaciones	26	34	36	33	53
K	Actividades financieras y de seguros	94	89	99	132	217
L	Actividades inmobiliarias	15	14	13	11	34
M	Actividades profesionales, científicas y técnicas	9	10	10	21	48
N	Actividades de servicios administrativos y de apoyo	1	2	3	6	8
Q	Actividades de atención de la salud humana y de asistencia social	0	0	0	1	0
P	Enseñanza	1	1	1	0	3
S	Otras actividades de servicios	0	1	1	1	1
	S.D.	1			6	3
Total		**567**	**617**	**646**	**824**	**1.363**

Los datos de 1959-60 comprenden a las empresas extranjeras con capital social integrado mayor a 3 millones de pesos. En el resto de los años se incorporaron todas las empresas registradas en las guías de sociedades anónimas detalladas en las fuentes, sin límite de capital.

Fuente: Empresas Extranjeras en Argentina /Foreign Companies in Argentina Database BDEEA/FCAD-PICT 2010/0501.

Así, es importante indicar que las primeras inversiones orientadas a aprovechar las oportunidades ofrecidas por un mercado interno en expansión se realizaron en los años de entreguerras.

No obstante, este tipo de inversión no se volvió dominante hasta comienzos de los años cincuenta, tanto en términos del número de empresas (como muestra el cuadro 3) como del capital invertido. El 95,7% de la inversión extranjera ingresada entre 1955 y 1972 –aproximadamente 775.611 miles de dólares–, se dirigió al sector manufacturero (Azpiazu y Kosacoff, 1985).

Como ya indicamos, las primeras iniciativas orientadas a promover la inversión extranjera en la industria se implementaron durante el gobierno peronista en procura de resolver la crisis de divisas y los problemas derivados del estrangulamiento en la producción de bienes y servicios para el sector agropecuario. Los acuerdos para la instalación de Industrias Kaiser Argentina, Mercedes Benz y la planta industrial de Fiat habían puesto en marcha la construcción de las respectivas plantas fabriles, aunque la producción se iniciara después del derrocamiento de Perón (Belini, 2013). Pero además, cabe recordar que en 1950 se había eliminado el requisito de inclusión de los dividendos en las declaraciones del impuesto a los réditos, eximiendo de este impuesto a los accionistas de sociedades argentinas y extranjeras (Sánchez Román, 2013).

En esta dirección, si analizamos a todas las empresas extranjeras identificadas en nuestra investigación por fecha de autorización, observamos que hasta 1944, el mayor porcentaje de empresas se había radicado en la década de 1920. En la muestra de empresas del año 1959 ya se identifica el final del ciclo de IED anterior y el comienzo del nuevo, representado por las empresas radicadas en la década de 1940 y de 1950, que suman más de 400. Podemos reafirmar entonces que la entrada de nuevas empresas extranjeras se anticipó a los efectos de la ley de inversiones extranjeras de 1958.

De todos modos, los efectos de esa ley sobre la entrada de nuevas empresas fueron contundentes. De las 1.363 empresas extranjeras existentes en 1972, el 43% (580 empresas) se había constituido en la década de 1960. Nuestros datos confirman además que los efectos de la recesión de los años 1962-1963, la supresión de algunos de los incentivos a la radicación de capital extranjero, así como la implantación de controles a las operaciones con divisas o la anulación de contratos petroleros, no incidieron en la tendencia creciente ni en la tasa de ingreso. A diferencia del análisis centrado en los flujos y stock de IED (Azpiazu y Kosacoff, 1985), el análisis de empresas nos permite identificar el ingreso ininterrumpido de firmas extranjeras en toda la década de 1960. En efecto, el 33% de las empresas extranjeras registradas en 1971 se había constituido después de 1963 (cuadro 4).

Cuadro 4. Empresas extranjeras en Argentina por fecha de constitución

Año de creación	1937-8		1944-5		1959-60		1971-2	
	Q	%	Q	%	Q	%	Q	%
hasta 1890	32	5	32	5	14	2	7	1
1891 a 1900	39	6	32	5	26	3	8	1
1901 a 1910	70	11	69	11	38	5	25	2
1911 a 1920	136	22	126	20	89	11	52	4
1921 a 1930	217	35	200	31	141	17	80	6
1931 a 1940	121	20	135	21	98	12	103	8
1941 a 1944			50	8				0
1941-1950					129	16	152	11
1951-1960					284	34	287	21
1961-1970							580	43
1971							55	4
Sin determinar	2	1	2	1	5	1	14	1
Total	**617**		**646**		**824**		**1.363**	

Fuente: Empresas Extranjeras en Argentina /Foreign Companies in Argentina Database BDEEA/FCAD-PICT 2010/0501 (http://empexargentina.com).

Decíamos, además, que se produjo un salto importante en el número de sociedades bancarias y financieras. Entre 1960 y 1972, el incremento de empresas financieras desde 132 a 217 respondió a la estrategia expansiva de los grandes bancos extranjeros (particularmente norteamericanos) que crearon nuevas filiales en los países en desarrollo para abrir operaciones financieras en mercados poco regulados, luego de que se liberaran los controles de cambio. La rentabilidad de las operaciones cambiarias se elevó, además, como consecuencia de la política monetaria y cambiaria implementada por el ministro Krieger Vasena durante el gobierno de facto de

Juan Carlos Onganía (1966-1970). Su "Plan de Estabilización y Desarrollo" devaluó fuertemente el peso, fijó la convertibilidad del peso al dólar a una nueva paridad, y eliminó los controles de cambio, liberalizando el mercado, creando incentivos adicionales para la entrada de capital externo orientado al financiamiento de corto plazo y a la compra de activos preexistentes (Sourrouille, 1976).

La política fiscal también favorecía la radicación de sociedades anónimas extranjeras. A la exención del impuesto a los réditos sobre dividendos, venta de acciones y bonos de las empresas, se sumaba la eximición de tributar aplicada a las ganancias de acciones y títulos de empresas extranjeras radicadas en el marco de las leyes 14780 y 14781. Este régimen incentivaba a canjear bienes por activos de sociedades, incrementando el número de sociedades de capital registradas en el país, que se cuadriplicaron entre 1960 y 1971 (Sánchez Román, 2013).

La conjunción de factores locales, políticas cambiarias y fiscales, en un contexto de expansión de la banca *offshore* explica también la participación elevadísima de sociedades extranjeras radicadas en Uruguay en 1971 (cuadro 5). De las 145 firmas con sede en Uruguay que operaban en Argentina, 111 eran financieras. En el marco de un proceso de liberación parcial del mercado cambiario y bancario, los países con regímenes fiscales flexibles para el capital extranjero, como Uruguay o Panamá, se constituyeron en la sede de multinacionales norteamericanas, que iniciaron entonces sus estrategias de triangulación, ampliamente difundidas en las décadas posteriores.

En este nuevo ciclo, la banca británica perdió su hegemonía. La transferencia y nacionalización de las empresas ferroviarias y de servicios públicos y la caída del comercio británico-argentino tuvo un impacto negativo sobre las operaciones de los bancos británicos, que debieron diversificar los servicios financieros ofrecidos en Argentina. El Bank of London & South America, por ejemplo, abrió servicios de consultoría, gestión de inversiones en títulos y acciones en el mercado de valores local, y tarjeta de crédito en la década de 1960, para contrarrestar la caída de sus negocios (Jones, 1993.) Otro factor fundamental a la hora de explicar el declive de los bancos británicos en Latinoamérica tanto como en Europa, fue la creciente importancia de los bancos norteamericanos en la provisión de eurodólares para las corporaciones del mismo origen. Las restricciones a la exportación de dólares establecidas por el gobierno de Estados Unidos hicieron que las multinacionales norteamericanas se proveyeran de eurodólares en las filiales de bancos norteamericanos en el exterior, los cuales se fortalecieron a la par que las corporaciones aumentaban su participación en el mercado global (Jones, 1993).

Cuadro 5. Empresas extranjeras en Argentina por nacionalidad (1944-1972)

Nacionalidad	1944-5	1959-60	1971-2
Estados Unidos	184	289	449
Gran Bretaña	202	158	132
Uruguay	11	48	145
Alemania	71	48	101
Francia	38	63	77
Italia	15	32	52
Más de dos nacionalidades	6	3	33
Otras	125	183	407
Total	**646**	**824**	**1.363**

Fuente: Empresas Extrajeras en Argentina /Foreign Companies in Argentina Database BDEEA/FCAD-PICT 2010/0501(http://empexargentina.com).

El examen de las firmas extranjeras según su origen muestra a Estados Unidos encabezando la lista a partir de 1959, cuando finalmente terminó por desplazar la hegemonía británica. Hacia 1971, el 50% de las firmas industriales extranjeras y más del 30% de las firmas extranjeras en general eran de origen norteamericano. Gran Bretaña perdió el liderazgo, pero mantuvo el segundo lugar, puesto que gran parte de las firmas uruguayas eran norteamericanas, según explicamos previamente (cuadro 5). Alemania recuperó posiciones, doblando el número de empresas de este origen, luego de recuperar parte de las firmas industriales que le habían sido confiscadas en carácter de propiedad enemiga tal como lo hizo en otros países latinoamericanos (Belini, 2006; Moreno, 2003). También creció en esta década la participación de otras multinacionales europeas provenientes de Italia (que entonces experimentaba una etapa de fuerte crecimiento económico), Suecia, España y Francia.

La creciente competencia en el mercado mundial entre aquellas empresas que tenían ventajas competitivas exclusivas en la producción, tecnología, comercialización y distribución de productos diferenciados explican la importancia que adquirieron los mercados nacionales en las estrategias expansivas de las multinacionales y el dominio norteamericano en las ramas más dinámicas de la producción industrial.

En conjunto, las empresas industriales representaron casi la mitad de todas las firmas detectadas (45%, frente al 35% de 1959). En estos años, las empresas extranjeras industriales cumplieron un lugar destacado en el proceso sustitutivo de bienes intermedios y duraderos de consumo en Argentina, incrementando su participación en el producto industrial desde menos de una quinta parte en 1955 hasta cerca de un tercio a comienzos de la década de 1970. Las ventajas de las multinacionales se combinaron con la operatoria en una economía altamente protegida que ofreció atractivas oportunidades de inversión, articulada con una escasa capacidad del sector público para programar una estrategia sectorial industrial de largo plazo.

El cuadro 6 sintetiza los cambios en el perfil de la distribución de las empresas por rama industrial en el período bajo estudio, e ilustra claramente algunas de las tendencias ya mencionadas.

Cuadro 6. Empresas industriales extranjeras por rama (1930-1972)

División	Descripción	1930	1937-8	1944-5	1959-60	1971-2
10	Elaboración de productos alimenticios	28	27	26	25	49
11	Elaboración de bebidas	7	6	11	12	34
12	Tabaco	1	1	1	1	5
13	Fabricación de productos textiles	11	14	13	21	24

(continúa)

(continuación)

14	Fabricación de prendas de vestir	1	2	1	0	2
15	Curtido y fabricación de productos de cuero	1	1	1	2	5
16	Producción de madera y fabricación de productos de madera y corcho	2	2	2	3	5
17	Fabricación de papel y de productos de papel	1	3	2	2	8
18 y 181	Impresión y reproducción de grabaciones	2	2	1	1	3
19 y 1920	Fabricación de productos de la refinación del petróleo	2	4	3	1	12
20	Fabricación de sustancias y productos químicos	17	30	40	63	110
21	Fabricación de productos farmacéuticos, sustancias químicas medicinales y productos botánicos de uso farmacéutico	8	13	19	35	61
22	Fabricación de productos de caucho y plásticos	2	4	4	6	21
23	Fabricación de otros productos minerales no metálicos	3	5	9	14	27
24	Fabricación de metales comunes	1	4	4	8	32
25	Fabricación de productos elaborados de metal, excepto maquinaria y equipo	4	6	5	7	48
26	Fabricación de productos de informática, de electrónica y de óptica	0	0	1	3	25
27	Fabricación de equipo eléctrico	7	9	14	29	47
28	Fabricación de maquinaria y equipo	10	11	13	30	62
29	Fabricación de vehículos automotores, remolques y semirremolques	3	3	3	13	32
301 y 303	Fabricación de otro equipo de transporte	0	0	1	3	4
31	Fabricación de muebles	0	0	1	2	2
32, 33	Otras industrias manufactureras	3	0	2	8	11
	Total	**114**	**147**	**177**	**289**	**629**

Fuente: Empresas Extrajeras en Argentina /Foreign Companies in Argentina Database BDEEA/FCAD-PICT 2010/0501 (http://empexargentina.com/).

El análisis de las firmas por rama muestra el aumento gradual de las multinacionales en las industrias química y farmacéutica (20 y 21) desde los años 1930 y el salto que duplica el número de firmas en la década de 1960. De hecho, la mayor parte de las multinacionales farmacéuticas que se radicaron bajo las condiciones de la ley de 1958, como Parke Davis, Merck, Sharp & Dohme, Lepetit, Ciba y Glaxo, ya estaban instaladas en el país. La solicitud de radicación se fundamentaba en la introducción de nuevos productos o ampliar y/o abrir nuevas instalaciones (Katz, 1974), en el contexto de cláusulas sumamente favorables en el marco de la aplicación de decretos-programas de promoción industrial específicos.

Una evolución similar muestra la industria de maquinaria, que incluye maquinaria agrícola, (28) y la fabricación de equipos eléctricos (27). La tendencia indica que estas ramas habían crecido al menos desde los años 1930, estaban maduras en 1959 y se consolidaron bajo propiedad extranjera en la década de 1960. Por otra parte, la elaboración de productos alimenticios (10), y particularmente la industria frigorífica, mantuvo un rol protagónico desde principios del siglo veinte. Esta rama mantuvo un crecimiento constante durante todo el período, pero perdió importancia en términos relativos en razón del incremento de las ramas más dinámicas.

Hasta aquí, los datos corroboran lo identificado en cuanto a las estrategias de las multinacionales orientadas a aumentar su participación en el mercado global en base al aumento de su cuota en mercados nacionales protegidos. También confirman la prioridad dada a la industria química y farmacéutica, así como el crecimiento de las empresas petroquímicas (19) y automotrices (29) que contaba ya con 13 firmas en 1960 y 32 en 1972.[17] Como ha sido ampliamente estudiado, en el período 1967-1970 aumentó el ingreso de capital externo en el sector automotor consolidando

---

[17] La característica principal de la industria petroquímica fue la instalación de plantas de pequeña escala por parte de empresas extranjeras que competían entre sí. La inversión extranjera en la industria no fue intensiva, si la comparamos con los emprendimientos estatales o con los emprendimientos privados en otros países. (Naciones Unidas, 1966) Según Schvarzer (1978), la inversión privada más importante fue la de la norteamericana PASA con 120 millones de dólares.

las inversiones ya iniciadas en años previos, pero además ingresaron nuevos capitales por la vía de la participación accionaria en empresas argentinas del sector autopartista y de la adquisición de empresas industriales.

La evolución de la rama metalúrgica (24 y 25), muestra una tendencia levemente diferente: la rama no estaba dominada por las empresas extranjeras hasta 1960, cuando sólo 15 empresas metalúrgicas eran de capital extranjero. En apenas diez años, aumentó a 80 el número de metalúrgicas extranjeras, lo cual confirma el interés tardío de las multinacionales en este sector. Casi la mitad de esas empresas estaba organizada como empresa conjunta con participación accionaria extranjera.

Como ha sido postulado por estudios previos, a fines de la década de 1960 el dominio de las empresas extranjeras en el sector de las industrias dinámicas era casi total. Por ejemplo, la alemana Thyssen controlaba siete empresas metalúrgicas que integraban la producción de insumos y metales y la fabricación de productos metálicos y partes de automóviles. Thyssen controlaba a Marathon Petroleum Argentina Ltd (exploración y explotación y comercialización de hidrocarburos), Mecomet SACI (elaboración de coque metalúrgico), CARSA SAIC (aluminio y metales en general), Pirometal SAIC (fabricación y comercialización de aleaciones de metales no ferrosos), Armetal (fabricación de chasis y conjuntos de maza y campana para la industria automotriz), Farloc Argentina SAICF (fábrica de frenos metálicos), GDA Gran Distribuidora Argentina SACI (fabricación de paneles estructurales de aluminio) e IMAR, (fabricación de bulones, tornillos y afines). Además, tenía participación accionaria en los Talleres Rivadavia de Industrias Metalúrgicas, dedicados a la fundición y laminación de metales no ferrosos.

La expansión de Thyssen vía la adquisición y la participación en empresas argentinas no fue excepcional, sino que como explicamos antes, se difundió como estrategia de entrada en la década del 1960. Coca-Cola, por ejemplo, tenía participación mayoritaria en todas las distribuidoras de refrescos del país. Esta estrategia no se asociaba a una nacionalidad en especial. Además de Thyssen, entre las alemanas, Hoechst por ejemplo controlaba 6 empresas.

Entre las norteamericanas, Corning Glass, Deltec y Ford, controlaban también varias empresas. Entre las británicas, Imperial Chemical Industries habían adquirido empresas competidoras o proveedoras de insumos para sus productos y controlaban 8 y 4 empresas respectivamente.

El aumento de la participación accionaria y la organización de *joint ventures*, como estrategia de entrada de las firmas extranjeras se puede observar además en el aumento de las firmas que tienen participación accionaria de empresas extranjeras de diferentes nacionalidades (cuadro 5). Del total de estrategias identificadas en las empresas extranjeras en 1971 un 21% fueron *joint ventures*, modalidad que permitía al capital extranjero asociarse con empresas locales obteniendo acceso a sus redes de distribución y mercados. Si consideramos sólo a las 100 mayores firmas extranjeras por capital social en 1971-2 se registraron 14 adquisiciones y 17 *joint ventures*, de modo que el 31% de las grandes empresas no representaban inversiones nuevas (Lanciotti y Lluch, 2014). Estas dos estrategias de entrada se difundieron entre las firmas industriales que actuaban en las ramas de mayor competencia: alimenticia, química, eléctrica y metalúrgica, pero también se aplicaban en el marco de estrategias de integración vertical, como sucedió con la compra de Cristalerías Rigolleau por parte de Coca-Cola y Corning Glass. Las multinacionales norteamericanas fueron particularmente activas en la compra parcial o total de empresas del rubro alimentos, bebidas y tabacos. En las ramas química y metalúrgica, la participación conjunta de multinacionales norteamericanas, francesas, alemanas y holandesas se difundió especialmente a fines de la década de 1960.

La estrategia de entrada de las multinacionales en el sector industrial se vinculó cada vez más con la compra de activos en el país, desplazando a las empresas nacionales también en la industria textil, tabaco y alimentos. En este ciclo, las multinacionales crearon subsidiarias con alto grado de control para desarrollar actividades integradas, combinando la instalación de plantas con la compra de plantas locales y la asociación con empresas argentinas.

El notable incremento de la participación de las firmas extranjeras en la economía argentina en este período no se registra solamente en el número de firmas sino también en el aumento de su participación en el total de ventas y de exportaciones. Como han señalado Khavisse y Piotrkowski (1973), en la década de 1960 el número de firmas extranjeras aumentó entre las primeras cien firmas del país, dominando también las franjas que antes dominaban las firmas nacionales (la franja de las segundas 25 mayores firmas y de las terceras 50 mayores firmas). Se comprueba, asimismo, el dominio de las firmas extranjeras en actividades vegetativas como la industria alimenticia o la industria del tabaco, antes en manos de firmas nacionales y ahora dominadas por firmas extranjeras.

El predominio de las inversiones extranjeras en industrias de alta intensidad tecnológica se explica por la internalización de ventajas competitivas exclusivas (minimización de los costos por transferencia de tecnología), manifestando el creciente papel de la propiedad de activos específicos (tecnología y patentes) entre 1958 y 1970 (Buckley y Casson, 2010). Las empresas industriales se concentraron en ramas dinámicas no integradas y formaron oligopolios que modificaron la estructura industrial argentina, minimizando aún más la participación de empresas locales que operaban en sectores vegetativos (Katz, 1974; Skupch, 1970).

El análisis desde la perspectiva de la historia de empresas confirma en este sentido lo señalado por los estudios previos sobre la extranjerización de la industria en este período, con matices en cuanto al ritmo de entrada y los destinos de inversión. Según Sourrouille (1976) la participación extranjera en la producción industrial creció desde el 18,2% en 1955 al 31% en 1971, siendo 1960-62 y 1969-72, los períodos de extranjerización más acelerada. Nuestro análisis muestra que la presencia del capital extranjero aumentó en todas las ramas industriales durante la década de 1960 y que, en término de empresas, la entrada tuvo un ritmo constante hasta el final del ciclo de IED. Las estrategias globales de las empresas multinacionales, la liberalización de las políticas locales y un marco regulatorio flexible consolidaron la entrada de empresas extranjeras en el país en las décadas de 1950 y 1960 en dos direcciones: inversiones en activos fijos en el sector industrial e inversiones de corto plazo en el sector financiero.

Conclusiones

La presencia de las empresas multinacionales en la economía argentina ha sido persistente y significativa desde su integración a la economía occidental hasta el presente. Desde una perspectiva de largo plazo y desde la historia de empresas, pudimos identificar los principales contrastes entre los dos ciclos de entrada de inversión externa, 1885-1930 y 1958-1972.

Durante la primera globalización, la inversión extranjera se dirigió a actividades asociadas a la explotación de recursos naturales en mercados en expansión, y estuvo liderada por empresas que habían desarrollado conocimientos específicos y capacidades gerenciales en la gestión de amplios recursos financieros. Durante el período de entreguerras, las decisiones de internacionalización dependieron cada vez más de la competencia global entre multinacionales con ventajas competitivas exclusivas en determinados productos y procesos de consumo masivo, tal como lo formularan Hymer (1960) y Kindleberger (1969).

A partir de la segunda posguerra, las políticas de promoción industrial y de la radicación de inversión externa desplegadas en el marco de un programa de industrialización dirigida por el Estado en Argentina favorecieron la entrada de multinacionales, al ofrecerse una serie de "ventajas" políticas como consecuencia de las leyes de promoción industrial y los regímenes de aliento a la radicación de empresas extranjeras financiadas fundamentalmente a través del ahorro nacional. En ambos casos, las firmas extranjeras se instalaron en las actividades más rentables y dinámicas de la economía argentina, esto es, primero en las actividades asociadas al comercio de exportación y luego en las actividades orientadas al mercado interno. Las inversiones tuvieron como destino principal a las industrias dinámicas y a las industrias alimenticias después, aspecto que representa una continuidad en tanto este sector fue un destino prioritario de inversión extranjera en la industria desde inicios del siglo veinte. En ambas fases de auge, las empresas multinacionales dominaron la actividad financiera y los servicios comerciales orientados al mercado externo e interno respectivamente.

Así, entre 1958 y 1973, las inversiones medidas en términos tanto de flujos como en el número de empresas instaladas, se dirigieron prioritariamente al sector industrial, articulándose con las políticas de promoción implementadas durante la fase de industrialización dirigida por el Estado. En la primera parte del ciclo de auge se reforzó la presencia de capital extranjero en las industrias química, petrolera, petroquímica, farmacéutica, metalúrgica, metalmecánica y automotriz; posteriormente las empresas extranjeras avanzaron en todas las ramas industriales de la economía argentina, incluyendo la producción de alimentos, tabaco y textiles.

La radicación de empresas extranjeras se acentuó en la década de 1960, con la difusión de *joint ventures* y fusiones. En contraste con las estrategias originariamente *greenfield* que facilitaron la entrada de las firmas durante la primera globalización, se consolidó la compra de empresas y la participación extranjera en firmas locales, lo cual muestra el interés de las multinacionales por controlar el mercado argentino y el desplazamiento de un empresariado nacional que se había consolidado desde la segunda posguerra al calor de las políticas estatales y el crecimiento económico de base industrial. De este modo se profundizó el proceso de extranjerización de la industria argentina en las décadas finales del proceso sustitutivo.

Este ciclo fue claramente liderado por empresas norteamericanas, cuya presencia relevante en la industria desde los años treinta se expandió a partir de la retirada del capital británico y la derrota alemana en la segunda guerra. A partir de los años cincuenta, más tardíamente que en otros países latinoamericanos, las multinacionales norteamericanas dominaron prácticamente todas aquellas actividades económicas que estaban atravesando un ciclo de crecimiento: explotación de petróleo y minerales, industria, servicios comerciales y financieros, información y comunicaciones.

En este ciclo de IED, la inversión de capital en el país fue sustancialmente menor a la realizada durante el primero (1880-1930), de modo que el aporte al proceso de acumulación de capital realizado por las firmas extranjeras fue menos significativo. Pero, al mismo tiempo, las empresas extranjeras generaron un impacto elevado en la economía argentina debido a su alta concentración en las ramas más dinámicas de la economía, en las cuales operaban unas pocas compañías extranjeras, y en el sector financiero. En tal sentido, los contrastes señalados entre ambos ciclos no opacan una cuestión fundamental que se hace visible en los análisis de largo plazo de la inserción de las empresas extranjeras en la economía argentina, como es la alta incidencia estructural y la persistente relevancia de la inversión extranjera directa en el país.

Referencias bibliográficas

Altimir Oscar, Santamaría Horacio, Sourrouille Juan, 1966, "Los instrumentos de promoción industrial en la postguerra", en *Desarrollo Económico*, vol. 6, n° 21.

———, 1967, "Los instrumentos de promoción industrial en la postguerra", *Desarrollo Económico*, vol. 7, n° 27.

Álvaro Moya, Adoración, 2012, *La inversión directa estadounidense en España. Un estudio desde la perspectiva empresarial (c. 1900-1975)*, Madrid: Banco de España.

Azpiazu Daniel y Kosacoff Bernardo, 1985, *Las empresas transnacionales en la Argentina*, documento de trabajo n° 16, Buenos Aires: Comisión Económica para América Latina CEPAL/ Naciones Unidas.

Banco Central de la República Argentina (BCRA), 1968, *Evolución de las inversiones de capitales extranjeros*, Buenos Aires.

Belini, Claudio, 2006, "Reestructurando el Estado industrial: El caso de la privatización de la DINIE, 1955-1962", en *Desarrollo Económico*, vol. 46, n° 181.

———, 2013, "Controversias y oscilaciones de la política industrial: De Perón a Frondizi", en Rougier, Marcelo (comp.), *Estudios sobre la industria argentina 3*, Carapachay: Lenguaje claro Editora.

———, 2014, *Convenciendo al capital. Peronismo, burocracia, empresarios y política industrial, 1943-1955*, Buenos Aires: Ediciones Imago Mundi.

Buckley, P. y Casson, M., 2010, *The Multinational Enterprise Revisited*, Londres: Palgrave Macmillan.

Colli, Andrea, 2014, "Multinationals and Economic Development in Italy during the Twentieth Century", en *Business History Review*, n° 88.

Comisión Económica para América Latina (CEPAL), 1959, *El Desarrollo Económico de la Argentina*, México: Naciones Unidas-CEPAL.

Dirección General de Fabricaciones Militares (DGFM), 1964, *Síntesis estadística de radicaciones de capitales extranjeros al 31-XII-63*, Buenos Aires: DGFM.

Da Silva Lopes, Teresa, 2006, *Global Brands. The Evolution of Multinationals in Alcoholic Beverages*, Oxford: Oxford University Press.

Donolo, Dante, 1980, "Aspectos históricos sobre organismos y planes nacionales en Argentina: período 1810-1980", en *Cuadernos de Administración Pública*, Centro de Investigación y Perfeccionamiento en Ciencias Económicas y Administración Pública, Córdoba: Universidad Católica de Córdoba.

Fischer, Peter W., 1973, *El capital externo en el desarrollo económico de Argentina: 1880-1964*, Santiago de Chile: Instituto Latinoamericano de Investigaciones Sociales.

Fundación de Investigaciones Económicas Latinoamericanas (FIEL), 1973, *Las inversiones extranjeras en la Argentina*, Buenos Aires: FIEL.

Hymer, Stephen, 1960, *The international operations of national firms: A study of direct foreign investment*, MIT Monographs in Economics, Cambridge: MIT Press.

Instituto para la Integración de América Latina (INTAL), 1970, *Estudio de la legislación aplicable a las empresas de capital multinacional en áreas de integración económica*, Serie Estudios, n° 3, Buenos Aires: Banco Interamericano de Desarrollo.

Jones, Geoffrey, 1993, *British Multinational Banking, 1830-1990*, Oxford: Oxford University Press.

——, 2005, *Multinationals and Global Capitalism: From the Nineteenth to the Twenty-first Century*, Oxford: Oxford University Press.

Jones, Geoffrey y Lubinski, Cristina, 2012, "Managing political risk in global business: Beiersdorf 1914–1990", en *Enterprise & Society*, vol. 13, n° 1.

Katz, Jorge, 1974, *Oligopolio, firmas nacionales y empresas multinacionales: la industria farmacéutica argentina*, Buenos Aires: Siglo XXI Editores.

Katz, Jorge y Kosacoff, Bernardo, 1989, *El proceso de industrialización en Argentina: evolución, retroceso y prospectiva*, Buenos Aires: CEAL.

Khavisse, Miguel y Piotrkowski, Juana, 1973, *La consolidación hegemónica de los factores extranacionales, el caso de las cien empresas industriales más grandes*, Buenos Aires: Secretaría de Planeamiento y Acción de Gobierno.

Kindleberger, Charles, 1969, *American Business Abroad: Six Lectures on Direct Investment*, New Haven: Yale University Press.

Lanciotti, Norma S., 2011, "Del Estado garante al Estado empresario. La relación entre Estado y empresas de servicios públicos urbanos en Argentina, 1880-1955", en Jones, G. y Lluch, A. (eds.), *El impacto histórico de la globalización en Argentina y Chile: empresas y empresarios*, Buenos Aires: Temas.

Lanciotti, Norma y Lluch, Andrea, 2009, "Foreign direct investment in Argentina: timing of entry and business activities of foreign companies (1860-1950)", en *Entreprises et Histoire*, vol. 54, n° 1.

———, 2014, "Las empresas extranjeras en la fase de industrialización dirigida por el Estado: estructuras organizativas y estrategias de entrada, Argentina 1944-1972", en *Apuntes. Revista de Ciencias Sociales*, vol. XLI, n° 75.

———, 2015a, "Investing in growing markets: Opportunities and challenges for multinationals in Argentina, 1900-1960", en *Management & Organizational History*, Taylor & Francis – Routledge.

———, 2015b, "Las grandes empresas extranjeras en la Argentina: características y transformaciones entre 1913 y 1960", en *Investigaciones de Historia Económica*, vol. 11.

Ledesma, Joaquín Rafael, 1981, *Cinco años de política económica. Abril 1976-Marzo 1981*, Buenos Aires: FEPA.

Lindenboim, Javier, 1982, *Promoción industrial y distribución de la población*, Buenos Aires: Centro de Estudios Urbanos y Regionales.

Lluch, Andrea y Lanciotti, Norma, 2012, "Las empresas europeas en Argentina: condicionantes, destinos de inversión y cambios organizativos entre la Primera y la Segunda Guerra Mundial", *Desarrollo Económico*, vol. 52, n° 205.

Mallon, Robert y Sourrouille, Juan, 1975, *Economic Policy-making in a Conflict Society: The Argentine Case*, Cambridge: Harvard University Press.

Mato, Daniel y Colman, Marta, 1974, *Características y análisis histórico de las inversiones extranjeras en la Argentina, 1930-1973*, Buenos Aires: Editorial El Coloquio.

Moreno, Julio, 2003, *Yankee Don't Go Home!, Mexican Nationalism, American Business Culture, and the Shaping of Modern Mexico, 1920-1950*, Chapel Hill: University of North Carolina Press.

Naciones Unidas/CEPAL, 1966, *La industria petroquímica en América Latina*, Santiago de Chile: Consejo Económico y Social-Naciones Unidas.

Ocampo, José Antonio y Ros, Jaime, 2011, "Shifting Paradigms in Latin America's Economic Development", en *The Oxford Handbook of Latin American Economics*, Oxford: Oxford University Press.

Oficina de Estudios para la Colaboración Económica Internacional, 1974, *Argentina económica y social*, Buenos Aires: OECEI.

Rapoport, Mario, 1981, *Gran Bretaña, Estados Unidos y las clases dirigentes argentinas: 1940-45*, Buenos Aires: Ed. De Belgrano.

Revista Competencia, 1967, "Las inversiones norteamericanas", n° 7.

Sánchez Román, José Antonio, 2013, *Los argentinos y los impuestos. Lazos frágiles entre sociedad y fisco en el siglo veinte*, Buenos Aires: Siglo XXI Editores.

Schröter, Harm G., 1993, "The German Question, the Unification of Europe, and the European Market Strategies of Germany's Chemical and Electrical Industries, 1900-1992", en *The Business History Review*, vol. 67, n° 3.

Schvarzer, Jorge, 1978, "Estrategia industrial y grandes empresas: el caso argentino", en *Desarrollo Económico*, vol. 18, n° 71.

Skupch, Pedro R., 1971, "Concentración industrial en la Argentina, 1956-1966", en *Desarrollo Económico*, vol. 11, n° 41.

Sourrouille, Juan, 1976, *El impacto de las empresas transnacionales sobre el empleo y los ingresos: el caso de Argentina*, Buenos Aires: OIT.

Stebbings, Robert, 1975, "La Ley Argentina sobre Inversiones Extranjeras y su Inspiración en el Mercado Común Andino", Derecho de la Integración, n° 18 y 19, Instituto para la Integración de América Latina (INTAL), Buenos Aires.

Wilkins, Mira, 1974, *The maturing of multinational enterprise: American business abroad from 1914 to 1970*, Cambridge: Harvard University Press.

Base de datos

BDEEA-FCAD, 1870-1971. Base de Datos de Empresas Extranjeras en Argentina (http://www.empexargentina.com).

Fuentes

Banco Central de la República Argentina, 1974, *Circular B 1150*, Buenos Aires, 4 de septiembre.

Cámara de Sociedades Anónimas, 1972, *Guía de sociedades anónimas*, Buenos Aires: Cámara de Sociedades Anónimas.

Cámara de Sociedades Anónimas, 1947, *Guía de sociedades anónimas, responsabilidad limitada y cooperativas. 1946/1947*, Buenos Aires: Cámara de Sociedades Anónimas.

Cámara de Sociedades Anónimas, 1946, *Guía de sociedades anónimas 1944/45, responsabilidad limitada y cooperativas*, Buenos Aires: Cámara de Sociedades Anónimas.

CEPAL, 1986, *Las empresas transnacionales en la Argentina. Estudios e Informes de la Cepal*, Santiago de Chile: Naciones Unidas.

Dorr Mansilla H. B. P., 1938, *Guía de Sociedades Anónimas, responsabilidad limitada y cooperativas, 1937-1938*, Buenos Aires: Dorr Mansilla.

————, 1931, *Guía de Sociedades Anónimas. Anuario 1930*, Buenos Aires, Argentina, Dorr Mansilla.

El accionista, 1960, *Guía el accionista de sociedades anónimas 1959-1960*, Buenos Aires: El Accionista.

Ernest Munster Papers, Accession 2031 "Letter to Mr. Geo W. Hayes, Radio Corporation of America (Buenos Aires)", firmada por Price, Waterhouse, Faller & Co, con fecha 22 de agosto de 1928. Box 1/5 (Argentina). (Hagley Museum and Library, Wilmington, DE).

Grant R. & Co., 1913, *The Argentine Year Book*, Buenos Aires, Robert Grant & Co.

Guía de Sociedades Anónimas, *Anuario 1924 Buenos Aires, Argentina.*

River and Mercantile Trust Records (University College of London) The River Plate Trust, Loan & Agency, 1883, *Report of the Second Ordinary General Meeting*, 22 de mayo.

JORDI CATALÁN

5 | Revisando la política estratégica: orígenes de la producción en serie en la industria automovilística de Argentina, Corea del Sur y España[1]

Introducción

El presente capítulo defiende que la protección a las industrias nacientes contribuye al cambio en la ventaja comparativa de las economías atrasadas (List, 1985; Chang, 2002a, 2002b). El ejemplo analizado es el de la industria automovilística, dada su significativa capacidad de creación de externalidades y de encadenamientos para el cambio estructural a largo plazo.

Tras la Segunda Guerra Mundial, los países atrasados buscaron la forma de promover el desarrollo económico por la vía de acelerar la industrialización. Como es bien sabido, en las economías de socialismo de Estado, la industrialización forzada en base a la planificación central tendió a producir importantes distorsiones de bienestar a largo plazo. En algunas economías en vías de desarrollo, las políticas industriales que favorecieron la sustitución de importaciones también pudieron crear algunas ineficacias significativas, que quedaron parcialmente ocultas por la tremenda

---

[1] La primera versión de este trabajo se publicó bajo el título "Strategic policy revisited: The origins of mass production in the motor industry of Argentina, Korea and Spain, 1947-87" en 2010, en *Business History* (vol. 52, n° 2), revista a la que debo expresar mi gratitud. También quisiera hacer público mi reconocimiento al Ministerio de Economía y Competitividad de España y al FEDER de la Unión Europea, por su apoyo a través de los proyectos HAR2012-33298 sobre "Ciclos y desarrollo industrial en la historia económica de la España contemporánea, 1790-2012" y PGC2018-093896-B-100 sobre "¿Capitalismo mediterráneo? Éxitos y fracasos del desarrollo industrial en España, 1720-2020". Por último, agradezco al profesor Claudio Belini, impulsor de este libro, cuya presentación del caso argentino en Barcelona, ya hace algunos años, contribuyó a inspirar mi investigación originaria.

expansión de la economía mundial durante la *edad de oro*, pero se hicieron muy visibles después de 1973 y 1982.[2] No obstante, la experiencia de los tres países de tamaño mediano seleccionados para nuestro análisis indica que la adopción de políticas proteccionistas de apoyo a la industria automovilística nacional fue una opción estratégica aceptable para respaldar la producción en serie y el cambio estructural en los estadios tempranos de desarrollo del sector. Tal resultó ser el caso, no sólo durante los años de expansión internacional, sino también en toda la fase de desaceleración del crecimiento tras la primera crisis del petróleo.

Los tres países seleccionados para el análisis son Argentina, España y Corea del Sur. Dos trabajos anteriores habían comparado sus industrias automovilísticas desde una perspectiva sociológica, argumentando que los diferentes resultados en cuanto al éxito industrial se debieron a las particulares condiciones sociales de cada país (Biggart y Guillén, 1999; Guillén, 2003). El presente artículo confirma la relevancia de la comparación para el establecimiento del potencial de desarrollo que presenta la industria automovilística en economías emergentes. A pesar de ello, nuestro análisis difiere del anterior en tres aspectos. En primer lugar, se utiliza una aproximación histórica al análisis del desarrollo económico, mediante la identificación de algunos períodos específicos de contraste, la comparación de trayectorias de crecimiento en el tiempo y la evaluación del desempeño a largo plazo de variables cuantitativas. En segundo término, nuestro estudio quiere mostrar que las políticas tuvieron mayor impacto en el resultado final que las estructuras sociales. Finalmente, Corea del Sur, y no España, emerge como el mejor actor del grupo, ya que fue capaz no sólo de desarrollar una industria del automóvil competitiva, sino también de retener el control nacional sobre dicha industria (Amsden, 1989, 1997; Green, 1992; Chang, 1993; Kim, 1993; Jenkins, 1995; Jeong, 2004; Yang, Kim y Han, 2006; Lansbury, Suh y Kwon, 2007).

---

[2] El período analizado abarca de 1945 a 1987 dado que puede considerarse un ciclo de expansión y crisis a largo plazo y en consecuencia puede usarse para evaluar los costes también a largo plazo y la eficiencia dinámica de las políticas adoptadas durante la *edad de oro*. El año 1987 se toma como fecha de cierre puesto que marcó un nadir en la depresión latinoamericana.

Políticas estratégicas y auge de la producción en serie en la primera fase de la edad de oro (1945-1962)

La elección de los países se basa en dos criterios: la comparabilidad de su tamaño y la similitud de sus prioridades políticas. Argentina, España y la República de Corea del Sur pueden ser considerados países de tamaño mediano. Las economías de escala en el mundo de la industria automovilística habían sido significativas desde la víspera de la Primera Guerra Mundial, cuando Henry Ford consiguió un radical abaratamiento del producto, a través de la combinación del uso de piezas intercambiables, la adopción de la cadena continua de montaje y la supervisión del proceso de producción por parte de ingenieros. Tales innovaciones posibilitaron la producción en serie, pero requerían un mercado relativamente grande. Dicho de otro modo, la manufactura automovilística en serie parecía inadecuada para países con pocos consumidores potenciales o con una baja renta per cápita. No es el caso de las economías seleccionadas. En 1953, España contaba con 28 millones de habitantes, Corea del Sur (tras la partición de la península) con 21 millones y Argentina, alrededor de 17 millones. A pesar de ello, la república del Plata gozaba de una considerablemente mayor renta per cápita, es decir, alrededor de 5.000 Geary-Khamis dólares de 1990, con paridad de poder adquisitivo, en comparación con menos de 3.000 en España y alrededor de 1.000 en la República de Corea. Si se considera el PBI como un indicador del potencial de las economías de escala, Argentina era el país mejor situado de los tres, con aproximadamente 90.000 dólares internacionales. España, con 80.000, ocupaba una cómoda segunda posición, pero Corea del Sur, con 23.000, quedaba en una posición rezagada.[3]

Los tres países adoptaron políticas industriales para promover la fabricación automovilística nacional durante la *edad de oro* del crecimiento contemporáneo. En la Argentina del general Juan

---

[3] Los datos sobre población y sobre el PBI provienen de Maddison (1995, apéndices A y D).

Domingo Perón, el Primer Plan Quinquenal de 1946 consideró prioritaria la creación de capacidad productiva en la industria automovilística (Sourrouille, 1980; Frenkel, 1992; Belini, 2003, 2006). Se redujeron drásticamente las importaciones automovilísticas, que descendieron de 80.193 unidades en 1947 a solamente 7.051 en 1949.

En 1951 el gobierno decidió crear una empresa pública para llevar a cabo la fabricación automovilística, aprovechando las instalaciones de Córdoba, que habían sido utilizadas para la construcción de aeronaves desde 1927. Industrias Aeronáuticas y Mecánicas del Estado (IAME) fue declarada empresa de interés nacional, lo que significaba que estaba exenta del pago de aranceles sobre las importaciones de maquinaria, componentes y materias primas. Hacia 1952 IAME contrató a 8.000 empleados. En abril de 1952 la compañía presentó su primer modelo, el Justicialista, una berlina, y lanzó el Rastrojero, un vehículo todo terreno, pocos meses más tarde. Hacia 1958 la firma había producido 13.464 unidades y siete modelos.

En 1946, en España, el *holding* público Instituto Nacional de Industria (INI) compró la fábrica de la Hispano-Suiza de Barcelona para producir vehículos pesados (San Román, 1995; García Ruiz, 2001, 2003; Carreras y Estapé-Triay, 2002). En 1948 se llevó a cabo un paso aún más significativo para el desarrollo de la producción en serie, al forzar el holding público al Banco Urquijo a transferir el contrato firmado con FIAT de asistencia técnica para la producción de automóviles en España, lo que conllevó la creación de la Sociedad Española de Automóviles de Turismo (SEAT), con un 51% de capital perteneciente a INI y un 7% a la compañía italiana. La planta, ubicada en la Zona Franca del puerto de Barcelona, lanzó su primer modelo (la berlina 1400) en 1953. SEAT no sólo recibió otras exenciones arancelarias y fiscales, sino que además se benefició de su estatus como firma de interés nacional (San Román, 1995; Catalán, 2000, 2006; Tappi, 2008). Hacia 1958 manufacturó unos 22.157 vehículos de dos modelos (1400 y 600).

En la República de Corea del Sur, el mecánico Choi Mu-Seong y sus hermanos construyeron en 1955, durante el mandato de Rhee Syngman, el Shibal, el primer automóvil producido en el país. Para ello fundaron Automóviles Shibal (Yang y otros, 2006; Lansbury y otros, 2007). La empresa usó las piezas de los antiguos jeeps de la Guerra de Corea y modificó sus motores.

Rhee fue derrocado en abril de 1960. Otro golpe de Estado llevó al general Park Chung-Hee al poder en marzo de 1962. El nuevo gobierno aprobó el Primer Plan Quinquenal de Desarrollo, que había de respaldar la creación de una industria automovilística moderna. De acuerdo con la ley para la Protección de la Industria Automovilística se prohibieron las importaciones de vehículos acabados (Green, 1992; Ravenhill, 2001; Lee, 2005; Jeong, 2004; Yang y otros, 2006). Se designó al ministro de Comercio e Industria como responsable en la toma de decisiones sobre cuáles habían de ser compañías que se especializaran en la producción automovilística y se beneficiaran de las correspondientes economías de escala. Originariamente se seleccionó a Sammi Corporation, pero la Compañía Automovilística Saenara fue finalmente la elegida (Ravenhill, 2001). Saenara (cuyo nombre significa "nueva nación") firmó un acuerdo de asistencia técnica con Nissan y armó las piezas importadas de Japón.

En resumen, los regímenes nacionalistas de los tres países coincidieron en el lanzamiento de programas de apoyo y en el respaldo a ciertas empresas, con el objetivo de promover la producción automovilística nacional. En el origen de tal prioridad se hallarían una preocupación política por la industrialización del país y un interés militar hacia los automóviles en particular. Se aplicó una gran variedad de instrumentos: exenciones arancelarias, subsidios directos, crédito preferencial y participación pública en el capital de las empresas. Además, en los tres países se impusieron severas restricciones a las importaciones de automóviles acabados y se sometió la inversión a la concesión de licencias. Las empresas estadounidenses que habían operado en Argentina y España desde los años veinte del siglo pasado se encontraron con serias dificultades para importar piezas, obtener permisos para sus planes de expansión y transferir beneficios al extranjero (Wilkins y Hill, 1964; Sourrouille, 1980; Carreras y Estapé-Triay, 2002; Belini, 2003).

El proyecto más importante de la administración peronista fue Industrias Kaiser Argentina (IKA). La escasez de divisas llevó al gobierno a dar la bienvenida al capital extranjero en 1953. La dificultad de obtención de componentes fiables había sido un gran obstáculo para la expansión de IAME, el campeón nacional anterior. Además, debido a la apremiante escasez de divisas, el régimen quiso estimular la sustitución de piezas. En aquellos tiempos, el empresario estadounidense Henry Kaiser buscaba usos alternativos para el equipamiento de sus plantas de Michigan y Ohio, que tenían serias dificultades en el mercado estadounidense (MacDonald, 1988; McCloud, 1995; Belini, 2003, 2006; Cipolla, 2003). En agosto de 1954 Kaiser propuso al gobierno argentino una empresa conjunta para la fabricación de automóviles con el objetivo de usar el 90% de componentes locales. Tras algunas negociaciones, la sociedad fue creada en enero de 1955 con un capital de 360 millones de pesos dividido entre Kaiser Motors (31%), IAME (22%) y accionistas privados argentinos (47%).[4] El plan consistía en la producción de 20.000 jeeps, 10.000 berlinas modelo Manhattan, 5.000 camionetas y 5.000 vehículos todo terreno. Finalmente, se construyó la fábrica en Santa Isabel (Córdoba). IKA resultó ser el primer productor argentino relativamente grande (McCloud, 1995; Bisang, Burachik y Katz, 1996; Cipolla, 2003; Belini, 2006).

IKA lanzó su jeep fabricado en Argentina en 1956, considerado el primer automóvil argentino de producción estandarizada. De este modo, IKA tomó el liderazgo como principal productor de automóviles de Argentina. La producción pasó de 5.000 unidades en 1956 a 23.753 en 1959 (MacDonald, 1988). Kaiser Argentina puede ser considerada la campeona nacional del momento, con una cuota de mercado del 72%.

La Revolución Libertadora, que derrocó a Perón, cambió, no obstante, la política automovilística argentina flexibilizándose las restricciones sobre las importaciones de automóviles (Sourrouille, 1980; Torre y De Riz, 2001; Barbero y Rocchi, 2003). Más tarde, el gobierno de Arturo Frondizi combinó la liberalización de licencias con el objetivo de estimular las inversiones con requisitos

---

[4] El desglose exacto es materia de controversia (MacDonald, 1988, p. 338 y n. 29; McCloud, 1955, p. 50).

obligatorios de grado de nacionalización sobre los componentes locales. Una vez más, se redujeron las importaciones. Desde finales de 1958 Frondizi facilitó la participación de capital extranjero en la creación de nuevas plantas de automóviles a través de la Ley para la Inversión Extranjera y el Fomento Industrial y el Decreto de Fomento de la Producción de Automóviles (Sourrouille, 1980; Bisang y otros, 1996). Se eliminaron las restricciones a la repatriación de beneficios de las empresas extranjeras (MacDonald, 1988). Se trataba de que la libre competencia seleccionara las empresas más eficientes y favoreciera el establecimiento de nuevas compañías en el país. De hecho, muchos fabricantes internacionales de automóviles respondieron a la invitación de Frondizi.

Las tres mayores compañías estadounidenses de automóviles obtuvieron inicialmente el permiso para llevar a cabo la fabricación de vehículos industriales. Pero tras una visita del presidente a los Estados Unidos, se aprobaron planes para promover también la producción de turismos (Bisang y otros, 1996; Cipolla, 2003, 2007). Como resultado, Ford lanzó el Falcon, General Motors ensambló el Chevrolet y Chrysler lanzó el Valiant (Asociación de Fábricas de Automotores [ADEFA], 1967).

Los productores europeos entraron también en el mercado automovilístico argentino. Fiat Concord, que había operado en la fabricación de tractores desde 1954, obtuvo un permiso para producir turismos. Citroën llevó a cabo el ensamblaje de los modelos AZL y AZU. IAFA lanzó el Peugeot 403. En conjunto, 23 firmas automovilísticas tenían luz verde para desarrollar sus planes de producción (Barbero y Motta, 2007).

La política de Frondizi revitalizó la inversión extranjera en la industria automovilística y asimismo estimuló nuevos movimientos nacionales para autorizar el uso de tecnología extranjera. El más importante fue SIAM Di Tella, que presentó su proyecto para producir una berlina de 1.500 cc con una licencia de BMC (Rougier y Schvarzer, 2006). Di Tella lanzó su 1500 en 1960 y un vehículo comercial en 1961.

En España la política automovilística de la década de 1950 combinó el respaldo preferente a su nuevo campeón nacional, SEAT, con una política extremadamente prudente de concesión de licencias a un pequeño número de rivales. No sólo continuaron limitándose muy seriamente las importaciones de automóviles, sino que también se promovió una política industrial destinada a asegurar que los componentes de la producción automovilística fuesen enteramente de origen local. Las licencias para nuevas empresas se dieron de forma individual y trataron de favorecer la especialización (García Ruiz y Santos Redondo, 2001).

El proyecto de producción del Renault 4CV en Valladolid obtuvo el beneplácito del gobierno en 1951 (Sánchez, 2004, 2006; Fernández de Sevilla, 2007). Se dio un período de gracia de cuatro años a Fabricación de Automóviles Sociedad Anónima (FASA), al final del cual debía utilizar el 100% de piezas de origen local (Fernández de Sevilla, 2007). La compañía construiría la fábrica en Valladolid. Los accionistas locales suscribieron alrededor del 70% del capital, y SAER, una filial de Régie Nationale des Usines Renault, adquirió el resto. FASA obtuvo el permiso para fabricar un modelo de pequeño utilitario, mientras que SEAT preparaba el lanzamiento de un coche de más alta gama (con un motor de 1.400 cc).

El mercado de turismos en la década de 1950 se convirtió prácticamente en un duopolio en manos de SEAT y FASA. Hacia 1956 SEAT produjo más de 10.000 vehículos y FASA más de 5.000. El resto de los fabricantes de turismos fabricaron en total menos de 2.500 vehículos.

En 1957 SEAT lanzó un pequeño utilitario, el 600, que fue todo un éxito: se mantuvo como producto estrella de la empresa hasta 1968 y fue producido, y exportado, hasta 1973. FASA reaccionó con la fabricación de un nuevo vehículo de más alta gama, el Dauphine. El nuevo modelo, lanzado en 1958, de nuevo dependía de la licencia de Renault. La compañía francesa continuó suministrando licencias a principios de 1960 y mostró gran interés en aumentar su participación en la empresa española.

La producción española de automóviles pasó de menos de 7.000 vehículos en 1954 a más de 100.000 en 1962. El campeón nacional y principal productor, SEAT, podía jactarse de que más del 90% de las piezas se fabricaban en el país (Catalán, 2006). FASA, que se mantenía muy por debajo de ese nivel, se vio obligada a reducir gradualmente la proporción de piezas extranjeras importadas.

Corea del Sur no tenía tanta experiencia como Argentina o España en el montaje o la fabricación de automóviles. Antes de la Segunda Guerra Mundial, cuando el país fue ocupado por Japón, Corea sólo contaba con algunos talleres de reparación de camiones y coches producidos en el extranjero y utilizados en la península, Manchuria o en el interior de China. Desde la Segunda Guerra Mundial, esos pequeños talleres reparaban y proporcionaban piezas al ejército. La experiencia adquirida en la reparación de vehículos japoneses se transfirió más tarde a los talleres al servicio de las fuerzas estadounidenses.

Uno de los talleres, bautizado con el nombre de Hyundai Motor Service, era propiedad de Chung Ju-Yung y estaba ubicado en Seúl en 1946 (Kirk, 1994; Lee, 2005).[5] Chung se convertiría en el futuro fundador del conglomerado Hyundai (es decir, "Moderno"), pero en las postrimerías de la guerra y debido a las restricciones de combustibles líquidos, comenzó incorporando gasógenos a los automóviles, para que pudieran funcionar quemando carbón vegetal.

Kia Motor Corporation había sido fundada, bajo el nombre de Kyungsung Precision Industry, en Seúl en 1944 (Green, 1992). Originariamente producía tubos de acero y piezas de bicicletas, y comenzó a fabricar bicicletas completas en 1951. Cinco años más tarde, Kia fabricó su primer *scooter* de motor, creando una nueva fábrica en Shihung; en 1962, Kia lanzó su primer camión, el K-360. Hadonghwan, fundada en 1954, compartió una experiencia similar. Shinjin Motors, por su parte, empezó su andadura con la construcción de minibuses.

La acumulación de capacidades fue de suma importancia, pero tanto el consumo interno como la producción se mantuvieron extremadamente bajos. Choi Mu-Seong construyó una planta con una capacidad teórica de 1.500 vehículos, aunque sólo produjo unos pocos cientos de Shibals (Kirk, 1994; Lansbury y otros, 2007).

---

[5] Chung Ju-Yung fundó en 1947 la Hyundai Engineering and Construction Company.

El número de nuevos automóviles matriculados cada año rara vez superó las 3.000 unidades hasta 1962. Sin embargo, desde una perspectiva evolutiva, se ha argumentado que la primera etapa en el desarrollo de la industria del automóvil en Corea del Sur tuvo lugar entre finales de 1940 y principios de 1960, ya que el número de proveedores nacionales de piezas aumentó de 13 antes de 1950 a 500 en 1962 (Kim, 1993; Yang y otros, 2006).

Una nueva etapa de desarrollo se inició a principios de la década de 1960 (Green, 1992; Jeong, 2004). A pesar de que Saenara Motors tenía como precedente a National Motors (creada en 1937), fue refundada en 1962 para beneficiarse de las condiciones instauradas por la nueva legislación proteccionista. Así, construyó una fábrica con capacidad para 6.000 turismos en Bupyoung.

Aumentando el contenido local y explorando los mercados exteriores en la última etapa de la edad de oro (1962-1973)

La industria automovilística argentina había experimentado un importante crecimiento desde principios de 1950 y, a medio plazo, las políticas liberales de la Revolución Libertadora y Frondizi favorecieron que se produjese un marcado aumento de la capacidad productiva de la industria del motor del país (Sourrouille, 1980). Entre 1955 y 1965 la producción argentina se multiplicó por 30, alcanzando los 194.536 vehículos para mediados de la década de 1960. En 1964 el requisito de componentes locales se estableció en un 90%. Sin embargo, la intensificación de la competencia redujo significativamente la rentabilidad de las empresas existentes, y muchos de los nuevos productores no eran rentables.

En 1963 Ford, General Motors, Chrysler, IAFA, Citroën, Mercedes Benz y IASF registraron pérdidas. Líder en ventas hasta 1962, IKA experimentó una caída en el margen de beneficio (ganancias/ventas) de un 5,5% ese año a solamente un 1,0% en 1963. Automotores Argentinos, Cisitalia, Borgward y Peugeot cerraron sus plantas. En los próximos dos años, IKA, FIAT y las tres compañías estadounidenses declararon ganancias, pero

Citroën, Mercedes Benz y SIAM Di Tella entraron en números rojos. SIAM había lanzado cuatro modelos, aunque su producción total se mantuvo por debajo de las 14.000 unidades.

En la parte superior de la pirámide, los principales productores argentinos de 1965 fueron IKA, Ford Motor y FIAT Concord. El líder, con una producción de 56.625 vehículos, había visto descender su cuota de producción de automóviles de forma repentina hasta el 29%. Como se observa en el gráfico 1, el margen de beneficio de Industrias Kaiser sufrió una primera gran crisis en 1963, en un entorno macroeconómico difícil. A pesar de la reducción de beneficios, la firma exploró los mercados de exportación, modernizó equipamientos, incrementó la producción de piezas y lanzó nuevos modelos. IKA fue el primer productor de automóviles argentino que exportó, enviando jeeps a Paraguay en 1965 (Cipolla, 2003). Asimismo, introdujo innovaciones tales como las máquinas transfer para la fabricación de motores. IKA también optó por la creación y participación en filiales para suministrar piezas a otros productores establecidos en Argentina, como Transax (ejes y transmisiones) o Tandil (fundidos tubulares) (McCloud, 1995). Se convirtió, así, en la mayor proveedora de la industria automovilística argentina y, por lo tanto, reforzó su papel clave en la acumulación de capacidades y en el surgimiento de un sistema nacional de innovación.

Además, IKA trató de ofrecer nuevos modelos para atraer a más clientes, estrategia que incluyó acuerdos con Renault (1960) y American Motors (1961) para conseguir la licencia de algunos de sus productos como el R4L o el Rambler. En consecuencia, en 1965, la empresa producía hasta 17 modelos. El promedio resultante de 3.331 unidades por modelo era demasiado bajo para beneficiarse significativamente de las economías de escala.

Ford optó por una gama de productos más bien limitada, con seis modelos. La producción total se mantuvo por debajo de IKA en número de unidades (30.424), pero el margen de beneficio fue superior (8,4%), debido al menor uso de piezas nacionales y un mejor promedio de unidades por modelo. El Ford Falcon, producido en la nueva planta de Pacheco, fue relativamente exitoso durante este período (Cipolla, 2007).

Gráfico 1. Margen de ganancia de los campeones nacionales (% Beneficios/ Ventas)

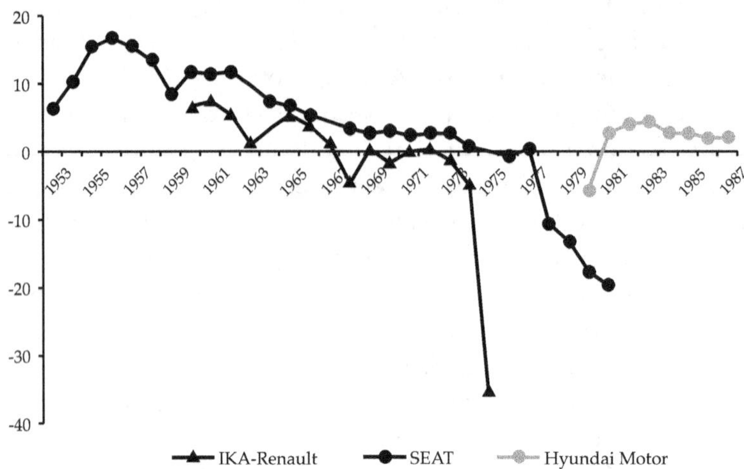

Fuente: Sourrouille (1980), Chung (2000), Catalán (2006).

Las actividades de FIAT en Argentina se dedicaron inicialmente a la fabricación de tractores y equipo ferroviario, pero en 1960 la compañía lanzó el 1100 y el 600, los primeros automóviles de su planta de Caseros (ADEFA, 1967). Hasta 1965 produjo cinco modelos, alcanzando una producción de 18.868 unidades. Exportó a Chile. La proporción de FIAT Concord de 5.798 unidades por modelo fue significativamente mayor que IKA, pero los beneficios de las ventas se mantuvieron muy por debajo de Ford (3,8%).

En resumen, el aumento repentino de la competencia tuvo el efecto lógico de disminuir los beneficios y ampliar la gama de modelos disponibles. El excesivo número de productores y modelos comportó quiebras, adquisiciones y fusiones. En 1965 Citroën se unió a Peugeot para convertir IAFA en SAFRAR. IKA intentó rescatar SIAM Di Tella con la adquisición del 65% de su capital (Rougier y Schvarzer, 2014). Entre 1961 y 1965, 12 empresas cerraron sus plantas.

La limitada gama de SIAM Di Tella contribuyó a empeorar el rendimiento del campeón nacional. Aunque IKA pudo poner en marcha un modelo popular diseñado por Pininfarina en 1966, el Torino (Cipolla, 2014), el margen de beneficio se redujo a sólo el 1,1% en 1967 (gráfico 1). La caída de la rentabilidad y la muerte de Henry Kaiser condujeron a sus herederos a vender su participación en IKA y Transax a Renault y Ford, respectivamente. Como resultado, a finales de 1967, la empresa madre pasó a llamarse IKA-Renault. La compañía declaró pérdidas enormes el siguiente año. La rentabilidad de la empresa se mantuvo muy baja hasta 1973 y se derrumbó poco después.

Tanto FIAT como Ford superaron a IKA-Renault en ventas, beneficios y rentabilidad (Sourrouille, 1980). En 1972 las ventas de FIAT Concord fueron más del doble que las de IKA-Renault y los beneficios de la filial italiana fueron 10 veces más altos. Sin embargo, el margen de beneficio en FIAT Concord –solamente el 0,35%– dejó poco espacio para el optimismo. Al final de la *edad de oro*, Ford seguía a FIAT en términos de unidades fabricadas; aunque sus ventas eran mucho más modestas (un tercio inferiores), su rentabilidad relativa era mayor, alcanzando el 2,2% en 1972.

A finales de 1960, el malestar social se extendió en las economías capitalistas, después de dos décadas de crecimiento excepcional y bajo desempleo. En Argentina, el conflicto de clases fue particularmente intenso debido a las estrategias de falta de cooperación de los actores políticos. Un nuevo golpe de Estado llevó al ejército de vuelta al poder en 1966, ahora bajo la consigna de Revolución Argentina. En 1969, Córdoba, la provincia donde se ubicaba la mayor parte de la industria del automóvil, se convirtió en el escenario de la confrontación directa entre los trabajadores de izquierdas y la policía. Durante 1972 y 1973 algunos directivos de las principales empresas automovilísticas fueron secuestrados e incluso asesinados. El ERP, un movimiento guerrillero guevarista, secuestró y asesinó al director ejecutivo de la FIAT Concord en 1972. Al año siguiente, dispararon contra un ejecutivo de Ford. Uno de los directores y dos empleados de Transax también fueron asesinados a finales de 1973 (Cipolla, 2007).

A fin de cuentas, se puede afirmar que la producción de automóviles se desarrolló de forma significativa en Argentina durante la última etapa de la *edad de oro*, aunque más lentamente que en el período anterior. El cambio de la pendiente de la curva del gráfico 2 muestra que el crecimiento fue mucho menos intenso que durante la fase de despegue de la década de 1950. Sin embargo, entre 1962 y 1973 se alcanzó una notable tasa media de crecimiento de alrededor del 7% anual, y los fabricantes de automóviles ubicados en Argentina comenzaron a explorar mercados vecinos (Sourrouille, 1980; Barbero y Rocchi, 2003).

Gráfico 2. Argentina. Producción y nueva matriculación de automóviles

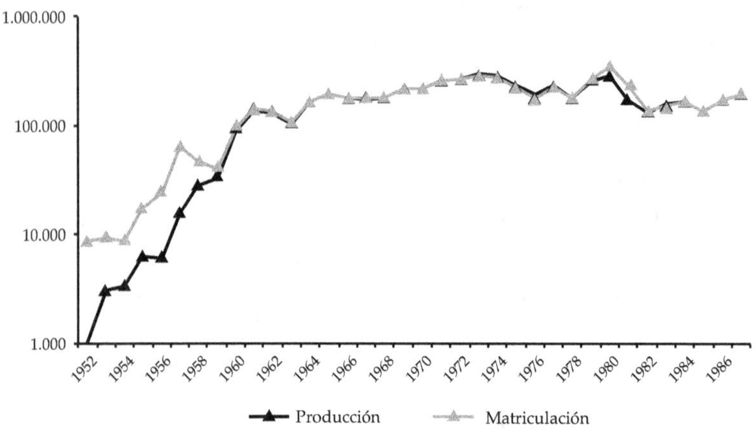

Nota: Las nuevas matriculaciones se han estimado sumando a la producción, las importaciones y restando las exportaciones.
Fuente: ADEFA (1986 y 1991).

Las exportaciones fueron subvencionadas directamente por la nueva legislación aprobada en 1971 (Kosacoff, Tudesca y Vispo, 1991). Se dio preferencia a la industria en los acuerdos comerciales bilaterales. Como resultado, las exportaciones de automóviles aumentaron de menos de 100 unidades terminadas en 1967 a más de 10.000 en el año 1973. Por otra parte, las exportaciones de juegos de piezas para montaje en automóviles (CKD) ascendieron al 75% del valor de las unidades terminadas (ADEFA, 1986). Argentina se había convertido en la decimotercera exportadora mundial en número de automóviles. Estaban emergiendo nuevas capacidades y un nuevo patrón de ventaja competitiva dinámica.

Sin embargo, el desarrollo de la industria automotriz argentina durante la última etapa de la *edad de oro* adoleció principalmente de tres debilidades. En primer lugar, las empresas producían series muy pequeñas de cada modelo y por ello no podían beneficiarse de economías de escala. Tal situación se debió a la liberalización repentina de la industria durante la fase de industria naciente, lo que resultó en un número excesivamente grande de empresas y de modelos lanzados por cada empresa. El resultado final fue que las empresas operaban con un margen de beneficio extremadamente reducido.

Un segundo resultado negativo, relacionado con el anterior, fue que el campeón nacional experimentó una peligrosa erosión de su rentabilidad y su papel en la innovación argentina se vio amenazado. La absorción de SIAM Di Tella sólo empeoró las cosas en términos de rentabilidad. La venta de las acciones argentinas de Kaiser a Renault y la pérdida de la filial rentable Transax pusieron en peligro el papel de IKA como campeón nacional y redujeron su capacidad de innovación.

Una última fuente de vulnerabilidad provenía de las estrategias de los actores políticos. La agitación política envenenaba la negociación social. Los directivos de las empresas, como representantes del capital, eran percibidos como colaboradores del gobierno y con frecuencia se convirtieron en objetivos de organizaciones violentas. Puesto que la industria automovilística era uno de los sectores de más rápido crecimiento, sufrió mucho a causa de la crisis de finales de la década del sesenta y principios de 1970.

Hasta 1972 la política industrial española respecto al sector automotor siguió una línea continuista respecto a las estrategias de la década de 1950. Las importaciones permanecieron severamente restringidas. Las inversiones eran objeto de estrictos procesos de autorización. El 90% de las piezas utilizadas por los fabricantes de automóviles debían tener un origen local.

El Ministerio de Industria también promovió las exportaciones de automóviles al otorgar subvenciones a finales de la década de 1960. En el caso de su principal productor, SEAT, las ventas al exterior fueron originariamente prohibidas en el contrato firmado con su socio tecnológico, FIAT, en 1948. Tras largas negociaciones entre el gobierno y la empresa italiana se llegó a un acuerdo, firmado en 1967, por el cual SEAT tenía derecho a exportar a cambio de un aumento en la participación de la empresa turinesa en su capital. Como consecuencia, el *holding* público INI redujo su participación en el capital del 51 al 35%, y FIAT amplió su cuota de participación del 7 al 37% (Catalán, 2006). En 1970, SEAT obtuvo el visto bueno para crear su propio centro de I+D (que sigue siendo el departamento más importante de investigación y desarrollo en el sector de la automoción española) y para utilizar la red de exportación de FIAT con el fin de vender en el extranjero. Ese mismo año, Madrid firmó un acuerdo preferencial con la CEE, en virtud del cual fue establecida la reducción gradual de los aranceles sobre los automóviles españoles. Todas esas circunstancias favorecieron un rápido aumento en las ventas de SEAT en el extranjero. Sus exportaciones se incrementaron a 55.167 unidades en 1972, lo que representa el 54,5% de las exportaciones totales de turismos españoles. Hacia 1974 SEAT se había convertido en la empresa industrial española líder en términos de I+D, con una inversión de 1.707 millones de pesetas (Ministerio de Industria, 1976).

Gráfico 3. España. Producción y nueva matriculación de automóviles

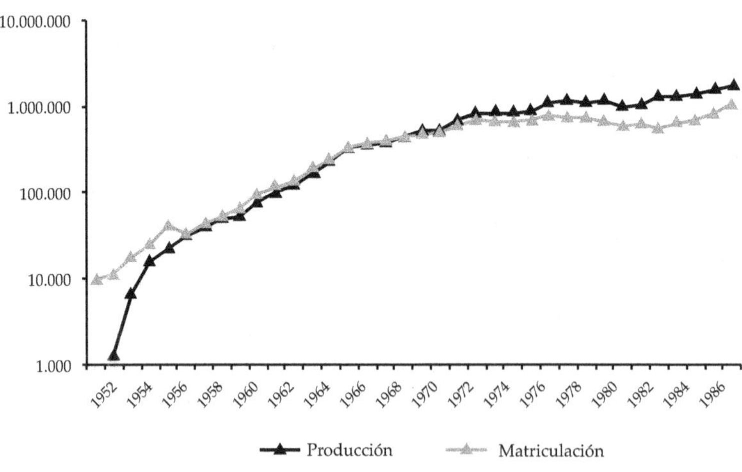

Fuente: García Ruiz (2003).

Renault tuvo más éxito que FIAT en el aumento de su grado de control de la empresa que producía sus modelos en España. En 1965 Renault compró hasta el 49,9% del capital de FASA. Ese movimiento convirtió a la fábrica de FASA-Renault de Valladolid en la empresa más importante de la compañía fuera de Francia (Loubet, 2000; Sánchez, 2006; Fernández de Sevilla, 2007). FASA-Renault también se benefició de la política de promoción de exportaciones de los últimos tiempos de la *edad de oro* y vendió al extranjero 11.087 unidades en 1972, alrededor del 10,6% de las exportaciones totales de automóviles en España.

La política proteccionista de la *edad de oro* puede ser considerada un éxito teniendo en cuenta que la producción de automóviles creció a un ritmo del 20% anual entre 1962 y 1973 (gráfico 3). España escaló a la décima posición en el ránking mundial de fabricantes de automóviles. La industria comenzó a competir en el mercado extranjero y España se convirtió en el undécimo exportador mundial de automóviles en valor.

El conflicto laboral también se intensificó en España a finales de la década de 1960 cuando la economía se acercó al pleno empleo y los sindicatos clandestinos intentaron vincular la mejora de las condiciones de vida con la lucha contra la dictadura de Franco (Tappi, 2008). En consecuencia, los costos laborales aumentaron considerablemente y la rentabilidad decreció: entre 1967 y 1971 el margen de beneficio de SEAT se redujo del 4,2 al 2,2% (gráfico 1).

En 1972 el margen de beneficio de SEAT mejoró ligeramente hasta el 2,7%. La tasa parece modesta, pero no está muy por debajo del nivel de las empresas de automóviles francesas e italianas en los países de origen. Por aquel entonces, SEAT producía 335.340 unidades por año, con cinco modelos básicos. El campeón nacional español se beneficiaba de las economías de escala y preparaba el lanzamiento de un nuevo modelo, el 127, el primero con tracción delantera. La segunda empresa de turismos, FASA-Renault, también tuvo que lidiar con los conflictos laborales, aunque fueron menos intensos. Las perspectivas eran incluso mejores que para SEAT, dado que en 1969 FASA-Renault lanzó un producto de éxito para el sector de gama mediana-alta del mercado, el R-12, y en 1972 lanzó otro futuro producto estrella para el sector inferior del mercado, el R-5 (Sánchez, 2004). Aunque su cuota de mercado era menos de la mitad que la de SEAT, su rentabilidad era ligeramente superior.

En Corea del Sur, Saenara apenas fabricó 3.000 vehículos. Su fracaso condujo a una dramática caída de la producción a mediados de la década de 1960 (gráfico 4). En consecuencia, el gobierno respaldó la toma de control de Saneara por Shinjin Industrial (Chang, 1993; Ravenhill, 2001). Shinjin cambió de socio tecnológico y se pasó a Toyota. En 1966 lanzó su Corona, montado en Bupyoung, al mismo tiempo que producía camiones. La producción coreana superó por primera vez las 6.000 unidades. Shinjin disfrutaba de más del 80% de participación en el mercado coreano de turismos.

En 1963 Hadonghwan Motor Workshop se hizo cargo de la Dongband Motor Company. La nueva firma, Hadonghwan Motor Company, se centró en la construcción de camiones y autobuses. En 1966 Hadonghwan exportó por primera vez su autobús H7H R-66 a Brunéi. Al año siguiente, estableció una alianza con Shinjin y comenzó a exportar autobuses de gran tamaño a Vietnam.

Bajo la presión de los fabricantes de componentes, el gobierno decidió aumentar el número de productores finales de automóviles y anunció sus Normas de Permiso para las Fábricas de Automóviles, lo que alentó alianzas tecnológicas con socios extranjeros (Chang, 1993; Ravenhill, 2001; Yang y otros, 2006). En 1966 el gobierno autorizó a dos nuevas empresas a llevar a cabo la producción de turismos: Asia Motor Company y Hyundai (Lee, 2005). Asia Motor Company fue fundada en 1965, y se especializó en la producción de camiones medianos para uso militar. Hyundai, bajo la dirección de Chung Ju-Yung, se había convertido en uno de los *chaebols* más prósperos gracias al apoyo público de los gobiernos de Rhee y Park (Kirk, 1994). La filial Hyundai Motor Company, creada en 1967, fabricaría con licencia de Ford, y lanzaría el Cortina coreano un año después.

En 1969 la producción de automóviles alcanzó las 33.000 unidades, el 57% de las cuales eran turismos. En esa etapa, el ensamblaje aún era dominante, pero el gobierno estaba planeando introducir la obligación de utilizar componentes locales (Jeong, 2004).

El primer intento vino de la mano del Plan para la Promoción Integral de la Industria Automotriz.

Kia había estado tratando de fabricar en el país los motores de la camioneta que estaba produciendo. La preocupación por el contenido local llevó al gobierno a autorizar a Kia la producción de turismos en 1971. El gobierno también aprobó la creación de una empresa conjunta entre Shinjin y General Motors, después de que Toyota hubiera decidido dar su apoyo a la primera, siguiendo el ultimátum de Chu En-Lai (Chang, 1993; Ravenhill, 2001). General Motors Korea nació en 1972, con la participación de cada uno de los socios a partes iguales.

Gráfico 4. Corea del Sur. Producción y nueva matriculación de automóviles

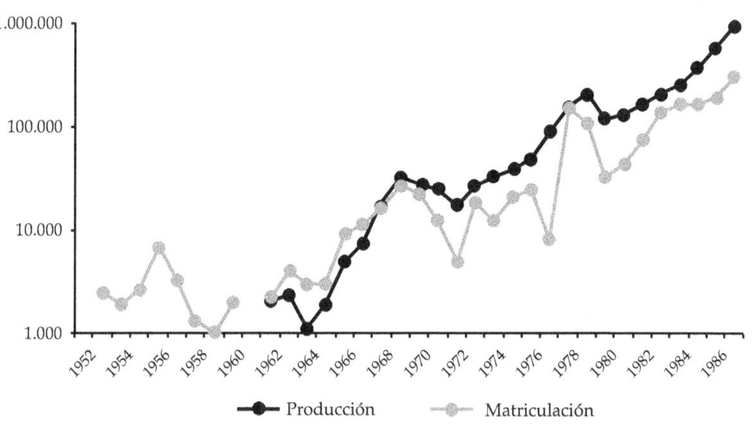

Nota: Se han estimado las nuevas matriculaciones de automóviles a partir de los vehículos de motor en uso.
Fuente: Mitchell (2003).

Como se observa en el gráfico 4, a pesar de dos recesiones importantes, la producción aumentó al vertiginoso ritmo del 24% anual 1962 y 1972. Así, durante la última etapa de la *edad de oro*, la fabricación de automóviles en el mercado altamente proteccionista de Corea del Sur aumentó significativamente. La política de mantener el mercado bajo dominio exclusivo de las empresas locales, mientras que al mismo tiempo se favorecían los acuerdos con socios extranjeros para la obtención de licencias, ayudó a la industria del motor del país a desarrollar capacidades decisivas (Kim, 1993; Jeong, 2004; Yang y otros, 2006). Y además, el requisito de nacionalización de componentes hizo aumentar la relación de piezas locales frente a piezas extranjeras en los automóviles coreanos del 21% en 1966 a más del 60% en 1972.

Turbulencias macroeconómicas y reestructuración industrial en la era de la estanflación (1973-1987)

Después de la *edad de oro*, las expectativas de desarrollo de una industria nacional automotriz en Argentina no se cumplieron. La producción argentina de automóviles alcanzó su esplendor en 1973 con una producción de 293.742 unidades (gráfico 2), pero en 1987 la producción había caído en un tercio, hasta 193.315 automóviles. De ocupar la decimotercera posición en la lista de los principales exportadores de automóviles del mundo en la década de 1970, Argentina pasó a estar excluida de la lista de las veinte primeras posiciones a finales de la década de 1980.

La razón principal del fracaso de la república del Plata en este período fue la extrema volatilidad en la gestión de la demanda (Bisang y otros, 1996; Katz y Kosacoff, 2000; Torre y De Riz, 2001; Della Paolera y Gallo, 2003). Aunque Argentina apenas se había mantenido estable durante la *edad de oro*, el grado de perturbación macroeconómica después de 1974 iba a distorsionar el desarrollo industrial de una manera extremadamente perversa. Los repetidos cambios en la política automotriz tampoco sirvieron de ayuda.

La fuerte fluctuación de la tasa de inflación puede ser considerada como el principal indicador de la aguda volatilidad macroeconómica de la gestión de la demanda en Argentina. La república platense había sufrido *shocks* inflacionarios durante la *edad de oro*, el más importante de los cuales se produjo a finales de la década de 1950; sin embargo, como se observa en el gráfico 5, las variaciones en la tasa de inflación argentina antes de 1975 no fueron significativamente más intensas que en Corea del Sur. A principios de la década de 1970, la tasa de inflación argentina era moderada, comparable a la de las economías asiática e ibérica.

Entre 1975 y 1987, Argentina experimentó *shocks* inflacionarios sin paralelo en España o Corea del Sur. Los episodios terminaron con la adopción de políticas extremadamente restrictivas con el objetivo de desacelerar la inflación, lo que a su vez provocó dramáticas recesiones reales. La trayectoria de la industria automotriz argentina en aquel período confirma las conclusiones de los autores que hacen hincapié en la existencia, hacia mediados de los años setenta, de un punto de no retorno en el crecimiento económico a largo plazo de Argentina (Katz y Kosacoff, 2000; Barbero y Rocchi, 2003; Palma, 2003; Rougier y Schvarzer, 2006).

Gráfico 5. Tasa de inflación (% de aumento del índice coste de la vida)

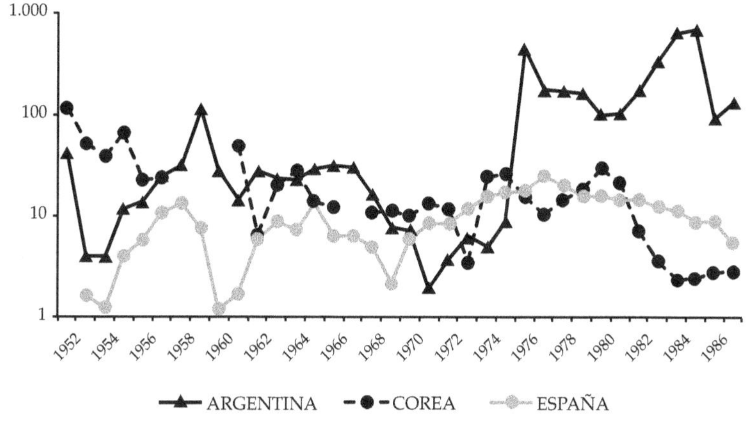

Fuente: Mitchell (1993 y 2003), Maluquer de Motes (2005).

El regreso del peronismo instauró aumentos en los salarios nominales del 40% en 1975. El coste de la vida se disparó, los tipos de cambio múltiples alentaron las operaciones en el mercado negro, y las huelgas generales llevaron a la parálisis de las actividades manufactureras.

En 1976 el ejército tomó de nuevo el poder con otro golpe de Estado. La represión política bajo la Junta de Reorganización

Nacional del general Jorge Videla fue mucho más brutal que en períodos anteriores de gobierno autoritario. La inflación alcanzó tres dígitos. Puesto que el coste de la vida crecía vertiginosamente, la producción automovilística cayó en picado (gráfico 2). En 1976 también la inversión se derrumbó a un mínimo histórico (Kosacoff y otros, 1991).

El ministro de Finanzas, Martínez de Hoz, trató de luchar contra el desequilibrio interno y externo, reduciendo drásticamente el déficit fiscal y disminuyendo aranceles. La política consistió en recortes presupuestarios, restricción monetaria, revaluación real del peso y una temprana desregulación del sistema financiero. En 1978, la contracción de la demanda interna, junto con una menor protección real para la industria, situó la producción automovilística en su segundo nivel más bajo, un 62% menor que cinco años antes. Fue entonces cuando General Motors decidió abandonar el país. Desde el año anterior GM, FIAT, Chrysler, SAFRAR y Citroën habían experimentado enormes pérdidas.

En 1979 se reemplazaron las cuotas sobre las importaciones de automóviles por un sistema que implicaba la reducción de aranceles. También se suavizaron las restricciones a las importaciones de componentes, mientras se flexibilizaban los requerimientos sobre componentes de fabricación local. Como consecuencia, las importaciones de automóviles aumentaron de 458 unidades en 1978 a 68.361 en 1980 (ADEFA, 1986).

La política macroeconómica rebajó temporalmente la inflación al 100% por año durante el bienio 1979-1980. La producción de automóviles también parecía recuperarse, pasando de 179.160 a 281.793 unidades entre 1978 y 1980. Sin embargo, el panorama era tan desolador que algunas de las empresas de automóviles optaron por abandonar Argentina o reestructurar sus actividades. Citroën e Industrias Mecánicas del Estado (el antiguo IAME) cerraron sus puertas. Chrysler vendió su filial a Volkswagen. Peugeot y FIAT se fusionaron en la Sociedad Europea de Vehículos (SEVEL).

La rigurosa política fiscal pareció perder fuerza bajo el gobierno del general Viola en 1981. Sin embargo, el ministro de Finanzas del general Galtieri, Roberto Alemann, volvió a intentar la liberalización de manera repentina, y se mostró a favor de equilibrar el presupuesto. La Guerra de las Malvinas incrementó el déficit público y se inyectó dinero en el mercado. La inflación se aceleró una vez más en 1982. Las importaciones y las matriculaciones de automóviles se expandieron por un tiempo, pero la producción descendió a 132.117 unidades. En ese momento, en el punto más bajo absoluto para la industria automovilística argentina, la producción se desplomó hasta el 45% de su nivel de 1973. La mayoría de las empresas de automóviles contrajeron enormes deudas externas como consecuencia de la crisis: Renault, Mercedes Benz y Ford pertenecían al club de las principales empresas deudoras en 1982. El endeudamiento externo había sido alentado gracias a la garantía gubernamental a través del establecimiento de seguros de cambio. La nacionalización de la deuda privada en 1982 convirtió a la Argentina en uno de los principales deudores extranjeros mundiales.

El retorno a la democracia, bajo la presidencia del radical Raúl Alfonsín, no significó ni el crecimiento económico, ni el equilibrio interno del país. El crecimiento se vio obstaculizado por la carga que suponía atender la deuda externa y la volatilidad adicional derivada de la lucha contra la inflación. Las cifras de matriculación y producción de automóviles se mantuvieron muy por debajo de los niveles de 1973. Las empresas automovilísticas continuaron en números rojos. Los supervivientes volvieron a intentar la reestructuración mediante la fusión: en 1987, el líder del mercado desde 1975, Ford, unió fuerzas con Volkswagen Argentina para crear Autolatina (Schvarzer, 1995).

En resumen, entre 1973 y 1987, la industria del automóvil emprendió una profunda reestructuración guiada por las fuerzas del mercado que estaban condicionadas por políticas macroeconómicas altamente volátiles y dramáticos *shocks* en la demanda. De los cuatro principales productores de Argentina, IKA-Renault, FIAT, Ford y General Motors, el último abandonó el país (Bisang y otros, 1996; Katz y Kosacoff, 2000.). FIAT y Ford se mostraron incapaces de mantener empresas autónomas y el antiguo IKA pasó a estar completamente controlado por Renault en 1975. A pesar de que Renault Argentina mantuvo la producción del Torino, el único modelo local restante, en el futuro se limitaría a la introducción de modelos franceses.

Como se ha argumentado, la abrumadora responsabilidad de la decadencia de la industria del automóvil en la República Argentina a partir de 1973 fue la altamente volátil política macroeconómica, en el contexto de un sistema político muy polarizado. Sin embargo, las dificultades del sector automovilístico se incrementaron por la falta de una política industrial de apoyo a la explotación de las economías de escala de las empresas. El bajo número de unidades producidas de los modelos de automóviles más exitosos ilustra este punto: en el caso de FIAT Concord, el líder hasta 1975, el 600 fue el modelo mayoritariamente producido –365.768 unidades entre 1960 y 1982, un promedio por debajo de las 16.000 unidades por año–. En el caso de SEAT el mismo modelo (producido de 1957 a 1973) registró promedios anuales superiores a 46.000 unidades. El modelo estrella de Ford Argentina resultó ser el Falcon, con 494.208 unidades fabricadas durante 1962-1991, de nuevo, en torno a 16.000 unidades por año. En España, un coche comparable, el R-12, fue producido entre 1969 y 1983, con un promedio anual próximo a las 30.000 unidades anuales.

Sin beneficiarse de las economías de escala, las exportaciones argentinas no podían sostener la competencia en el mercado mundial. El cuadro 1 muestra cómo las expectativas creadas para las exportaciones argentinas durante la *edad de oro* no se cumplieron más tarde. Además, la participación del sector del automóvil en el valor añadido total de la industria argentina se redujo de un 10,9% en 1970 al 6,4% en 1999.[6]

La democracia volvió a España a mediados de la década de 1970, y el país experimentó la aceleración de la inflación hasta 1977. Los Pactos de la Moncloa (firmados ese año por los partidos políticos), junto con la gestión restrictiva de la demanda mantuvo el coste de la vida bajo control (gráfico 5).

---

[6] El caso contrario se produjo durante la década siguiente, cuando la política industrial dio prioridad al desarrollo de la industria automotriz. Como resultado, la participación de la industria aumentó de nuevo hasta el 9,9% del valor añadido industrial argentino en 1999. Además, la brecha de productividad en relación con Estados Unidos cayó en picado durante la década posterior a 1989 (Katz y Stampo, 2001).

Cuadro 1. Principales exportadores de turismos y vehículos comerciales

Exportaciones en millares de dólares estadounidenses

	1973			1987	
1	Alemania	6.483.517	1	Japón	44.288.960
2	Canadá	3.103.489	2	Alemania	37.442.083
3	Japón	3.494.511	3	Canadá	15.669.396
4	Francia	2.825.848	4	Bélgica	10.502.252
5	EE. UU.	2.613.063	5	EE. UU.	10.131.876
6	Bélgica	1.872.860	6	Francia	9.684.875
7	Italia	1.378.487	7	Italia	4.947.497
8	Reino Unido	1.314.852	8	Suecia	4.890.615
9	Suecia	867.996	**9**	**España**	**4.116.020**
10	Holanda	219.683	10	Reino Unido	3.911.305
11	**España**	**175.271**	11	Brasil	3.059.590
12	Australia	167.368	**12**	**Corea**	**2.788.923**
13	**Argentina**	**61.555**	13	México	1.120.465
14	Austria	55.459	14	Holanda	716.188
15	México	39.659	15	Dinamarca	543.025
16	Brasil	37.043	16	Austria	510.104
17	Finlandia	31.416	17	Yugoslavia	489.669
18	Singapur	28.659	18	Finlandia	385.307
19	Líbano	21.527	19	Noruega	242.004
20	Dinamarca	21.516	20	Portugal	232.071

Nota: La fuente excluye las economías de planificación central.
Fuente: U.N., Yearbook of International Trade Statistics, New York, varios años.

Tanto los gobiernos centristas, hasta 1982, como los socialdemócratas más tarde dieron prioridad a la estabilidad de precios. Aunque España experimentó una traumática depresión económica y el aumento del desempleo, la gestión macroeconómica expansionista estaba fuera de duda durante la década siguiente a la firma de los Pactos de la Moncloa. En pocas palabras, la volatilidad en la gestión macroeconómica fue baja.

Por otro lado, la política industrial española de este período contrasta claramente con aquélla de la *edad de oro*. El cambio comenzó en 1972, cuando las regulaciones relativas a las proporciones de las piezas de producción local en la fabricación de automóviles se relajaron (Catalán, 2000; García Ruiz, 2001.). Henry Ford II obtuvo un cambio de legislación por parte del gobierno español que supuso la rebaja del nivel requerido de componente nacional del 90% a sólo el 50% en las nuevas empresas de automóviles establecidas en España. Por otra parte, también se concedió el permiso a la firma de Dearborn para construir una nueva planta en el país. La fábrica, situada cerca de Valencia, produciría el modelo Fiesta, un pequeño automóvil de tracción delantera, competidor directo para el modelo estrella de SEAT del momento, el 127. Fue inaugurada en 1976. En dos años, Ford fabricaría 260.939 unidades del Fiesta en Valencia (Tolliday, 2003; Pérez Sanchó, 2003).

El cambio de 1972 se consolidó en 1979, cuando el requisito de contenido local se redujo al 60% para todas las empresas de la industria. Al mismo tiempo, Madrid dio permiso a General Motors para establecer una nueva fábrica cerca de Zaragoza. De nuevo un pequeño vehículo utilitario sería producido para el sector medio-bajo del mercado, el Opel Corsa. El nuevo vehículo estaría listo en 1983. Hacia 1986, GM ya fabricaba 304.090 unidades en Zaragoza.

Y por último, y no menos importante, se relajaron los controles sobre las importaciones de automóviles. El número de nuevos turismos importados aumentó de 12.070 unidades en 1978 a 57.229 unidades en 1980 (Asociación Nacional de Fabricantes de Automóviles y Camiones [ANFAC], 1981). El proceso continuaría durante los años siguientes, especialmente después de 1986, cuando España se unió a la CEE.

La nueva política industrial intensificó la competencia en el mercado interno y mejoró la eficiencia de los productores ubicados en España. Tanto Ford como General Motors hicieron grandes inversiones en España para aprovechar la inminente entrada del país en el Mercado Común. En 1987, España había escalado hasta la novena posición en la lista de exportadores de automóviles (cuadro 1) y la mejora continuaría posteriormente.

La empresa más afectada por esa política fue SEAT, el antiguo campeón nacional y un actor fundamental en el emergente sistema nacional de innovación, la cual había centrado sus esfuerzos en el segmento popular. Su cuota en el mercado español se hundió dramáticamente del 51% en 1973 a sólo el 26% en 1980. Las pérdidas de la empresa se dispararon desde el momento de la llegada del Ford Fiesta (gráfico 1). SEAT se había hecho cargo de AUTHI en 1975 a cambio de la promesa de un veto del gobierno al establecimiento de GM en España (Catalán, 2007). Sin embargo, los gobiernos de la transición no respetaron el compromiso de sus predecesores y GM fue autorizada a establecerse en España en el mismo momento en que SEAT registraba las mayores pérdidas de su historia (gráfico 1). En consecuencia, FIAT decidió abandonar España y devolvió SEAT al INI en 1981. SEAT, ahora propiedad exclusiva del INI, trató de sobrevivir como productor independiente, pero sufrió nuevas pérdidas desde el lanzamiento del Opel Corsa en 1983. Su producción registró apenas 240.005 unidades, solamente el 66% de su nivel de 1974.

Como fabricante independiente, SEAT contactó con Italdesign en 1980 (Molineri, 1999). Giorgetto Giugiaro diseñó un modelo pequeño-mediano, el Ibiza, que se convertiría en el nuevo producto estrella de la firma. Sin embargo, el lanzamiento del Ibiza se pospuso hasta 1984. Entretanto, SEAT había firmado un acuerdo de cooperación técnica con Volkswagen. En 1986, cuando SEAT comenzaba su recuperación, el gobierno socialista transfirió el 51% de su capital a la firma de Wolfsburg. De esta forma acababa definitivamente la política de apoyo al campeón nacional por parte del Estado y el emergente sistema nacional de innovación se vio por ello seriamente afectado.

En resumen, en España se experimentó una relativa estabilidad macroeconómica después de 1972 y, a su vez, se modificó totalmente su política industrial. Se abandonó la política proteccionista y se hicieron esfuerzos para atraer a los principales fabricantes de automóviles estadounidenses a la península ibérica y para preparar la entrada del país en la CEE. La política de apoyo a la creación de un campeón nacional en la industria fue abandonada. Tales cambios conllevaron la consolidación de España como exportador mundial de automóviles de gama mediana y baja. La eficiencia y la competitividad mejoraron. Sin embargo, las decisiones sobre el futuro de la industria podían ahora ser tomadas en el exterior y la mayor parte de I+D de la industria automovilística quedaba subordinada a la sede extranjera. Además, la industria experimentaría una desaceleración significativa en comparación con el período anterior.

La estabilidad de la política macroeconómica de la República de Corea del Sur entre 1973 y 1987 se parece más a la situación española que a la argentina. Tal como indica el gráfico 5, la baja volatilidad de la gestión de la demanda en el país ayudó a crear las condiciones necesarias para el desarrollo de la industria automotriz, las cuales estaban ausentes en Argentina. Más aún, en contraste con España, Corea del Sur se mantuvo muy cautelosa en el momento de aceptar nuevas inversiones extranjeras y la liberalización de las importaciones, y concentró sus esfuerzos en alentar a los productores nacionales para que se aprovecharan plenamente de las economías de escala y redujeran la dependencia tecnológica.

Tras el golpe de Estado incruento conocido como la Restauración de Octubre de 1972, las políticas nacionalistas de Park se fortalecieron en Corea del Sur (Amsden, 1089; Green, 1992; Ravenhill, 2001; Jeong, 2004). El Plan para las Industrias Pesada y Química diseñaba un paquete de actividades estratégicas para la promoción de las exportaciones, incluyendo a la industria del automóvil. En 1973, el Plan de Promoción Automovilística a Largo Plazo invitó a los productores a presentar planes para el lanzamiento de un automóvil autóctono popular. La prioridad era la producción en serie de un modelo coreano económico (con un motor de menos de 1500 cc); debía ser fabricado mayoritariamente con piezas nacionales y contar con potencial para la exportación (Amsden, 1989; Chang, 1993; Jenkins, 1995; Steers, 1999; Jeong, 2004; Lee, 2005; Yang y otros, 2006). Las propuestas de Kia, Hyundai y Korea General Motors fueron aceptadas pero el gobierno retiró la licencia para turismos de Asia Motor, ya que no cumplió con el requisito de localización. Asia Motors se centraría en la producción de jeeps.

En 1973 Kia produjo el primer motor de gasolina en su nueva planta de Sohari, una fábrica que fue pionera en la incorporación del sistema de cintas transportadoras en Corea del Sur. Poco después, lanzó su nuevo turismo, el Brisa, para el cual tomó prestada la tecnología de Mazda. También fabricó modelos Peugeot y FIAT bajo licencia. En 1975 Kia fue la primera empresa en producir más de 10.000 unidades en Corea del Sur y se convirtió temporalmente en líder del mercado. En 1976, la compañía creó su filial Kia Machine Tools, que inició la producción de su propio equipo con una licencia técnica de Hitachi (Lee, 2000). Sin embargo, como sus utilitarios no eran originales, no podían ser exportados.

General Motors concedió una licencia a GMK para producir nuevos modelos, e hizo grandes inversiones con el objetivo de ampliar su capacidad productiva. En 1976, cuando la empresa pasó a llamarse Saehan Motors, ya era capaz de fabricar varios miles de turismos. Sin embargo, continuó lanzando modelos de Opel y su proporción de contenido local se mantuvo muy por debajo de Kia (Jeong, 2004).

Hyundai se tomó más en serio la política gubernamental y dedicó más tiempo a tratar de crear un automóvil popular, centrando sus esfuerzos en el desarrollo de su propia tecnología híbrida. El *chaebol* había estado negociando durante tres años con Ford para conseguir que Dearborn aceptara una empresa conjunta con una participación minoritaria de Estados Unidos. Finalmente, las negociaciones se rompieron. En 1973 HMC canceló su acuerdo con Ford (Hyun, 1995). El presidente de la compañía, Chung Se-Yung, optó por construir un nuevo vehículo autóctono independientemente, creando su propio centro de I+D en 1974. Parece que el presidente Park y el hermano mayor de Se-Yung, Ju-Yung, estuvieron de acuerdo en la financiación pública de Hyundai a cambio de un compromiso de exportación de 5.000 vehículos al año (Kirk, 1994). El resultado fue el Pony, un nuevo modelo (1200 cc) parcialmente concebido a partir de la ingeniería reversible del modelo Ford Marina. George Turnbull, ex director de la British Leyland, fue contratado como vicepresidente para trabajar en innovación de producto. El prototipo fue diseñado por Giorgetto Giugiaro y el motor y la transmisión concebidos con Mitsubishi (Green, 1992; Molineri, 1999, Chung, 2000, Yang y otros, 2006). Lee Chung-Goo, muy involucrado en el diseño del Pony, había estudiado ingeniería e innovación de producto en Italdesign, la empresa de Giugiaro en Turín, durante 1973 y 1974. Cabe destacar que el Pony, lanzado en diciembre de 1975, resultó ser un híbrido, pero el modelo coreano autóctono de una firma independiente. La planta de Ulsan contaba con una capacidad de producción de 50.000 unidades por año, la más alta registrada en Corea del Sur. Hyundai Motor se convirtió en el nuevo campeón nacional de Corea.

El éxito de la estrategia del Pony situó a HMC como líder del mercado de automóviles de Corea del Sur. Su producción pasó de 7.092 unidades en 1975 a 61.239 en 1980, y su participación en la producción nacional aumentó del 19,1 al 49,7% en ese período. Más del 85% de las piezas se fabricaron localmente (Green, 1992; Jenkins, 1995; Chung, 2000; Lansbury y otros, 2007). Por otro lado, la hegemonía de HMC creó problemas al resto de fabricantes coreanos. Como resultado, la participación accionarial de Shinjin en Saehan fue comprada por el Banco Coreano de Desarrollo, que la vendió a Daewoo en 1978.

En 1977 el gobierno había seleccionado a la industria del automóvil como sector estratégico para la exportación, estableciendo objetivos y ofreciendo apoyo. HMC intentó vender el Pony en los mercados extranjeros, comenzando por Ecuador (Green, 1992). En 1978 las exportaciones de Hyundai alcanzaron las 12.000 unidades, pero la compañía parecía incapaz de superar tal umbral antes de 1984 (Chung, 2000). De hecho, las exportaciones iniciales se realizaron bajo la forma de *dumping:* se estima que en 1979 el coste de producir el Pony era de 3.745 dólares; se exportó por 2.150, y su precio nacional era de 4.980 dólares (Jenkins, 1995).

HMC también decidió crear su propia división de máquina-herramienta, que se independizó en 1978. El año siguiente construiría su primera máquina de uso específico. La división se convertiría en la base de una poderosa industria de bienes de capital (Lee, 2000).

A lo largo de los años setenta se introdujo en coches pequeños la tracción delantera, debido a la economía de combustible que comportaba. Hyundai por sí sola no contaba aún con el conocimiento suficiente para adoptar la tecnología. En 1978 HMC contactó con Volkswagen para conseguir una licencia sobre esa tecnología, que había sido aplicada con éxito a su nuevo Golf, pero la empresa alemana pidió a cambio una participación en la propiedad y la gestión de la firma coreana (Jeong, 2004). Hyundai prefirió mantener su total independencia y rechazó la proposición de Volkswagen. Los resultados fueron los mismos en los nuevos intentos para conseguir licencias tecnológicas con Renault y Ford. Finalmente, Mitsubishi alcanzó a desarrollar la tecnología de la tracción delantera y, después de arduas negociaciones, HMC tuvo acceso a dicha tecnología. La firma japonesa obtuvo una participación del 10% en la compañía automovilística coreana, pero no logró el control sobre la gestión.

El asesinato del presidente Park a finales de 1979 fue seguido de una recesión profunda, con lo que la producción de automóviles se desplomó hasta un 42% en 1980 (gráfico 4). Un nuevo golpe de Estado llevó al general Chun Doo-Wan al vértice del poder coreano, aunque la política nacionalista no llegó a su fin: por el contrario, la Orden para la Unificación de la Industria del Automóvil intentó fortalecer la especialización a través de la presión directa del gobierno. El gobierno militar trató de apoyar aún más la explotación de economías de escala promoviendo las fusiones (Jenkins, 1995; Lee, 2005). El campeón nacional se hizo cargo de Saehan. Kia, entonces la empresa más pequeña, se fusionó con Donga Motor (el nombre de Hadoghwan desde 1977) y se especializó en camiones y autobuses.

A pesar de todo, las empresas tendieron a resistirse a los planes del gobierno, especialmente General Motors. Se llegó a un acuerdo en 1981, en virtud de la Orden de Racionalización de la Industria del Automóvil. Finalmente, la producción de turismos quedaría restringida a dos empresas: Hyundai y Saehan (Chang, 1993; Chung, 2000; Jeong, 2004; Lansbury y otros, 2007). Kia abandonaría la producción de utilitarios y se centraría en la de vehículos pesados, con la promesa de una futura autorización si la demanda mejoraba. General Motors seguiría teniendo su participación en Saehan, pero el socio coreano, Daewoo, asumiría la responsabilidad de la gestión. El nombre de la empresa cambió de nuevo en 1982, en favor de Daewoo Motor Corporation (Green, 1992; Jeong, 2004; Lee, 2005). La continua cooperación con GM condujo al lanzamiento de productos Opel como el Pontiac Le Mans.

La reducción gubernamental del número de empresas coincidió con la mejora de la rentabilidad de Hyundai. Como puede observarse en el gráfico 1, el margen de beneficio, negativo en 1980, volvió a ser positivo. Mientras tanto, el campeón nacional había estado trabajando en la creación de nuevas capacidades, la mejora de su modelo estrella, la producción de sus propios bienes de capital, el desarrollo de nuevos automóviles y la conquista de mercados exteriores. HMC fomentó el aprendizaje tecnológico mediante el establecimiento de objetivos muy ambiciosos. El número de personas dedicadas a I+D aumentó de 197 en 1975 a 1.422 en 1985, lo que indica la consolidación de una característica clave del sistema nacional de innovación de Corea del Sur. En 1982 se puso en marcha el modelo Pony-II, al cual siguieron Stellar, Excel (el primer automóvil de tracción delantera) y Presto. La compañía apuntaba al mercado americano y había fundado Hyundai Auto Canadá en 1983. La producción aumentó de 78.071 unidades en 1982 a 545.100 en 1987. La proporción controlada por esta empresa en el mercado interno permaneció por encima del 50% (Chung, 2000). Las exportaciones crecieron después de 1984, sobrepasando el umbral de las 400.000 unidades en 1987. Su principal mercado era América del Norte. Hay que añadir que la empresa no era demasiado rentable, ya que de esta expansión radical (de hecho, el margen de beneficio es muy similar a las cifras de SEAT de principios de la década de 1970, como muestra el gráfico 1). Sin embargo, su margen (por encima del 2%) puede considerarse satisfactorio, si se tiene en cuenta la reducción de la rentabilidad de la industria del automóvil a nivel internacional.

Kia obtuvo el permiso para volver a fabricar turismos a partir de 1987. Se introdujo una reducción parcial de los controles sobre las importaciones de vehículos comerciales, pero la liberalización de las importaciones de utilitarios se aplazó nuevamente hasta finales de la década.

En 1987 la industria coreana de turismos se había consolidado como un mercado altamente oligopólico con tres productores: Hyundai (56% de la producción), Daewoo (31%) y Kia (12%). Los tres tenían socios tecnológicos extranjeros, pero una parte significativa del control permanecía en manos nacionales, especialmente en el caso del campeón nacional, HMC, aunque Mitsubishi hubiera incrementado su participación hasta el 15% en 1985 (Chung, 2000; Jeong, 2004).

En resumen, a pesar de que Corea experimentó tanto la agitación política (con el asesinato del presidente Park) como la recesión económica (con una acusada caída del PBI per cápita en términos reales en 1980) durante el período que se examina, ningún gobierno intentó cambiar repentinamente su política proteccionista de respaldo a la industria automovilística autóctona. Tal opción estratégica, junto con una prudente gestión de la demanda, facilitó que Corea del Sur se convirtiera en un país líder en la producción y exportación de automóviles. Además, Hyundai tomó la delantera como campeón nacional y superó de forma gradual su inicialmente alta dependencia tecnológica. Como puede observarse en el gráfico 6, durante el período de 1973 a 1987 la República de Corea alcanzó a los otros dos países analizados. La base para la convergencia comenzó a crearse a lo largo de la *edad de oro*, cuando los principales agentes de transformación aparecieron en escena, pero, después de la primera crisis del petróleo, el apoyo público al automóvil nacional y la regulación estratégica de la competencia vigorizaron a la industria autóctona. Cuando la industria argentina se derrumbó y la española perdió su carácter nacional, Corea del Sur se puso a su nivel y, además, fue capaz de crear sus propios modelos y bienes de capital en una industria clave, por lo que se fortalecieron sus capacidades a largo plazo.[7]

---

[7] Biggart y Guillén consideran España como un caso más exitoso que Corea del Sur debido a su mejor desempeño en la exportación de piezas (Biggart y Guillén, 1999; Guillén, 2003). En mi opinión, sin embargo, las marcas de productores finales bajo control autóctono contribuyen de manera significativa al desarrollo de un sistema nacional de innovación por tres razones. En primer lugar, como se explica en el artículo, la I+D llevada a cabo en el país de origen por los productores finales tiende a ser mayor. En segundo lugar, las marcas consolidadas en los mercados de consumo de los productos diferenciados constituyen una garantía contra la volatilidad de las ventas y son más típicos de los productores finales que de los fabricantes de piezas. Por último, pero no por ello menos importante, desde el punto de vista económico, la cuestión más relevante es la cantidad de valor añadido generado por el conjunto de la industria automotriz en el país. A largo plazo, el valor añadido generado por la industria del automóvil en Corea ha sido mayor que en España: de acuerdo con el *International Yearbook of Industrial Statistics*, la participación de la industria coreana de vehículos de motor, remolques y semirremolques (CIIU 34) representó el 4,2% del total mundial del valor añadido industrial en 2004, en comparación con una cifra de sólo el 1,9% correspondiente a España (UNIDO, 2006, p. 63).

Gráfico 6. Producción de automóviles (número de unidades)

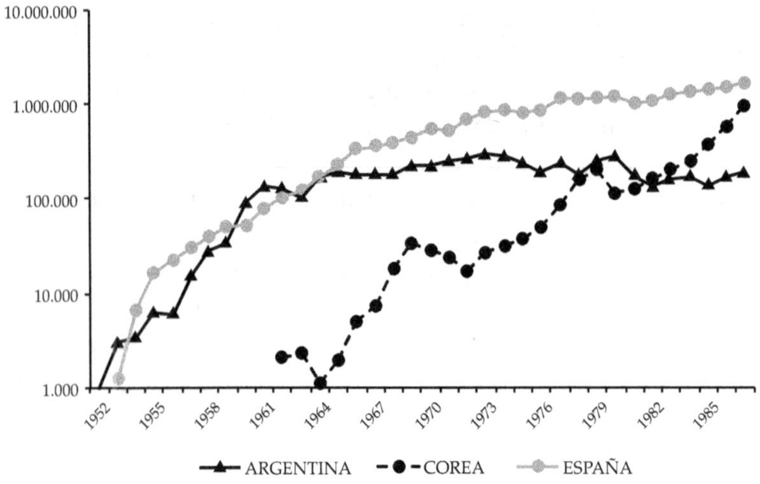

Fuente: ver gráficos 2 a 4.

Conclusiones

La industria del automóvil en los tres países experimentó un crecimiento significativo durante el período considerado. Las políticas estratégicas, junto a las estructuras sociales, resultaron cruciales en las primeras etapas del desarrollo de la producción en serie. En el presente artículo se corrobora la defensa de Friedrich List a la protección a las industrias nacientes en los países con un mercado interno mediano-grande. En resumen, las severas restricciones a la importación, las licencias de inversión, el contenido local y el apoyo a los campeones nacionales resultaron fundamentales para el éxito a largo plazo de la industria del motor.

Las licencias extranjeras estimularon la transferencia de tecnología, lo que propició el crecimiento y favoreció la adquisición de capacidades. Inicialmente fue el principal instrumento de transferencia tecnológica en los tres países en cuestión. Las empresas exitosas durante las fases florecientes de la industria dependían de socios extranjeros: IKA de Kaiser; SEAT de FIAT y HMC de Mitsubishi.

Debido a las grandes economías de escala típicas del ramo, demasiadas empresas produciendo series reducidas ponían en peligro el cambio estructural, como lo ilustran los fracasos de IKA en la década de 1960 y de SEAT en la década de 1970. Como consecuencia, tanto Argentina como España vieron seriamente erosionadas sus posibilidades para fomentar la imitación creativa y la I+D doméstica en la industria automotriz, además de su potencial para el desarrollo de un sistema nacional sólido de innovación.

El apoyo a un campeón nacional pudo ayudar a superar la dependencia tecnológica, siempre y cuando el mercado conservase cierto grado de competencia. Las prioridades nacionalistas consistentes en la aceleración del cambio estructural y el respaldo a la creación de tecnología autóctona pudieron contribuir a los resultados deseados, pero para que tuvieran éxito completo era importante que las empresas nacionales no estuvieran totalmente controladas por intereses extranjeros, y que se limitase el número de empresas. Tal fue el caso de Corea del Sur con HMC a lo largo de las décadas de 1970 y 1980: el gobierno coreano podía incluso obligar a los rivales a retirarse temporalmente de la producción de turismos.

La alta volatilidad en la gestión macroeconómica de la demanda fue extremadamente perjudicial para el desarrollo de la industria. Si bien la industria automotriz argentina se había enfrentado a significativas deseconomías de escala antes de 1973, esto no impidió que el país escalara posiciones en el ránking de productores y exportadores mundiales a lo largo de la *edad de oro*. El colapso total de la industria después de dicha fecha derivó principalmente de la inestabilidad macroeconómica del país causada por los dramáticos *shocks* políticos bajo la presidencia de Isabel Perón, los gobiernos militares, y durante la transición a la democracia.

La política industrial también experimentó cambios repentinos en Argentina durante las décadas de 1950 y 1970, y en España, durante la década de 1970, con lo que se redujo significativamente la protección o se alentó el establecimiento en el país de sus rivales extranjeros, independientemente de los patrones anteriores de especialización. Como resultado, ambos países fomentaron la sobreproducción y pusieron en desventaja a unas empresas que contaban con importante potencial para el desarrollo autónomo de I+D. En cambio, la República de Corea siempre actuó muy cautelosamente y subordinó la liberalización a los intereses nacionales. La política industrial de Corea del Sur, lejos de mantenerse inmóvil, fue virando de manera gradual a pesar de los cambios en el régimen político y las recesiones económicas.

En pocas palabras, la experiencia de Argentina, España y Corea del Sur confirma que el éxito de la producción en masa en la industria del automóvil depende de la adopción a largo plazo de políticas que se aparten claramente del *laissez-faire*. La República de Corea del Sur tuvo un notable éxito en el desarrollo de la industria del motor y en la transformación de su ventaja competitiva hasta 1987. España también tuvo éxito en la expansión de su industria, pero la discontinuidad política durante las décadas de 1970 y 1980 redujo las posibilidades de construir nuevas capacidades y promover una I+D autóctona a largo plazo. La industria argentina, a pesar de un comienzo prometedor durante los primeros tiempos de la *edad de oro*, se hundió por completo a partir de 1973 debido a la enorme volatilidad de su gestión macroeconómica y a la adopción de una política industrial demasiado liberal.

Referencias bibliográficas

Amsden, Alice H, 1989, *Asia's Next Giant. South Korea and Late Industrialization*, Nueva York: Oxford University Press.

———, 1997, "South Korea: Enterprising groups and entrepreneurial government", en Chandler, Alfred, Amatori, Franco y Hikino, Takashi (eds.), *Big Business and the Wealth of Nations*, Cambridge: Cambridge University Press.

Asociación de Fábricas de Automotores, 1967, *1966. 1.000.000 de automotores argentinos*, Buenos Aires: Asociación de Fábricas de Automotores.

Asociación de Fábricas de Automotores, 1986, *Industria automotriz argentina 1985*, Buenos Aires: Asociación de Fábricas de Automotores.

Asociación de Fábricas de Automotores, 1991, *Industria automotriz argentina 1990*, Buenos Aires: Asociación de Fábricas de Automotores.

Asociación Nacional de Fabricantes de Automóviles y Camiones, 1981, *Memoria 1980*, Madrid: Asociación Nacional de Fabricantes de Automóviles y Camiones.

Barbero, María Inés y Motta, Jorge, 2007, "Trayectoria de la industria automotriz en la Argentina desde sus inicios hasta finales de la década de 1990", Delfini, Marcelo y otros (eds.), *Innovación y empleo en tramas productivas de Argentina*, Buenos Aires: Universidad Nacional de General Sarmiento/Prometeo.

Barbero, María Inés y Rocchi, Fernando, 2003, "Industry", en Della Paolera, Gerardo y Taylor, Alan (eds.), *A New Economic History of Argentina*, Cambridge: Cambridge University Press.

Belini, Claudio, 2003, *La industria durante el primer peronismo: un análisis de las políticas públicas y su impacto (1946-1955)*, Tesis Doctoral, Universidad de Buenos Aires.

————, 2006, "Los orígenes de la industria automotriz argentina", en *Revista de Historia Industrial*, n° 31.

Biggart, Nicole y Guillén, Mauro, 1999, "Developing difference: social organization and the rise of the auto industries of South Korea, Taiwan, Spain, and Argentina", en *American Sociological Review*, n° 64.

Bisang, Roberto, Burachik, Gustavo y Katz, Jorge, 1996, *Hacia un nuevo modelo de organización industrial. El sector manufacturero argentino en los años noventa*, Buenos Aires: Alianza-CEPAL.

Carreras, Albert y Estapé-Triay, Salvador, 2002, "The Spanish Motor Industry, 1930-1975", en Lynskey, Michael y Yonekura, Seiichiro (eds.), *Entrepreneurship and Organization. The Role of the Entrepreneur in Organizational Innovation*, Fuji Conference Series V: Oxford University Press.

Catalán, Jordi, 2000, "La creación de la ventaja comparativa en la industria automovilística española, 1898-1996", en *Revista de Historia Industrial*, n° 18.

————, 2006, "La SEAT del 'Desarrollo', 1948-1972", en *Revista de Historia Industrial*, n° 30.

————, 2007, "La primera crisis de SEAT: el veto a General Motors y la compra de AUTHI a British Leyland (1972-76)", en *Investigaciones de Historia Económica*, n° 9.

Chang, Ha-Joon, 1993, "The political economy of industrial policy in Korea", en *Cambridge Journal of Economics*, n° 17.

————, 2002, "Breaking the mould: an institutionalist political economy alternative to the neo-liberal theory of the market and the state", en *Cambridge Journal of Economics* n° 26.

Chung, Myeong-Kee, 2000, "Les deux stratégies industrielles de Hyundaï face à la globalisation des marchés", En Freyssenet, Michel y otros (eds.), *Quel modèle productif ?*, París: La Découverte.

Cipolla, Franco H., 2003, *IKA. La aventura*, Córdoba: Ediciones del Boulevard.

————, 2007, *Ford. La verdadera historia*, Buenos Aires: Compañía de Libros.

————, 2014, *El Torino: historia de una proeza industrial, tecnológica y deportiva*, Carapachay: Lenguaje claro Editora.

Della Paolera, Gerardo y Gallo, Ezequiel, 2003, "Epilogue: The Argentine puzzle", "Industry", en Della Paolera, Gerardo y Taylor, Alan (eds.) *A New Economic History of Argentina*, Cambridge: Cambridge University Press.

Fernández de Sevilla, Tomás, 2007, "FASA en l'arrencada de la indústria de l'automòbil a l'Estat espanyol, 1951-1965", en *Recerques*, n° 54.

Frenkel, Leopoldo, 1992, *Juan Ignacio San Martín. El desarrollo de las industrias aeronáutica y automotriz en la Argentina*, Buenos Aires.

García Ruiz, José Luis, 2001, "La evolución de la industria automovilística española, 1946-1999: una perspectiva comparada", en *Revista de Historia Industrial* n° 19-20.

————, 2003, "La industria automovilística española anterior a los 'decretos Ford' (1972)", en García Ruiz, José Luis (ed.), *Sobre ruedas*, Madrid: Síntesis.

García Ruiz, José Luis y Santos Redondo, Manuel, 2001, *¡Es un motor español! Historia empresarial de Barreiros*, Madrid: Síntesis.

Green, Andrew, 1992, "South Korea's Automobile Industry: Development and Prospects", en *Asian Survey*, vol. 32, n° 5.

Guillén, Mauro, 2003, *The limits of convergence. Globalization and organizational change in Argentina, South Korea and Spain*, Princeton: Princeton University Press.

Hyun, Young-Suk, 1995, "The Road to the Self-Reliance. New Product Development of Hyundai Motor Company", Documento de trabajo, Han Nam University, Taejon.

Jenkins, Rhys, 1995, "The Political Economy of Industrial Policy: Automobile Manufacture in the Newly Industrialising Countries", en *Cambridge Journal of Economics*, n° 19.

Jeong, Seung-Il, 2004, *Crisis and Restructuring in East Asia*, Chipenham: Palgrave.

Katz, Jorge, 2000, "The Dynamics of Technological Learning during the Import-Substitution Period and Recent Structural Changes in the Industrial Sector of Argentina, Brazil, and Mexico", en Lindsu, Kim y Nelson Richard (eds.), *Technology, Learning, & Innovation*, Cambridge: Cambridge University Press.

Katz, Jorge y Kosacoff, Bernardo, 2000, "Import-Substituting Industrialization in Argentina, 1940-1980: Its Achievements and Shortcomings", en Cárdenas, Énrique, Ocampo, José Antonio y Thorp, Rosemary, *An Economic History of Twentieth-Century Latin America. Volume 3. Industrialization and the State in Latin America: The Postwar Year* (eds.), Oxford: Palgrave.

Katz, Jorge y Stumpo, Giovanni, 2001, "Regímenes sectoriales, productividad y competitividad internacional", en *Revista de la Cepal*, n° 75.

Kim, Linsu, 1993, "National System of Industrial Innovation: Dynamics of Capability Building in Korea", en Nelson, Richard (ed.), *National Innovation Systems. A Comparative Analysis*, Nueva York: Oxford University Press.

Kirk, Donald, 1994, *Korean Dynasty*, Nueva York: Sharpe.

Kosacoff, Bernardo, Tudesca, Jorge y Vispo, Adolfo, 1991, "La transformación de la industria automotriz argentina. Su

integración con Brasil", Documento de Trabajo CEPAL n°
40, Buenos Aires.

Lansbury, Russell D., Suh, Chung-Sok y Kwon, Seung-Ho, 2007,
The Gobal Korean Motor Industry, Londres: Routledge.

Lee, Hyun-Young, 2005, "Strategic Alliances and Trade Dispute in
Automobile Industry", en *Far Eastern Studies*, n° 4.

Lee, Kong-Rae, 2000, "Technological Learning and Entries of
User Firms for Capital Goods in Korea", en Kim, Linsu y
Nelson, Richard (eds.), *Technology, Learning, & Innovation*,
Cambridge: Cambridge University Press.

List, Friedrich, 1885, *The National System of Political Economy*,
Londres: Sampson Lloyd.

Loubet, Jean Louis, 2000, *Renault. Histoire d'une entreprise*,
Boulogne-Billancourt: ETAI.

MacDonald, Norbert, 1988, "Henry J. Kaiser and the Establishment
of An Automobile Industry in Argentina", en *Business
History XXX*, n° 3.

McCloud, James 1995, *The IKA Story*, Traducción al español: 2015,
Del Jeep al Torino: la historia de IKA, primera planta automotriz integrada de Sudamérica, Carapachay: Lenguaje
claro Editora.

Maddison, Angus, 1995, *Monitoring the World Economy*, París:
OECD.

Maluquer de Motes, Jordi, 2005, "Consumo y precios", en Carreras,
Albert y Tafunell, Xavier (eds.), *Estadísticas históricas de
España. Siglos XIX y XX. Volumen III*, Bilbao: Fundación
BBVA.

Ministerio de Industria, 1976, *Las 500 grandes empresas industriales
españolas en 1974*, Madrid: Dayton.

Mitchell, B. R, 1993, *International Historical Statistics. The Americas
1750-1988*, Macmillan Stockton P.

————, 2003, *International Historical Statistics. Africa, Asia and
Oceania 1750-2000*, Palgrave-Macmillan, 2003.

Molineri, Giuliano, 1999, *Giorgetto Giugiaro & Fabrizio: Italdesign*,
Milán: Automobilia.

Palma, Gabriel, 2003, "Latin America during the second half of the
Twentieth Century: From the 'age of extremes' to the age

of 'end-of-history' uniformity", en Chang, Ha-Jon (ed.), *Rethinking development economics*, Londres: Wimbledon P. C.

Pérez Sanchó, Miguel, 2003, "La industria del automóvil en la Comunidad Valenciana: el caso de Ford España", en García Ruiz, José Luis (ed.), *Sobre ruedas*, Madrid: Síntesis.

Ravenhill, John, 2001, "From National Champions to Global Partnerships: The Korean Auto Industry, Financial Crisis and Globalization", Documento de trabajo 01 04, MIT Japan Program.

Rougier, Marcelo y Schvarzer, Jorge, 2006, *Las grandes empresas no mueren de pie. El (o)caso de SIAM*, Buenos Aires: Norma.

San Román, Elena, 1995, "El nacimiento de la SEAT: autarquía e intervención del INI", *Revista de Historia Industrial*, n° 7.

Sánchez, Esther, 2004, "La implantación industrial de Renault en España: Los orígenes de FASA-Renault, 1950-1970", en *Revista de Historia Económica*, n° 1.

———, 2006, *Rumbo al Sur. Francia y la España del Desarrollo, 1958-1969*, Madrid: CSIC.

Schvarzer, Jorge, 1995, "La reconversión de la industria automotriz argentina: un balance a mitad de camino", en *Ciclos*, n° 8.

Sourrouille, Juan, 1980, *Transnacionales en América Latina. El complejo automotor en Argentina*, México: Nueva Imagen.

Steers, Richard, 1999, *Made in Korea*, Nueva York: Routledge.

Tappi, Andrea, 2008, *Una impresa italiana nella Spagna di Franco*, Perugia: CRACE.

Tolliday, Steven, 2003, "The origins of Ford Europe: From multidomestic to transnational corporation, 1903-1976", en Bonin, Hubert, Lung, Yannick y Tolliday, Steven (eds.), *Ford, 1903-2003: The European History, vol. I*, París: P.L.A.G.E.

Torre, Juan Carlos y de Riz, Liliana, 2001, "Argentina desde 1946", en Lynch, John, *Historia de la Argentina*, Barcelona: Crítica.

UNIDO, 2006, *International Yearbook of Industrial Statistics*, Viena.

United Nations, varios años, *Statistical Yearbook*, Nueva York.

———, varios años, *Yearbook of International Trade Statistics*, Nueva York.

Wilkins, Mira y Hill, Frank, 1964, *American Business Abroad. Ford on Six Continents*, Detroit: Wayne State U. P.

Yang, Joo-Mo, Kim, Tae-Wan y Han, Hyun-Ok, 2006, "Understanding the Economic Development of Korea from a Co-Evolutionary Perspective", Documento de trabajo, Yonsei University.

ELOI SERRANO ROBLES

6 | El desarrollo empresarial español y el modelo neoliberal en la Argentina de los años noventa

Introducción

A partir de la década de los noventa del siglo pasado, la inversión española alcanzó una relevancia sumamente significativa en América Latina en general y en Argentina en particular. Para contextualizar el movimiento empresarial español en Argentina en aquel período es pertinente empezar nuestro análisis identificando las características y pautas generales de la inversión española en América Latina durante la señalada década.

La primera de estas pautas tiene que ver con la influencia del marco institucional. Las reformas auspiciadas por el Consenso de Washington moldearon considerablemente el ritmo y la composición de la inversión extranjera directa (IED) en la región. La relajación en el trato fiscal y legal a los capitales extranjeros, junto con la liberalización y privatización de empresas públicas generó un escenario nuevo para empresas que hasta el momento tenían serias dificultades para desarrollar su expansión en la América Latina, especialmente en sectores como el financiero o el de las *public utilities*. De hecho, la influencia del marco institucional está siendo tratada en profundidad por la literatura y los distintos trabajos científicos de reciente producción que centran sus estudios en analizar cómo las instituciones limitan el proceder de las empresas. En los últimos años ha habido un desarrollo de nuevas teorías institucionalistas (Khanna, Palepu y Sinha 2005; Gelbuda, Meyer, y Delios, 2008) que han sugerido que las instituciones son más que condicionantes de fondo porque "moderan" el comportamiento de las compañías extranjeras, determinan el diseño de sus estrategias, así como la búsqueda de ventajas competitivas. Es en este sentido, que sostienen que las empresas foráneas adaptan las estrategias de entrada a partir del desarrollo (o subdesarrollo) institucional y del interés que muestren sobre los recursos locales (ya sean naturales, humanos, de potencial de mercado, etcétera). Asumiendo dicho método de análisis, la sucesión de los acontecimientos permite inferir cómo las distintas estrategias de establecimiento en América Latina por parte de compañías extranjeras en general y españolas en particular estuvieron condicionadas por el diseño, construcción y desarrollo de un nuevo marco institucional en los distintos países de la región. En concreto, el cambio en el modelo que supuso el fin de la industrialización por sustitución de importaciones (ISI) y la implantación de un nuevo patrón de crecimiento basado en los postulados del Consenso de Washington (1989) creó un escenario sumamente favorable para que compañías privadas y extranjeras operaran en sectores vinculados al financiero y las *public utilities*. Los datos y su contextualización histórica permiten observar una clara correlación entre el surgimiento de esta nueva tipología de inversión extranjera y las nuevas reglas que se iban implantando en los diferentes países latinoamericanos a lo largo de la década de los noventa.

La segunda pauta tiene que ver con la aparición de nuevas empresas españolas transnacionales. La modificación institucional anteriormente citada conllevó un cambio en la estructura sectorial y geográfica de la inversión extranjera llegada a la América Latina desde el primer tercio de la década de los noventa. La tradicional inversión vinculada a la industria y la minería fue superada por la paulatina y constante relevancia que asumieron los flujos extranjeros relacionados con los sectores más sensibles a dicho cambio de modelo, como el financiero y las *public utilities*. La transformación en la composición sectorial también condujo a la aparición de nuevos actores empresariales con un origen geográfico distinto del patrón observado hasta ese momento. Fue a colación de este nuevo marco institucional que la inversión española alcanzó una relevancia sumamente significativa, pasando de tener una relevancia cuantitativa secundaria a situarse con protagonismo inusitado hasta ese momento. Empresas como Repsol, Iberia, Telefónica o Endesa empezaron y/o consolidaron su singladura como actores globales en América Latina. Autores como Sánchez (2002, 2003), Casanova (2002), Horcajo (2004), Casilda (1997, 1999, 2001, 2008), Guillén (2006), Durán (1996, 1999, 2003, 2005) y Chislett (2003) han estudiado en profundidad las motivaciones que llevaron a determinadas compañías españolas a expandirse en la región. Predomina, en estos autores, un análisis estadístico macroeconómico y descriptivo de las inversiones de las principales empresas españolas y tienden a situar el cambio del marco institucional en España y América Latina como un elemento motivador, pero no lo describen ni contextualizan en exceso. A su vez, tienden a omitir el análisis desde la perspectiva de la economía receptora, a excepción de algunos trabajos de Casilda (2008). Estas investigaciones centran sus resultados y conclusiones en los factores que impulsaron la inversión española en la región y que sitúan en variables como:

a. El idioma común, por ser un factor que contribuye a facilitar las relaciones de inversión y permite la transferencia de conocimientos y procesos empresariales de forma y manera más ágil.
b. La afinidad cultural y los nexos históricos. Variables que tienen especial incidencia en empresas de sectores como el financiero y las *public utilities*, puesto que la actividad de estas compañías queda delimitada por marcos regulatorios muy estrictos y por una relación constante con la Administración. Además, el conocimiento del mercado en la prestación de servicios básicos como la energía, las telecomunicaciones o la banca implica entender la idiosincrasia de la sociedad donde se mueve la empresa; esta comprensión resulta vital para la rentabilidad de la inversión, tanto presente como futura. En este sentido las empresas españolas partían con cierta ventaja porque por motivos históricos la sociedad española y las latinoamericanas comparten prácticas culturales y comportamientos sociales similares. De hecho, la Escuela de Uppsala (Johanson, 1975, 1977, 1988) ya señala que en el intento de minimizar el riesgo que se asocia a los mercados internacionales la compañía en cuestión comienza su expansión en aquellos países más cercanos psicológica y geográficamente, para, poco a poco, extenderse a los más distantes. La historiografía confirma que hay

una clara tendencia por parte de los inversores internacionales a buscar oportunidades en áreas geográficas donde la afinidad cultural y los nexos históricos tienen una relevancia significativa. Según se puede consultar en las estadísticas de Eurostat, por poner un ejemplo, gran parte de la inversión directa de las compañías europeas se concentra en la propia Europa y cuando se sitúan en otras zonas del mundo tienden a hacerlo allí donde sus países tienen o han tenido una influencia directa. De ahí la preferencia de los capitales franceses hacia el norte de África y Asia, o de los británicos hacia Asia o, en el caso que nos ocupa, de los españoles hacia América Latina.

c. La progresiva estabilización política de la región también facilitó que las empresas españolas orientaran sus inversiones exteriores hacia América Latina. Desde finales de los ochenta la democracia fue extendiéndose a la mayoría de los países latinoamericanos. Los regímenes democráticos contribuyeron a presentar y construir marcos donde las reglas fueran más claras y menos discrecionales, más estables, con mayor seguridad jurídica que garantizaran los derechos de propiedad, y donde las relaciones sociales se establecieran de acuerdo a mecanismos contractuales sólidos. Los sectores que han liderado la inversión española en América Latina se caracterizan por estar, en gran medida, expuestos al devenir de la política, la opinión pública y las relaciones internacionales; por ello la estabilidad política e institucional fue una variable muy importante y valorada por los inversores españoles. En general, esta progresiva estabilidad política no fue evaluada de igual manera para todos los potenciales inversores extranjeros. La evidencia parece indicar que las compañías españolas tuvieron una mayor propensión a operar en un contexto donde la consolidación del nuevo marco institucional estaba en plena fase de construcción (Serrano, 2012). En este sentido, se aprecia que la disposición a asumir el riesgo derivado de una eventual inestabilidad institucional en la región por parte de las compañías españolas fue superior a la de sus eventuales competidoras. Hay que tener presente que la aversión al riesgo institucional viene determinada por las actividades y los objetivos perseguidos por cada inversor.

A diferencia del grueso de las empresas españolas, la mayoría de los capitales estadounidenses y gran parte de la inversión europea en América Latina tendieron a una exposición menor a la volatilidad institucional, porque sus actividades solían estar menos supeditadas a las contingencias de la vida política. Asimismo, las empresas españolas requerían un vínculo más estrecho con el territorio y con el gobierno porque el factor de localización pasaba a buscar nuevos mercados y ganar volumen de negocio (acciones *rent seeking*). En cambio, gran parte de la inversión norteamericana y europea, más centrada en actividades industriales tenía como principal factor de localización el logro de ventajas en costes en bienes exportables.

d. El potencial de mercado. Precisamente, como gran parte de la inversión española intentaba buscar nuevos mercados, la potencialidad de la región en términos demográficos, de desarrollo económico y social y de dotación de recursos naturales fueron factores determinantes. Estas compañías consideraban que el mercado español estaba en una fase avanzada de madurez y que, por tanto, su potencial de crecimiento era limitado. La potencialidad de la región en términos demográficos aconteció como factor de atracción. A mediados de los años noventa las expectativas en la evolución demográfica en España pronosticaban un cierto estancamiento, mientras que, en América Latina, que representaba un mercado de cerca de 500 millones de habitantes, se preveían tendencias alcistas. Para las compañías financieras y de *public utilities*, la región suponía un mercado con un gran recorrido y expectativas positivas. Por ejemplo, a principios de la década de los noventa, el grado de bancarización de América Latina no era muy elevado, como tampoco lo era la generalización de la electricidad en los hogares, la calidad de las infraestructuras o los teléfonos fijos y móviles per cápita.

e. La orientación de la política económica en la zona también fue interpretada como una variable que daba una gran potencialidad en el negocio. A medida que los gobiernos y el sistema democrático se consolidaban, los ejecutivos incrementaron la dotación presupuestaria a la gestión y construcción de infraestructuras. La inversión pública en infraestructuras aumentó significativamente a partir de finales del siglo veinte y principios del veintiuno. Numerosas empresas españolas vinculadas a la construcción y a la gestión de infraestructuras, como Abertis, FCC o Dragados, consiguieron numerosos contratos y licencias e impulsaron una tercera ola inversora.

Autores como Casanova (2002) o Guillén (2006 y 2010) también han situado la rápida internacionalización de las empresas españolas como un elemento defensivo ante la liberalización económica que se estaba dando en España a consecuencia de su integración en la Unión Europea. Argumentan que sectores como el financiero gozaban de una notable protección y que otros como el de las *public utilities* por una elevada regulación, con actores que, a menudo, eran estatales. La necesidad de cumplir con los requerimientos que imponía el nuevo escenario europeo sumada a la necesidad perentoria de cumplir con los criterios de Maastrich en materia de déficit y deuda pública llevó hacia una acelerada política de privatizaciones entre los años 1996 y 1999 (Serrano, 2012). En un breve espacio de tiempo, empresas que gozaban de una posición de dominio en el mercado interior se encontraron vulnerables ante el nuevo contexto global. Crecer en el exterior suponía para compañías como Repsol, Endesa o Telefónica una necesidad, pertinentemente cubierta por las oportunidades que brindaba América Latina que, con un cierto decalaje temporal estaba pasando por un proceso similar de transformación hacia una economía más abierta que daba espacio a una nueva tipología de inversor extranjero. En todo caso, una vez creadas las condiciones institucionales en América Latina, los inversores españoles se lanzaron en masa.

Es evidente que las motivaciones para realizar una decisión tan arriesgada como la de comprometer recursos a largo plazo en una economía ajena no se pueden tomar solamente por condiciones coyunturales. Las empresas españolas tampoco tuvieron muchas alternativas a la hora de elegir dónde orientaban sus esfuerzos internacionalizadores. La permisibilidad a que inversores privados o extranjeros desarrollen ciertas actividades requiere una serie de condiciones que no se encontraban, paradójicamente, muy extendidas en economías maduras como las europeas. De hecho, países como Chile, Argentina, México o Perú privatizaron el monopolio estatal de telecomunicaciones antes que la mayoría de países europeos. Lo mismo podemos decir de los sectores eléctricos, del transporte o del agua. En Europa, excepto Inglaterra, el nivel de extensión de las privatizaciones era inferior al de América Latina. Como expone Guillén (2006):

> la secuencia de las reformas de mercado en el sector de servicios fue tal que, durante los años noventa, las empresas españolas contemplaban pocas oportunidades de crecer en Europa, pero muchas de hacerlo en América Latina. Las oportunidades en otras partes del mundo como América del Norte, África, Oriente o Asia no eran muy claras en ese momento; y las privatizaciones en la Europa del Este no favorecieron mucho que los extranjeros pudieran adquirir participaciones de control.

Fijémonos, pues, que el camino hacia América Latina fue condicionado por un realismo posibilista. Una vez que a las empresas españolas vinculadas a actividades relacionadas con el sector financiero y las *public utilities* les quedó claro que en gran medida la internacionalización de sus actividades pasaba por América Latina, tuvieron que evaluar la idoneidad de la inversión. La tipología de estas empresas muestra que, aunque la economía española fue capaz, en un momento dado, de generar y obtener recursos financieros suficientes como para convertirse en un inversor de referencia en toda una región continental, las carencias a la hora de configurar un sector industrial potente que estructure una inversión sólida más allá de las oportunidades coyunturales ofrecidas en los diferentes cambios institucionales siguen siendo la asignatura pendiente de una economía que aspira a situarse en posiciones de cabeza. Esta debilidad del sector industrial queda patente en los datos del Registro de Inversiones del Ministerio de Industria del gobierno de España, que muestran una extraordinaria concentración sectorial de la inversión española en América Latina. Las actividades vinculadas a la energía (eléctrica y minería) generaron el 24,70% de los flujos, las de las telecomunicaciones el 24,11% y las de la banca el 20,65%. En total, tres sectores fueron responsables de, alrededor del 74% del total de la inversión entre 1993 y 2007.

Modificación en la composición sectorial y geográfica de la IED en América Latina. A tenor de los cambios en el marco institucional y regulatorio en los dos lados del Atlántico, la inversión española contribuyó significativamente a modificar el patrón de la IED en la región. Hasta principios de la década de los noventa, las empresas norteamericanas, inglesas, holandesas, alemanas, francesas y japonesas de sectores industriales generaban el grueso de los flujos de inversión. A medida que se fueron aplicando las directrices del Consenso de Washington los capitales españoles fueron tomando una alta significación cuantitativa que provocó cambios cualitativos transcendentes hacia sectores como el energético, las telecomunicaciones, infraestructuras o el bancario. Los inversores tradicionales no mostraron la misma propensión que las empresas españolas para invertir en estos sectores, por eso, el cambio sectorial también condujo a una modificación en el origen geográfico de los capitales, situando a España como segundo inversor en la región (en algunos años en primera posición) detrás de Estados Unidos.

Una visión cuantitativa de la inversión española en Argentina

Un análisis de largo plazo permite entrever que Argentina mantuvo un rol más o menos constante en las preferencias de los inversores españoles a lo largo de la etapa 1980-2006. Tanto al período 1979-1992 como al 1993-2006, el porcentaje de los capitales españoles invertidos en Argentina oscila en el 27%. Lamentablemente, no disponemos de datos estadísticos del conjunto del período para poder reproducir una comparativa general; la disponibilidad de las cifras por parte argentina empieza en 1993. Contextualizando los datos a partir de esta fecha, se aprecia una relevancia mayor de España como inversor en Argentina, que Argentina como destino inversor de las empresas españolas.

En el cuadro 1 se puede observar que hasta 1997 los flujos salidos de España con destino a Argentina fueron más significativos para la economía española que para la argentina, pero a partir de ese año, la inversión española alcanzó el liderazgo en la llegada de capitales foráneos y en los años 1999, 2000, 2001, 2004 y 2006 fue su principal inversor. Veremos cómo las transformaciones institucionales y el desarrollo de ciertas políticas públicas estimularon a los inversores españoles a diversificar sus actividades hacia la Argentina. La privatización y liberalización del sector energético y petrolero contribuyeron de manera decidida a situar en una posición relevante empresas españolas del sector.

El análisis sectorial muestra como cerca del 55% de los capitales españoles se dirigieron hacia actividades relacionadas con el petróleo. Las operaciones de Repsol fueron las grandes responsables. Aunque la compañía española llegó al país en 1991, la adquisición en 1999 de YPF supuso un movimiento de recursos financieros de tal magnitud que los datos estadísticos y la posición inversora de España en el país para el conjunto del período tuvieron un gran impacto. Las telecomunicaciones generaron poco más del 15% de la inversión, y el sector financiero un 11%. De esta manera podemos apreciar cómo la inversión española en Argentina sigue el patrón observado en el conjunto de la región, ya que estos tres sectores recibieron un poco más del 80% de los recursos que las empresas españolas situaron en el país. Las operaciones de Telefónica y los dos grandes bancos, el BSCH y el BBVA, fueron, junto con Repsol, las más significativas en cuanto a volumen de recursos movilizados. En el sector eléctrico, Endesa, Iberdrola y Unión Fenosa también invirtieron fuertemente en el país. Aparte de las empresas de servicios públicos, también hay otro tipo de tejido empresarial vinculado a actividades industriales con entidades como Grupo Mondragón, la catalana Roca o la electrotécnica Arteche Hermanos, por mencionar algunas, que fueron aumentando su compromiso con el país, pero por su idiosincrasia empresarial y sectorial no generaron un volumen tan significativo de recursos como las empresas de *public utilities* o del sector bancario. A primeros años del siglo veintiuno, debido a una mayor apuesta por el desarrollo de infraestructuras en el país empezaron a desarrollar proyectos de construcción y gestión de infraestructuras empresas como Dragados, Ferrovial o ACS (cuadro 2).

Cuadro 1. Incidencia de la IED española en Argentina (1993-2003)

España			
Año	**IED Argentina**	**Total IED Emitida**	**% Arg/Total**
1993	-64.856	828.067	-7,83%
1994	276.284	3.117.179	8,86%
1995	6.261	2.941.023	0,21%
1996	629.394	3.133.296	20,09%
1997	2.525.087	8.083.320	31,24%
1998	283.540	10.803.194	2,62%
1999	15.610.881	35.638.486	43,80%
2000	2.935.943	40.587.637	7,23%
2001	-125.754	23.266.860	-0,54%
2002	667.250	14.413.053	4,63%
2003	454.708	15.479.710	2,94%

Unidades: Miles de euros

Argentina			
Año	**IED española**	**Total IED Recibida**	**% Arg/Total**
1993	102	2.793	3,65%
1994	-172	3.637	-4,73%
1995	271	5.610	4,83%
1996	998	6.951	14,36%
1997	2.085	9.161	22,76%
1998	1.098	7.292	15,06%
1999	17.930	23.986	74,75%
2000	6.760	10.418	64,89%
2001	673	2.166	31,07%
2002	-943	1.093	-86,28%
2003	-308	1.021	-30,17%

Unidades: Millones de dólares
Fuente: Registro de Inversiones y Ministerio de Economía.

Cuadro 2. IED española en Argentina, distribución por sectores (1993-2003) en miles de euros.

Sector	1993	1994	1995	1996	1997	1998	1999	2000	2001	2002	2003	Acumulada	% s Acumulada
Agrario-pesquero	295	3.109	2.122	1.556	2.102	2.288	5.102	3.542	1.490	1.388	326	23.320	0,10%
Petróleo y gas	-19		-547	143.714		-94.122	14.334.485		-13.233			14.370.278	61,18%
Industria alimentaria	65	175	358	533		5.655	15.990	4.453	4.092	4.701		36.021	0,15%
Industria manufacturera			513			594	357	96			390	1.950	0,01%
Industria química	357		26-91			1.033	267.428		1.153	1.413	272.445	543.828	2,32%
Otras manufacturas	10.623	8.622	6.009	27.632	17.017	57.530	18.945	47.930	359.035	68.724	60.130	682.196	2,90%
Energía eléctrica	43.774	-6.362	11.492	3.801	14.594	72.947	92.009	219	-869.537	103	-29	-636.987	-2,71%
Tratamiento de aguas		-1.833	19.293	595	3.762	71.422	26.693	89.080	440.058	2.071	2.518	653.657	2,78%
Construcción	1.536	-4.428	11.899	14.418	-5.842	4.271	15.938	26.252	129.115	537	24.657	218.354	0,93%
Transporte aéreo	39.276	245.844	-180.682	-57.597				59.532	440.058		46.594	593.025	2,52%
Otros sectores industriales	4.285	558	1.143	-31.073	398.061	104.358	396.175	403.348	-562.374	138.723	31.867	885.072	3,77%
Tele-comunicaciones	-181.775	2.622	9	188.044	381.799	-189.098	68.005	2.514.460	52.227	567	3.557	2.840.417	12,09%
Servicios financieros	15.642	26.993	29.186	327.112	1.709.799	186.406	249.749	-235.236	-8.288	396.084	-1.508	2.695.938	11,48%
Otras actividades	1.085	985	5.439	10.659	3.761	60.255	110.005	22.268	299.657	52.939	13.762	580.816	2,47%
Total	**-64.856**	**276.284**	**-93.766**	**629.393**	**2.525.053**	**283.540**	**15.600.881**	**2.935.943**	**273.454**	**667.250**	**454.708**	**23.487.886**	**100,00%**

Fuente: Registro de Inversiones.

El marco institucional en la Argentina de los noventa como palanca para la inversión española

Las transformaciones institucionales que se dieron en Argentina a finales de los años ochenta y principios de los noventa del siglo pasado propiciaron un incremento muy importante de inversión extranjera directa.

El nuevo modelo de crecimiento que el país adoptó estuvo inspirado en las recetas neoliberales del Consenso de Washington, y surgió, como en muchos otros países de América Latina, como una respuesta neoliberal al colapso económico que desencadenó en la Crisis de Deuda Externa de 1982 y la posterior "década perdida". A grandes rasgos, este nuevo modelo se articuló en base a cuatro pilares básicos: la reforma del papel del Estado en la economía, una mayor apertura económica, una política de estabilización y la refinanciación de la deuda externa.

La redefinición del papel del Estado pasó por cambiar el rol que había jugado hasta entonces. En el nuevo contexto debía reducir su protagonismo, liberalizando las relaciones económicas, equilibrando sus cuentas y transfiriendo empresas estatales al sector privado. Como veremos a continuación, esta última medida propició un plan de privatizaciones muy ambicioso que afectó buena parte de las empresas públicas vinculadas a actividades relacionadas con las *public utilities* y que permitió una entrada importantísima de capitales extranjeros en el país. Azpiazu y Basualdo (2004) señalan que "los ingresos de capitales derivados de los recursos que percibió el Estado en efectivo por la transferencia de sus empresas ejercieron un impacto muy positivo sobre la balanza de pagos" y constatan que también sirvieron para que "durante la etapa álgida de las privatizaciones algunos contenidos del discurso dominante parecieran cumplirse, ya que entre 1990 y 1992 se verifica una estabilización en el endeudamiento externo y la repatriación de una parte del capital local transferido en la década anterior".

En los primeros años del proceso de privatizaciones, el gobierno dio prioridad a la capitalización de bonos de la deuda externa (lo que le permitió al Estado argentino reducir parte de sus pasivos con el exterior). Posteriormente el proceso de venta de empresas estatales entró en un período protagonizado por determinados grupos económicos, que repatriaron una parte importante de los recursos que habían fugado en los años ochenta con el fin de participar activamente del "negocio" de las privatizaciones. Sin embargo, cabe señalar que la liberalización económica había empezado en Argentina pocos años antes de la década de los años ochenta, durante la época de la dictadura militar.[1] La apertura económica supuso la eliminación de gran parte de las trabas a la libre circulación de capitales y al comercio internacional que sustentaba el antiguo modelo endógeno de desarrollo económico. El nuevo escenario facilitó la entrada de inversión extranjera.

Con el objetivo de tratar de mantener la inflación bajo control, el ministro de Economía Domingo Cavallo decidió "dolarizar" la economía argentina; una medida que no tuvo, a largo plazo, unas consecuencias muy positivas para el país. La refinanciación de la deuda también formaba parte del plan de choque para reactivar la economía. Con el Plan Brady, el gobierno consiguió alargar el plazo para hacer frente a las obligaciones y consiguió crear un clima razonablemente favorable para la estabilización financiera y monetaria. El gobierno creó mecanismos de conversión de la deuda para que los inversores extranjeros que tenían títulos de deuda concurrieran a procesos de privatizaciones, lo que permitió, por un lado, reducir las obligaciones de pago y, por otro, cumplir los objetivos de venta de las empresas públicas al mismo tiempo que propiciar una entrada considerable de empresas extranjeras.

El papel de las privatizaciones en la atracción de inversión extranjera

Las privatizaciones constituyen uno de los temas centrales que marcan la historia económica contemporánea de Argentina. Las

---

[1] El libro de Azpiazu, Basualdo y Khavisse (2004) explica muy bien los cambios económicos en el país, especialmente en materia de transferencia del papel del Estado hacia el ámbito privado. Explica el surgimiento de un nuevo tejido empresarial al amparo de las transformaciones que introdujo la política económica durante la dictadura, sobre todo durante la gestión de Martínez de Hoz como ministro de Economía.

implicaciones políticas, sociales y económicas que tuvo este proceso fueron extraordinarias. El proceso respondió a convicciones ideológicas de influencia netamente neoliberal y por necesidades financieras y de tesorería. En un informe de la Dirección de Cuentas Nacionales se puede leer:[2]

> las privatizaciones aliviaron la situación financiera del gobierno en varios sentidos. El ingreso de efectivo sirvió como financiación en un momento en el que su acceso, tanto interna como externamente, era muy escaso [...]. Por último, permitió mejorar la situación fiscal, ya que el Estado se desprendió de empresas que generaban déficit. Asimismo, las nuevas empresas privatizadas generarían futuros recursos tributarios con el pago de impuestos.

Es decir, el gobierno argentino privatizaba por necesidad, aunque el énfasis que dio el Ejecutivo de Carlos Menem se basó en justificar la venta como una herramienta que servía para mejorar la eficiencia de la economía del país en base a determinados apriorismos de corte teórico que sustentan una corriente ideológica determinada, claramente identificable. En este sentido, aplicó sin rodeos el axioma neoliberal de que la gestión privada es más eficiente que la pública, y presentó la privatización como una medida que, además, permitiría al Estado mejorar el ingreso fiscal y equilibrar las cuentas públicas.[3] La necesidad imperiosa de obtener recursos económicos para hacer frente a las obligaciones de pago de la deuda condicionó el calendario de las privatizaciones.

---

[2] Dirección Nacional de Cuentas Internacionales (2000), p. 5.

[3] Existen trabajos como el de Canziani (2005) que ponen en duda el ritmo de las reformas y la venta de compañías públicas y de hecho señala que "la evidencia permite demostrar que hay cierta superioridad de la empresa privada en entornos competitivos. Sin embargo, cuando se trata de mercados que no son suficientemente competitivos, el grado de eficiencia está más condicionado por la propia competencia y la regulación que por la titularidad pública o privada de la empresa. [...] en la Argentina la celeridad de la privatización, dada la necesidad de conseguir el apoyo de los grandes grupos económicos por parte del gobierno de turno para consolidar el programa económico neoliberal, llevó a un débil marco regulatorio y, por tanto, a efectos adversos sobre la eficiencia y el bienestar social."

Los datos que hacen referencia a los ingresos del Estado argentino en concepto de privatizaciones varían en función de la inclusión o no de los pasivos de las empresas vendidas. La cifra es sensiblemente menor cuando el Estado no exige al adquirente los pasivos que la compañía en cuestión pueda tener, básicamente los contraídos con la Administración; en cambio, hay estadísticas, como las del Banco Mundial, que consideran este pasivo como parte del ingreso.

Los pliegos de condiciones de venta no eran universales, el gobierno quería maximizar el ingreso, y los requisitos de pago que establecía el Estado podían variar de una empresa a otra. Una gran porción de las privatizaciones se hizo marcando precios que no incluían una parte sustancial de los pasivos de la empresa que iba a ser vendida. Esto no quiere decir que, por sistema, el Estado argentino renunciase a determinadas obligaciones de la compañía con la administración; dependiendo del importe y de la empresa exigía el pago porque implicaba una entrada directa de dinero a las cuentas del gobierno. La mayoría de los pagos, un 77%, se hicieron en efectivo, mientras que el 20% de las operaciones se ejecutaron mediante títulos de deuda pública. Los datos de la Dirección Nacional de Cuentas Nacionales también muestran que el 80% de las ventas fue a cargo del gobierno nacional y sólo el 20% las realizaron los gobiernos provinciales. Estos porcentajes indican que la capacidad de las compañías vinculadas a actividades relacionadas con las *public utilities* de alcance nacional para generar recursos era superior a la de las empresas situadas en un entorno más reducido.

El proceso que guio las privatizaciones en Argentina buscaba esencialmente fuentes de financiación ajenas que permitieran paliar la situación de la deuda que comprimía el país. De hecho, de los más de 23.000 millones de dólares recaudados por el gobierno entre 1990 y 1999 en concepto de privatizaciones, el 67% fue de origen extranjero, el 66% de los ingresos por venta de empresas públicas se generaron durante los cinco primeros años del programa.[4] Así pues, el vínculo entre el desarrollo de las privatizaciones

---

[4] Dirección Nacional de Cuentas Internacionales (2000), p. 7.

y la evolución de la inversión extranjera en Argentina es muy estrecho; tanto que, en algunos casos, la presencia de operadores extranjeros en los consorcios que podían concurrir a la privatización era obligatoria y estaba estipulada en el pliego de condiciones (Kulfas, 2000). De hecho, la inversión extranjera directa fue responsable de la mitad de los ingresos generados por la venta de empresas estatales (cuadro 3).

Cuadro 3. Ingresos en concepto de privatizaciones en Argentina (1990-1999), en millones de dólares

	1990	1991	1992	1993	1994	1995	1996	1997	1998	1999	Total	% s/ América Latina
	7.532	2.841	5.741	4.670	894	1.208	642	4.366	510	16.157	44.561	25,06
Modalidad de Pago												
Empresas Nacionales												
Efectivo	611	1.943	2.973	2.851	783	1.319	291	1	83	3.156	14.011	
Titulos de Deuda	886	20	2.196	1.521	28						4.651	
Fidecomisos			308	124	37						469	
Otros	290										290	
Total	1.787	1.963	5.477	4.496	848	1.319	291	1	83	3.156	19.421	
Empresas Provinciales												
Efectivo			19	960	75	73	445	1.219	439	1.181	4.411	
Fidecomisos						18					18	
Total			19	960	75	91	445	1.219	439	1.181	4.429	
Total según Ministerio	1.787	1.963	5.496	5.456	923	1.410	736	1.220	522	4.337	23.850	

Fuente: Banco Mundial.

Con el objetivo de hacer más atractivo el país a ojos de los capitales foráneos, el grueso del proceso de privatizaciones se concentró en aquellas empresas vinculadas a actividades relacionadas con las *public utilities*, básicamente de servicios (telecomunicaciones, energía, transporte aéreo, agua y saneamiento). Para los inversores extranjeros, la adquisición de estas compañías trascendía de asumir en propiedad determinados activos, ya que, por la naturaleza de su actividad, la compra implicaba alcanzar una posición de privilegio en mercados más o menos cautivos. Unos mercados que tardaron algunos años en abrirse realmente a la competencia, por lo que algunas privatizaciones supusieron la transferencia efectiva de un monopolio público a uno privado (Azpiazu y Basualdo, 2004).

El sector que más ingresos generó con el 39% (9.297 millones de dólares) del importe total fue el petrolero. La venta de Yacimientos Petrolíferos Fiscales (YPF) fue la que más recursos aportó al Estado. La energía eléctrica generó 5.933 millones de dólares (un 25% del total). En el caso de las comunicaciones, la privatización de ENTEL propició unos ingresos de 2.982 millones de dólares. La suma de estos tres sectores, más las privatizaciones de las empresas vinculadas al sector del gas (2.950 millones de dólares, un 12% sobre el total), generó el 89% de los ingresos por concepto de privatizaciones del gobierno argentino entre 1990 y en 1999 (cuadro 4).

Cuadro 4. Distribución sectorial del ingreso por privatizaciones en Argentina (1990-1999), en millones de dólares

	1990	1991	1992	1993	1994	1995	1996	1997	1998	1999	Total	% s/ Total
Comunicaciones	917	838	1.227								2.982	12,50%
Energia electrica			1.421	1.307	169	904	736	1.220	238		5.995	25,14%
Gas			2.077		649	142			83		2.951	12,37%
Petroleo	257	999	531	3.918						3.591	9.296	38,98%
Transportes	613	60		69	15						757	3,17%
Petroquimica		66	8			364					438	1,84%
Agua y Saneamiento									151	438	589	2,47%
Otros			232	162	90				50	308	842	3,53%
Total	1.787	1.963	5.496	5.456	923	1.410	736	1.220	522	4.337	23.850	100%

Fuente: Ministerio de Economía.

Como hemos señalado anteriormente, el cambio en la composición sectorial de la inversión extranjera directa estuvo muy influenciado por este proceso que estamos analizando. El origen geográfico de los capitales que concurrieron a la adquisición de las compañías que se estaban poniendo a la venta también modificó la procedencia de la inversión foránea. De hecho, existe una gran correlación entre los principales inversores extranjeros y la nacionalidad de los adquirentes extranjeros de las empresas privatizadas en Argentina entre 1990 y 1999 (cuadro 5).

Durante estos diez años, el principal inversor externo en las privatizaciones argentinas fue España, la siguieron Estados Unidos, Chile, Francia, Italia y otros países con poca significancia estadística (cuadro 6).

Cuadro 5. Forma de adquisición en las privatizaciones (1990-1999), en millones de dólares

	1990	1991	1992	1993	1994	1995	1996	1997	1998	1999	Total	%s/ Total
Total Ministerio	1.787	1.963	5.496	5.456	923	1.410	736	1.220	522	4.337	23.850	100%
Comprador Nacional	613	1.108	2.641	1.921	407	296	156	328	171	146	7.787	32,65%
Comprador Extranjero												
IED	1.174	461	2.345	935	137	1.114	580	892	334	4.191	12.163	51,00%
Cartera	0	394	510	2.600	379	0	0	0	17	0	3.900	16,35%
Total	1.174	855	2.855	3.535	516	1.114	580	892	351	4.191	16.063	67,35%

Uno de los elementos característicos de este período fue el protagonismo adquirido por España como inversora y como compradora de empresas argentinas privatizadas. Vale la pena señalar que a principios de la década de los noventa las grandes adquisiciones por parte de sociedades españolas las hicieron empresas que eran de titularidad pública. En concreto, cuando Repsol, Iberia o Telefónica llegaron a la Argentina todavía estaban controladas por el gobierno español (Serrano, 2013).

Cuadro 6. Origen de los inversores extranjeros en las privatizaciones (1990-1999), en millones de dólares

España	42%	6.748
Estados Unidos de América	26%	4.176
Chile	10%	1.606
Francia	7%	1.124
Italia	6%	964
Otros	9%	1.445
	100%	16.063

Fuente: Ministerio de Economía.

Las privatizaciones y liberalizaciones en el entorno del sector petrolero argentino y su influencia en la atracción de inversión española

A partir de los años noventa, el sector petrolero fue el que concentró el volumen más grande de inversión extranjera y, al mismo tiempo, el que generó más ingresos por privatizaciones. Hay una relación causal entre estos dos hechos porque hubo una fuerte participación extranjera en el proceso de privatizaciones.

Yacimientos Petrolíferos Fiscales (YPF) era la empresa estatal que ostentaba el monopolio público del petróleo. Desde su fundación, en 1922, la compañía siempre se había mantenido en la órbita estatal. En 1940 la empresa consiguió en régimen de monopolio público la explotación de toda la actividad petrolera. Desde aquellos años, las dificultades técnicas y financieras que tuvieron los gestores para hacer rendir eficientemente las explotaciones y la gestión de la compañía fueron casi constantes. Esta circunstancia provocaba que, con más o menos intensidad, mediante diversas formas legales que variaban en función de los diferentes escenarios políticos y económicos, los gestores de YPF trataban de establecer alguna fórmula de colaboración con la iniciativa privada, que a menudo era extranjera. Cuando en 1993 se emprendió la privatización, uno de los argumentos centrales fue, precisamente, las elevadas obligaciones que tenía la empresa, las cuales, por su carácter público, se contabilizaban como deuda del Estado. El informe del Banco Mundial sobre las privatizaciones en Argentina cifraba en más de 11.000 millones de dólares el pasivo de YPF.[5]

La venta de YPF no estaba incluida en la ley 23.696, conocida como Ley de Reforma del Estado de 1989, que autorizaba a iniciar el proceso de privatizaciones. Para poder proceder a su venta, en 1990 el presidente Menem transformó la empresa en Sociedad Anónima, la hizo regir por el derecho privado y la reestructuró. En esta reestructuración, YPF se desprendió de algunos activos y

---

[5] Banco Mundial (1993).

licitó veintinueve áreas secundarias.[6] Por estas licitaciones obtuvo 245 millones de dólares, que fueron adquiridas por operadores nacionales que hasta ese momento actuaban como contratistas de YPF. Estas empresas eran Pérez Companc, Astra, Tecpetrol y Cadipsa.

En 1992 se aprobó la ley 21.145, que tenía un doble objetivo: por un lado, transferir a las provincias el dominio de los hidrocarburos y, por otro, declarar YPF empresa sujeta a la privatización total. Y con la ley 17.319 se fomentó la liberalización de las licencias de explotación y exploración (a YPF se le asignaron 24 permisos de explotación y cincuenta concesiones de producción). La ley estableció que el Estado debía vender no menos del 50% de la compañía. Las acciones de la empresa quedaron divididas en cuatro tipologías: Tipo A Pertenecían al Estado y representaban el 51% del capital; Tipo B Debían ser adquiridas por las provincias, y no podían pasar del 39% del capital; Tipo C Correspondientes al personal; Tipo D Las destinadas a inversores privados.

Además, se estableció que el Estado, mientras mantuviera más del 20% de las acciones, tendría capacidad para vetar cualquier fusión o proceso de la empresa. Y, en el caso de que la participación del Estado fuera inferior a ese 20%, sería necesaria la aprobación parlamentaria.

En 1993 se realizó la primera oferta pública de venta, en el mercado argentino y en el internacional. A raíz de esta oferta, el capital social de YPF quedó mayoritariamente en manos foráneas (59%), por inversores que compraron acciones tanto en el mercado de valores argentino como en la Bolsa de Nueva York. En cuanto al 41% restante, un 20% quedó en manos del Estado, el 10% en los gobiernos provinciales y el 11% en manos de trabajadores. En enero de 1999 la empresa española Repsol adquirió el 15% de YPF. Seis meses más tarde el Ejecutivo argentino culminó el proceso de privatización de la petrolera y la compañía española incrementó su participación hasta el 85,1%. Esta última adquisición no estuvo

---

[6] Este apartado se ha elaborado tomando como base los trabajos de Gadano (1998), Sang-Hyun Yi (2005), Grosse (1989).

exenta de cierta polémica porque el gobierno tuvo que renunciar al control mínimo estipulado del 20%.

Las intenciones de Repsol de aprovechar las oportunidades derivadas de la liberalización del sector petrolero de Argentina venían de lejos. En 1991, cuando la empresa española era totalmente pública, se asoció con Astra y la misma YPF para explotar el campo de Vizcacheras. De hecho, la entrada de Repsol en Argentina se produjo precisamente de la mano de Astra mediante la mencionada asociación.[7] En 1996 Repsol adquirió por 360 millones de dólares el 37,7% de Astra y, a través de esta filial, comenzó el proceso de expansión en el país con adquisiciones de numerosas refinerías, como la Refinería San Lorenzo, empresas locales como Mexpetrol Argentina, parafinas del Plata y Dapsa, e inició las actividades en el negocio del gas con la compra en 1997 de Poligas Luján o Algas.[8]

Las privatizaciones y liberalizaciones en el entorno de la telefonía y su influencia en la atracción de inversión española

La venta de empresas públicas y la desregulación también contribuyeron a desarrollar la inversión extranjera en este sector. Efectivamente, el procedimiento de privatización de la compañía estatal y los mecanismos de liberalización del sector atrajeron la atención de numerosos inversores internacionales.

Antes de iniciar el proceso de liberalización y con el objetivo de hacer más viable y atractiva la venta y poner las bases para la creación de un entorno competitivo, el gobierno argentino procedió a dividir la empresa estatal ENTEL en dos partes. La división de ENTEL y su monopolio se hizo con criterios funcionales y geográficos (Celani, 1998). Desde un punto de vista funcional la compañía se reestructuró en dos ámbitos, uno de servicios básicos y otro de servicios internacionales y servicios en competencia.[9]

---

[7] Registro oficial de Repsol a la Comisión Nacional del Mercado de Valores.
[8] Ídem.
[9] Dirección Nacional de Cuentas Internacionales (2000), p. 13.

En este último ámbito se crearon la Sociedad Prestadora de Servicios Internacional y la Sociedad Prestadora de Servicios en Competencia. Desde un punto de vista geográfico, el ámbito de actuación de la compañía se dividió en dos zonas, la zona norte y la zona sur. El proceso de liberalización y privatización indicaba que las empresas adjudicatarias de cada una de las zonas licitadas para la telefonía básica disfrutarían de una situación de monopolio sobre el territorio asignado para un período de siete años ampliables a tres más. Asimismo, se adjudicaban conjuntamente y a partes iguales las empresas encargadas de la prestación de servicios internacionales y de servicios en competencia. En noviembre de 1990 el Estado argentino había cerrado la primera fase de la privatización con la venta del 60% de ENTEL. La adjudicataria de la zona norte fue France Telecom, mientras que la zona sur la consiguió Telefónica de España.

Un análisis en profundidad del proceso de privatización y liberalización de la telefonía argentina permite entrever que la venta de la compañía estatal persiguió tres objetivos primordiales: el primero de ellos fue el de asegurar que los nuevos operadores presentaran una solvencia financiera y técnica suficientemente amplia como para garantizar el buen funcionamiento del servicio; el segundo consistió en garantizar un alto nivel de ingresos (no olvidemos que la motivación principal de todo este proceso era obtener recursos para reducir la deuda), y el último era el de poner las bases para la creación de un nuevo marco competitivo que mejorara la eficiencia del sector. Cabe decir que, como veremos a continuación, el ejecutivo de Menem centró gran parte de su atención en el logro de los dos primeros objetivos.

Es importante señalar que las reglas que marcaron el desarrollo del proceso parece que no fueron del todo claras y estables. Algunos de los requisitos fueron modificados en numerosas ocasiones, algunas veces pocos días antes de la presentación de ofertas. Es evidente que los cambios de última hora no eran la mejor carta de presentación de un gobierno que quería presentarse como institucionalmente sólido y fiable. Al mismo tiempo, esta incertidumbre tampoco permitió que todas las empresas concursantes presentaran ofertas consistentes. El grupo canadiense Telesystem, por ejemplo, impugnó por inconstitucionales algunas cláusulas introducidas por el gobierno en los contratos de las privatizaciones. El procedimiento de concurso que se utilizó es lo que el informe de la Dirección Nacional de Cuentas Internacionales (2000) llama "de doble sobre". Primero se evaluaba la capacidad técnica y financiera de los aspirantes y luego se permitía a los grupos seleccionados presentar la oferta. Para tratar de garantizar la operatividad técnica de la oferta, el consorcio o empresa que concursaba debía estar participando, al menos, por el 10% o más de uno o más operadores de telecomunicaciones.

Pocos días antes de la licitación, el Ejecutivo modificó las condiciones e introdujo el requisito de que debía existir un contrato de gestión entre el operador y los accionistas en temas de transferencia de tecnología, de planeamiento, de contratación de personal y de formulación de presupuestos anuales de operaciones. Es evidente que el Estado quería garantizar la solvencia técnica del nuevo operador, pero las continuas modificaciones en las reglas generaron más de una tensión (Horcajo, 2004).[10]

Por último, se presentaron a la licitación siete grupos, pero una semana antes de la presentación de las propuestas, el Ejecutivo volvió a modificar algunas de las condiciones legales. Con esta modificación, solamente tres ofertas pudieron pasar a la fase de cotización de precios: Telefónica de España, Bell Atlantic y France Telecom.

El consorcio liderado por Telefónica de España resultó el ganador tanto en la zona norte como en la sur. Las condiciones del concurso impedían que una misma empresa obtuviera las dos áreas y Telefónica resolvió quedarse con la licitación del sur (que incluye

---

[10] Hay autores que han insinuado que algunos de los procesos de privatizaciones en Argentina estuvieron condicionados por prácticas corruptas. Por la propia naturaleza del objeto de estudio resulta difícil y arriesgado de demostrar con datos más o menos fehacientes. Sin embargo, investigadores como Stechina (2011) han tratado de inferir sobre las estructuras políticas y económicas y el eventual nivel de corrupción. En cuanto a Entel, en el trabajo de Stechina se puede leer que *"allegations and suspicion of irregularity and corruption arose in connection with high levels of power concentration and discretion in decision-making, in context marked by ineffective state accountability"*.

Buenos Aires). De esta manera la zona norte fue para el segundo aspirante, Bell Atlantic, pero la compañía estadounidense no pudo hacerse cargo de los títulos de deuda a los que se había comprometido como medio de pago y se tuvo que retirar, dejando el camino libre al tercer aspirante, France Telecom (cuadro 7).

Cuadro 7. Distribución de la inversión de Telefónica España y France Telecom en el proceso de privatización de ENTEL, en millones de dólares

	Telefónica España	France Telecom
Pago por el 60% (1990)	2.778	2.372
Pago por el 30% (1991)	838	1.227
Inversión	3.616	3.599

Fuente: Dirección Nacional de Cuentas Nacionales.

La privatización se completó en diciembre de 1991. Tanto Telefónica de España como France Telecom consiguieron el dominio del 90% de las compañías adjudicatarias de las respectivas zonas y de las sociedades que debían suministrar servicios internacionales y de gestión. El 10% restante quedó en manos de los trabajadores mediante un plan conocido como Programa de Propiedad Participada.

De esta manera la telefonía en Argentina quedó en manos extranjeras. La privatización suministró recursos para hacer frente a la difícil situación económica que atravesaba el país y al mismo tiempo generó una entrada considerable de inversión extranjera. El hecho de que una de las actividades relacionadas con las *public utilities* de la economía argentina estuviera en manos extranjeras aseguró un flujo de reinversión continuo por parte de estas empresas operadoras. Una vez culminado el proceso de privatización del sector, las telecomunicaciones habían generado, desde 1992, más del 12% de la inversión extranjera directa llegada al país.

Cuando los operadores tuvieron consolidada la posición, la telefonía básica amplió su ámbito de actuación a otros campos del sector de las telecomunicaciones. A lo largo de la década de los noventa y primeros años del siglo veintiuno, tanto Telefónica como France Telecom obtuvieron licencias para la telefonía móvil, generación de contenidos, abastecimiento de internet, televisión por cable y canales de televisión. Muchas veces el crecimiento de las plataformas española y francesa se realizó en base a la adquisición de compañías nacionales, lo que demuestra que una vez finalizado el proceso de privatizaciones la inversión extranjera propició numerosas fusiones y adquisiciones (Baranchuk, 2005; Kulfas, Porta y Ramos, 2002).

El desarrollo del sector favoreció tanto la entrada de nuevos operadores extranjeros como el crecimiento de conglomerados nacionales. CTI fue un conglomerado liderado por el grupo Clarín que obtuvo licencias en telefonía móvil, urbana, internacional y televisión por cable. Bellsouth, filial de la estadounidense AT&T, también consiguió entrar en el mercado argentino ofreciendo servicios de telefonía móvil, urbana, internacional y en televisión por cable. En 2004, sin embargo, Telefónica de España se hizo con los activos de Bellsouth para toda América Latina. En Argentina, después de numerosas incertidumbres (en términos de garantizar un marco efectivo de competencia), el gobierno autorizó la operación. En los últimos veinte años el país ha liberalizado e internacionalizado esta rama de actividad y prácticamente todo el sector ha quedado en manos extranjeras, con un claro dominio por parte de Telefónica de España.

Las privatizaciones y liberalizaciones en el entorno de la banca y su influencia en la atracción de inversión española

Como en otros ámbitos de la economía argentina estudiados en este capítulo, el incremento de capitales extranjeros en el sector financiero durante la década de los noventa lo propició un proceso de apertura y liberalización. Las privatizaciones también tuvieron su incidencia, pero fue mucho menor que en los otros dos sectores estudiados hasta ahora. A diferencia del sector petrolero o la telefonía, el sistema financiero no estaba controlado íntegramente por el Estado, por eso, cuando a mediados de los años noventa el Ejecutivo emprendió una reforma que incluía la venta de bancos públicos, el impacto en el sistema bancario no fue tan fuerte como el que representaron para el sistema petrolero o el de telecomunicaciones las privatizaciones de YPF o ENTEL. De hecho, una de las principales entidades bancarias del país es de titularidad pública, el Banco de la Nación Argentina.[11]

A pesar de ello, el resultado de las reformas significó una extraordinaria extranjerización del sector, aunque las causas y la cronología que lo precipitaron fueron sensiblemente diferentes a las de los dos casos analizados anteriormente.

La presencia de bancos foráneos dentro del sistema financiero argentino a lo largo del siglo pasado había sido significativa. Sin embargo, esta significancia quedaba relegada a una participación relativamente minoritaria debido al protagonismo de la banca gubernamental (ya fuera estatal, provincial o local) y por la privada nacional. En la década de los noventa dos episodios marcaron el porvenir del sector financiero, que propiciaron un incremento sustancial de la presencia de bancos extranjeros en Argentina. El primero de ellos fue el Plan de Convertibilidad de 1991 y el otro fue el impacto en la economía argentina de la Crisis Tequila mexicana.

El Plan de Convertibilidad fue diseñado para controlar las hiperinflaciones que afectaban al país y también para reducir el elevado déficit fiscal estructural acontecido desde el colapso del modelo de industrialización por sustitución de importaciones (Basualdo, 2006). La medida más contundente, enmarcada dentro de un plan más general inspirado en el Consenso de Washington, fue la de vincular el peso argentino en una relación de uno a uno con el dólar estadounidense. El hecho de fijar la paridad con esta divisa extranjera debía de hacer imposible la financiación de la economía argentina mediante la emisión de pesos. En caso de que la autoridad competente viera la necesidad de ampliar la masa monetaria, el único medio del que disponía era la compra o venta de divisas. En este sentido, el Plan de Convertibilidad fue una respuesta a una situación insostenible que había afectado la

---

[11] Según la Asociación de la Banca Argentina (2007), el Banco de la Nación Argentina lideraba el ránking de entidades en cuanto al nivel de depósitos del sector privado no financiero.

economía argentina las dos décadas anteriores. Esta inestabilidad y la legislación existente, con un nivel elevado de regulación y protección, implicó una reducida presencia de bancos extranjeros. A medida que el plan fue extendiéndose y la economía estabilizando, los bancos extranjeros comenzaron a considerar el atractivo de Argentina, y aquellas entidades que ya estaban presentes, a mejorar su posición.

Para estimular a los capitales foráneos, durante el 1991 fueron eliminadas determinadas restricciones a la entrada de capital extranjero, recogidas en el decreto 146/94; al mismo tiempo se inició un proceso de consolidación del sistema bancario reforzando las entidades de ámbito privado (Cibils y Allami, 2008). Efectivamente, a partir de los primeros años de la década de los noventa se emprendió un proceso de reordenación del sistema bancario que llevaba asociado la venta de determinados bancos públicos, la mayoría de ellos provinciales y de pequeña o mediana dimensión, y la estimulación de operaciones de fusiones y adquisiciones.

En este sentido, entre 1993 y 1996 se hizo un primer paso hacia la reordenación del sector, privatizando 24 bancos y reduciendo de 168 a 122 el número de entidades que operaban en el país. En esta primera reestructuración, los operadores internacionales no aumentaron de manera significativa su presencia en el país, pero el gobierno creó un marco propicio para que los bancos extranjeros empezaran a considerar la posibilidad efectiva de desarrollar proyectos de expansión en el país. Sin embargo, el verdadero cambio vino a partir de 1996, principalmente a colación de medidas aprobadas para salir de la situación provocada por el contagio de la Crisis Tequila mexicana (cuadro 8).

Para muchos analistas, Argentina era susceptible de sufrir una crisis como la mexicana porque el plan de estabilización financiera del presidente Menem tenía notables similitudes con el impulsado por el presidente Salinas, especialmente en lo referente a la vinculación de la moneda nacional con el dólar. A pesar de que algunos economistas han sugerido que el contagio no tenía una base tan sólida como se pensaba en un primer momento, Paul Krugman (2009) señalaba:

La crisis se propagó a buena parte del mundo, y en particular a otros países latinoamericanos, como Argentina. Fue una sorpresa desagradable, en primer lugar porque Argentina y México son los extremos opuestos de América Latina, con poco comercio directo y un vínculo financiero muy pequeño, y en segundo lugar porque se suponía que el sistema de convertibilidad argentino hacía invulnerable la credibilidad de su moneda. ¿Cómo los atrapó la crisis mexicana? Quizá la Argentina fue atacada porque para los inversores yanquis todas las naciones latinoamericanas son iguales.

Cuadro 8. Evolución de la composición bancaria por propiedad (1991-1996)

Año	Total	Publicos	Privatizados	Privados
1991	167	35	0	132
1992	167	36	0	131
1993	168	35	1	132
1994	168	33	3	132
1995	127	30	5	92
1996	122	20	15	87

Fuente: Subsecretaría de Programación Regional – Fondo Fiduciario de Desarrollo Provincial.

En todo caso, la crisis de 1995 supuso para Argentina una pérdida de la confianza de los inversores internacionales, que procedieron a vender masivamente sus tenencias de títulos argentinos y a retirar sus depósitos del sistema financiero local. La consecuencia fue una disminución del precio de estos títulos y una salida de capitales que obligó al Banco Central a vender sus reservas de dólares a cambio de pesos. La situación se agravó cuando los residentes locales también retiraron sus depósitos en pesos. Sin embargo, las medidas propuestas por el Banco Central y la reelección del presidente Menem propiciaron la restauración de la confianza en el sistema y la contención de la fuga de capitales (Liso y otros, 2002). Las recetas para superar la crisis se centraron en actuaciones en materia de política monetaria y en una reforma del marco regulador y supervisor orientada a dar mayor estabilidad, confianza y solidez al sistema bancario argentino (se creó un fondo de garantía de depósitos y se modificaron los criterios de liquidez de las entidades).

Debido a la crisis una parte sustancial del sistema bancario argentino presentaba serias dificultades de solvencia y las entidades extranjeras consideraron que era el momento de aprovechar el escenario para intentar una estrategia activa. Así, a partir de 1996, empezó a haber una entrada importante de capitales foráneos y se inició el proceso de llegada de nuevos bancos extranjeros (CEPAL, 2001). El sector bancario captó, entre 1992 y 1999, 6.896 millones de dólares, el 11% de toda la inversión extranjera llegada al país durante aquellos años, buena parte de la cual provenía de España. En este período se instaló el BBVA y consolidó su posición el BSCH.[12] Desde 1996 hasta nuestros días el desarrollo de la banca española en el país ha sido muy intenso. A base de adquirir entidades locales y del proceso de fusiones que llevaron a cabo los dos bancos en 1999, tanto el BSCH como el BBVA han consolidado una posición significativa en el mercado argentino. A principios del siglo veintiuno, el BSCH ocupaba la segunda posición en capitalización, según la clasificación que mensualmente publica la Asociación de Banca Argentina, y el BBVA, la tercera (cuadro 9).[13]

La crisis de 2001, sin embargo, volvió a minar la confianza de los operadores internacionales en el país y hubo un retraimiento de los capitales internacionales y de la inversión extranjera directa. El país parecía que había aprendido la lección con la crisis de 1995. De hecho, el impacto de la crisis asiática de 1997 fue poco importante porque no se registraron caídas significativas ni en el nivel de reservas ni en el volumen de depósitos. Pero la crisis del real brasileño en 1999 fue diferente. La economía argentina quedó muy afectada a partir de la depreciación de la moneda brasileña y de la desaceleración de la actividad económica de Brasil, su principal socio comercial. El contagio provocó que el gobierno argentino anunciara a finales de 2001 la imposibilidad de pagar

[12] El Banco de Santander tiene una sucursal en Argentina desde 1964.
[13] http://www.aba-argentina.com/informes/ranking_bancos/ranking.html.

la deuda externa. A inicios de 2002 la fuga masiva de depósitos conllevó el fin de la convertibilidad del peso con el dólar (Liso y otros, 2002). Los controles de capitales que aplicó el gobierno hicieron aumentar la incertidumbre y la desconfianza hacia el país. La duda sobre la repatriación de beneficios, la valoración de los activos y la garantía de los derechos de propiedad hicieron que entre 2001 y 2004 hubiera una disminución muy considerable de la inversión extranjera en general y en el sector bancario en particular. Unos flujos que incluso llegaron a presentar saldos netos negativos. Aunque no hubo un escenario favorable para los operadores extranjeros, la mayoría de bancos foráneos aguantaron su posición y no retiraron su presencia.

Cuadro 9. Adquisiciones significativas por parte de capital extranjero en el sector bancario argentino (1995-2000)

Año	Entidad Local	Entidad Compradora	Origen	% Capital Adquirido
1996	Banco Tornquist	O'Higgins - Central Hispano	Chile / España	100%
	Banco Francés-Río de la Plata	BBV	España	(*) 30%
1997	Banco Liniers Sudamericano	BT LA Holdings LLC.	EE. UU.	51%
	Banco Transandino	Abinsa	Chile	51%
	Banco Crédito Cuyo	Abinsa	Chile	67%
	Banco Río de la Plata	Banco de Santander	España	(**) 50%
	Banco Roberts	HSBC	Reino Unido	100%
	Banco de Crédito Argentino	Banco Francés-Río de la Plata (BBV)	España	100%
	Banco Quilmes	Scotia Internacional	Canadá	70%
1998	Banco los Tilos	Banco Francés-Río de la Plata (BBV) (***)	España	100%
	Banco del Buen Ayre	Banco Itaú	Brasil	100%
	Banco de Galicia y BA	Banco Central Hispano	España	9.90%
1999	Banco Bisel	Caisse Nationale de Crédit Agricole	Francia	36%

(continúa)

(continuación)

	CorpBanca Argentina	BBVA Banco Francés	España	100%
2000	Banco Liniers Sudamericano	Deutsche Bank	Alemania	49%
	Banco del Suquia	Caisse Nationale de Crédit Agricole	Francia	60%
	Mercobank	Abinsa	Chile	50%

(*) *Al final del 2001, la participación del BBVA en el capital de BBVA Francés ascendia al 68%.*
(**) *Al final del 2001, la participación del BSCH en el capital de Banco Rio de la Plata ascendia al 80%.*
(***) *Al 1998 la Compañía Financiera Argentina fue vendida al holding norteamericano AIG.*
Fuente: BCRA y La Caixa.

La influencia de las privatizaciones y las liberalizaciones en la atracción de inversión extranjera y española en otros sectores de la economía argentina

Las transformaciones institucionales de principios de los noventa también contribuyeron a generar una fuerte entrada de inversión directa en otros sectores. En ocasiones el proceso de privatización generó una entrada directa de capitales foráneos, como en el caso de Aerolíneas Argentinas, y en otras la desregulación fue el elemento clave que propició un marco favorable para el desarrollo de la inversión extranjera.

Iberia y Aerolíneas Argentinas. Aerolíneas Argentinas fue una de las primeras empresas que el gobierno de Menem puso a la venta. Mediante el decreto 1.591 del 27 de diciembre de 1989, se dispuso la privatización del 85% de la compañía. Una de las cláusulas de la venta era que el 51% del capital debía quedar en manos argentinas.[14] En la licitación sólo se presentó el consorcio hispano-argentino formado, principalmente, por Iberia y Cielos del Sur (actualmente Austral). Iberia, con el 20%, se convirtió en el principal accionista de la compañía, Cielos del Sur obtuvo el 12% y un grupo de inversores privados, la mayoría argentinos, se repartió el 53% restante. Como en otras operaciones de compra de empresas estatales, una parte muy importante de los recursos ingresados

---

[14] Dirección Nacional de Cuentas Internacionales (2000), p. 11.

por la venta de la compañía aérea fueron a sufragar la deuda del Estado. Por ello, el pago por la compra de Aerolíneas Argentinas combinó la adquisición de activos, la asunción de ciertos pasivos, la transferencia en efectivo y la compra de bonos estatales. La complejidad a la hora de cumplir determinados compromisos de plazos y formas de pago por parte de algunos inversores, propició que en julio de 1991 hubiera cambios en la composición acciona-rial.[15] Iberia tuvo que ampliar su participación en el 30%, el Banco Hispano Americano y Banesto entró en el accionariado adqui-riendo el 19%, y los inversores privados argentinos redujeron su presencia al 36%.

Desde que la empresa es un ente privado ha habido bastantes variaciones en la composición de su accionariado. Muchos de estos cambios han sido relacionados con la situación económica y financiera de la compañía, que rara vez ha presentado cifras e indicadores estables. La reordenación de 1991 favoreció la pre-sencia española en la compañía. La concurrencia de Iberia a la privatización de Aerolíneas Argentinas representó la primera gran operación del capital español en América Latina en la adquisición de compañías vinculadas a actividades relacionadas con los ser-vicios públicos. En 1992, de resultas de ciertas dificultades econó-micas, el Estado argentino tuvo que ampliar su participación en la compañía hasta el 43%. El porcentaje de Iberia y de los bancos españoles se mantuvo intacto y la participación de los inversores privados se redujo al 8%. En 1994 el accionariado de la compañía volvió a cambiar como resultado de una ampliación de capital de 500 millones de dólares. Aquel año, la SEPI, que se había hecho cargo de Iberia (la compañía española estaba en situación de quiebra), junto con los bancos Merrill Lynch y Bankers Trust con-currieron a la ampliación de capital bajo la sociedad Interinvest. En 1996, Austral (antigua Cielos del Sur) se integró a Interinvest. La evolución de la compañía continuaba sin ser muy buena. Para

---

[15] Documento de la Secretaria de Transportes (1991), *Evolución del Capital Social de Aerolíneas Argentinas*. Disponible en http://mepriv.mecon.gov.ar/aeroli-neas/3999-4004.pdf.

incorporar un socio que, aparte de recursos, aportara mejoras en la gestión se autorizó la entrada de American Airlines, que en 1998 adquirió el 10% del capital social de Aerolíneas Argentinas.

En 2002 el grupo español Marsans negoció la situación financiera de la compañía con los accionistas y se quedó con la empresa, y a continuación la fusionó con Air Comet. Parece que la empresa entraba en una fase de aparente tranquilidad hasta que, en 2008, la quiebra de Marsans puso en jaque a Aerolíneas Argentinas y el gobierno de Cristina Fernández planteó la nacionalización.

El sector eléctrico también experimentó un proceso de liberalización y privatización que generó grandes recursos para el Estado y una considerable entrada de capitales foráneos. Entre 1992 y 1999 captó el 13% de la inversión extranjera y proporcionó al gobierno argentino el 25% de los ingresos totales en concepto de privatizaciones.

Durante la década de los ochenta, la calidad del servicio eléctrico en Argentina había disminuido mucho. Eran constantes los cortes y los apagones en la ciudad de Buenos Aires y en el país en general. La difícil situación económica de Argentina había repercutido muy negativamente en la capacidad financiera del gobierno para mantener bajo unos estándares óptimos de calidad la producción, distribución y comercialización de electricidad. En 1989, al amparo de las propuestas del presidente Menem para cambiar el modelo de crecimiento del país, se inició un proceso de liberalización y privatización que quedó recogido en la ley 23.696 (Romero, 1998).

Según señala el Ente Nacional Regulador de Electricidad en su informe de 1993[16] la intención del gobierno era la de traspasar a un régimen de competencia la distribución, y dejar la transmisión y distribución sometidas a un monopolio privado fuertemente regulado.

El gobierno "troceó" en monopolios "óptimos" el mercado argentino. En este sentido, en la región de Buenos Aires el

---

[16] Ente Nacional Regulador de Electricidad (1993), *Informe 1993 capítulo 1: Las privatizaciones y los contratos de concesión.*

Ejecutivo partió en dos la compañía Servicios Eléctricos del Gran Buenos Aires para proceder a su privatización. Las partes fueron adquiridas por Edesur (actualmente participada por Endesa-Enel) y Edenor respectivamente.

Las cifras de ingreso por privatizaciones de Romero (1998) se sitúan en alrededor de los 3.600 millones de dólares, mientras que los datos del Ministerio de Economía dicen que en 1999 el gobierno había ingresado 5.995 millones de dólares. La disparidad de la cifra se puede atribuir a los métodos de cálculo empleados o bien a los activos considerados. En todo caso, lo que interesa no es tanto profundizar en la cuantificación de este dato sino en las implicaciones que este cambio de modelo del sector eléctrico tuvo en el fomento de la atracción de inversión extranjera.

La liberalización sirvió para mejorar los estándares generales de generación, transmisión y distribución y, a la vez, dio un marco de actuación muy interesante para los operadores internacionales, que jugaron un papel muy importante en la transformación del sector.

Endesa, que aparte de dicha participación en Edesur también adquirió compañías en el segmento de la generación, como Central Dock Sud (donde actualmente tiene el 40%), ha ido reforzando su situación en el país. También hay inversores estadounidenses, como AES Corp. (que tiene nueve plantas de generación y dos distribuidoras, Edelap y Edes), Citicorp o Pacific Enterprises; inversores ingleses, como United Utilities, o inversores italianos como Camuzzi (propietario de la distribuidora EDEA y de IEBA). En los últimos años, con los procesos de privatizaciones prácticamente finalizados, los pocos movimientos dentro del sector les proporcionan las inercias derivadas de eventuales procesos de fusiones y adquisiciones. Para ello, a partir del siglo veintiuno, la inversión foránea en el sector eléctrico argentino la realizan, en gran parte, las compañías ya instaladas que suelen centrar sus esfuerzos inversores en la mejora continua del negocio.

Conclusiones

La inversión española en Argentina alcanzó una gran relevancia cuantitativa y cualitativa en un breve espacio de tiempo. Además, la mayoría de estas empresas estaban, en aquellos años, poco internacionalizadas; por eso, uno de los elementos característicos y excepcionales del proceso fue el hecho de que empresas inmaduras en el contexto global asumieran en un corto período un protagonismo inusitado y poco consecuente con el tamaño de la mayoría de ellas.

En este sentido la propensión de las compañías españolas a situarse en Argentina fue mayor que la de gran parte de sus competidoras. Quizá, las experiencias de algunas empresas de los tradicionales inversores extranjeros en crisis pasadas condicionaron su comportamiento ante las nuevas oportunidades que surgieron en los noventa.

De hecho, el elemento crucial para entender el proceder de las empresas españolas en el país durante aquellos años fue el desarrollo de un marco institucional al amparo de políticas netamente neoliberales. La desregulación y la privatización dieron oportunidades de negocio a operadores extranjeros en sectores cerrados a la internacionalización, ya fuera porque se trataban de monopolios estatales o porque las regulaciones eran sumamente restrictivas y proteccionistas. Por eso, existe una clara correlación entre la eclosión de la inversión española con el cambio de composición sectorial de los capitales llegados a la Argentina durante aquellos años. Las actividades relacionadas con el petróleo, la electricidad, las telecomunicaciones y los servicios bancarios sustituyeron a los sectores tradicionales de inversión extranjera en el país.

De esta manera, la inversión española en Argentina puede ser considerada un caso particular de las implicaciones que, a escala mundial, ha tenido el desarrollo de una globalización iniciada en los ochenta y basada en los postulados neoliberales.

Referencias bibliográficas

Analistas Financieros Internacionales, 2005, *La percepción de los inversores europeos de los riesgos macroeconómicos, regulatorios e institucionales en América Latina y el Caribe*, París: Banco Interamericano de Desarrollo.

Arahuetes, A. y Argüelles, J., 1996, "Las inversiones directas de España en América Latina", en *Revista Afers*, n° 31.

Asociación de la Banca Argentina, 2007, *Informe de las posiciones actuales de las entidades en 2006*, Buenos Aires.

Azpiazu, Daniel, Basualdo, Eduardo y Khavisse, Miguel, 2004, *El nuevo poder económico en la Argentina de los años ochenta*, Buenos Aires: Siglo XXI Editores.

Azpiazu, Daniel y Basualdo, Eduardo, 2004, "Las privatizaciones en la Argentina. Génesis, desarrollo y principales impactos estructurales", Documento de trabajo, Facultad Latinoamericana de Ciencias Sociales (FLACSO).

Banco Mundial, 1993, *Argentina's Privatization Program*, Washington.

Baranchuk, Mariana, 2005, "La privatización de ENTEL (1989 – 2001): triunfo y fracaso del neoliberalismo vernáculo", en *Revista electrónica Internacional de Economía Política de las Tecnologías de la Información y de la Comunicación*, n° 6, http://www.eptic.com.br/revista20.htm

Basualdo, Eduardo, 2006, *Estudios de historia económica argentina*, Buenos Aires: Siglo XXI Editores.

Bezchinsky, G. y otros 2007, *Inversión extranjera directa en la Argentina. Crisis, reestructuración y nuevas tendencias después de la convertibilidad*, Documento de Proyecto, CEPAL, Santiago de Chile.

Brenta, Noemí, 2002, "La convertibilidad Argentina y el Plan Real de Brasil: Notas para el análisis de su concepción, implementación y resultados en los 90's", Documento de trabajo, Instituto de Investigaciones de Historia Económica y Social de la Universidad de Buenos Aires.

Buckley, P., 1988, "This limits of explanation: testing the internalization theory of the multinational enterprise", en *Journal of International Business Studies*, vol. XIX.

Calderón, A. y Casilda, R., 2000, "La estrategia de los bancos españoles en América Latina", en *Revista de la CEPAL*, n° 70.

Canziani, M., 2008, "Privatizaciones ¿sinónimo de eficiencia económica? Reflexiones sobre el caso argentino", MPRA Paper 17325. Disponible en: https://mpra.ub.uni-muenchen.de/17325.

Casanova, L., 2002, "Lazos de familia. Inversión española en América Latina", en *Foregin Affairs Latinoamerica*, n°.

Casilda, Ramón, 1997, *La banca española. Análisis y evolución*, Madrid: Editorial Pirámide.

———, 1999, "Grupos financieros españoles en América Latina: una estrategia audaz en un difícil y cambiante entorno europeo", CEPAL Serie Desarrollo Productivo n° 59.

———, 2001, "Una década de inversiones en Iberoámerica 1990-2000". Anuario del Instituto Cervantes, Barcelona: Ed Plaza & Janés.

———, 2005, "América Latina: Del Consenso de Washington a la Agenda del Desarrollo de Barcelona", Documento de trabajo 10/2005, Instituto Elcano.

——— (ed.), 2008, *La gran apuesta*, Sant Boi de Llobregat: Editorial Granica.

Casilda, Ramón y Ruesga, S. (eds.), 2008, *El impacto de las inversiones españolas en las economías latinoamericanas*, Madrid: Marcial Pons.

Celani, M., 1998, *Determinantes de la inversión en telecomunicaciones en Argentina*, Serie Reformas Económicas n° 9, Santiago de Chile: CEPAL.

CEPAL – Unidad de inversiones y estrategias empresariales de la división de desarrollo productivo y empresarial, 1998, *La inversión extranjera en América Latina y el Caribe 1997*.

———, 1999, *La inversión extranjera en América Latina y el Caribe 1998*.

———, 2000, *La inversión extranjera en América Latina y el Caribe 1999*.

———, 2001, *La inversión extranjera en América Latina y el Caribe 2000*.

———, 2002, *La inversión extranjera en América Latina y el Caribe 2001*.

———, 2003, *La inversión extranjera en América Latina y el Caribe 2002*.

———, 2004, *La inversión extranjera en América Latina y el Caribe 2003*.

Chislett, W., 2003, *La inversión española directa en América Latina: Retos y Oportunidades*, Madrid: Real Instituto Elcano.

Chudnovsky, D., López, A. y Porta, F., 1994, "La inversión extranjera directa en la Argentina. Privatizaciones, mercado interno e integración regional", Documento de Trabajo n° 15, CEPAL.

Chudnovsky, D. y López, A., 2003, "La inversión extranjera directa en la Argentina durante los años noventa: tendencias e impactos", en *Revista ICE*, n° 806.

Cibils, A. y Allami, C., 2008, "El sistema financiero argentino desde la reforma de 1977 hasta la actualidad: rupturas y continuidades", Documento de Trabajo, Instituto de Industria, Área de Economía Política, Universidad Nacional de General Sarmiento.

Coase, R., 1937, "The nature of the firm", en *Economica*, vol. 4, n° 16.

Cuervo, A. y Villalonga, B., 1999, "Privatización y eficiencia empresarial. Hacia un modelo explicativo a nivel de empresa", en *Economía industrial*, n° 328.

Dirección Nacional de Cuentas Internacionales, 2000, El proceso de privatizaciones en la Argentina desde una perspectiva del Balance de Pagos, Buenos Aires.

De la Dehesa, G., 1987, "Dos Versiones de la Privatización", Revista Mercado, 20 de Noviembre.

———, 2003, "Balance de la economía española en los últimos veinticinco años", en *Revista ICE*, n° 811.

Del Val, M., 2001, *La privatización en América Latina ¿Reconquista financiera y económica de España?* Madrid: Editorial Popular.

Durán, J., 1996, *Multinacionales españolas. Algunos casos relevantes*, Madrid: Editorial Pirámide.

———, 1999, *Multinacionales españolas en Iberoamérica*, Madrid: Editorial Pirámide.

———, 2003, "Veinticinco años de inversión directa española en el exterior 1978-2003", en *Economía Indústrial*, n° 349.

———, 2004, "Las empresas multinacionales privatizadas. Especial referencia al caso español", en AA.VV., *Teoría y política de privatizaciones: su contribución a la modernización económica.*

Análisis del caso español, Colección Estudios, Madrid: Fundación Sepi.

——, 2005, "La multinacionalización de las empresas privatizadas: las principales multinacionales españolas", en *Revista de Análisis Económica*, n° 43.

Ente Nacional Regulador de Electricidad, 1993, "Las privatizaciones y los contratos de concesión", Informe 1993, Buenos Aires.

Ferreras, P., 1997, "Antecedentes y líneas estratégicas del plan de privatizaciones", en *Cuadernos de Información Económica*, n° 119.

Fuchs, M., Basualdo, E., 1989, "Nuevas formas de inversión de las empresas extranjeras en la industria argentina", Documento de trabajo, n°33, Cepal – Argentina.

Gadano, Nicolás, 1998, "Determinantes de la inversión en el sector del petróleo y gas de la Argentina", en Cepal, *Serie Reformas Económicas*, n° 7, Santiago de Chile.

Gelbuda M, Meyer K. y Delios A., 2008, "International business and institutional development in Central and Eastern Europe", en *Journal of International Management*.

Giraldez, E., 2002, *La internacionalización de las empresas españolas en América Latina*, Madrid: Consejo Económico y Social.

Grosse, R., 1989, *Multinationals in Latin America*, Londres: Routledge, Taylor and Francis Group.

Gómez, D., 2000, "La conversión de deuda por inversiones: una nueva herramienta de sumisión", en *Cuadernos de Cooperación*, n° 2, Madrid: Intermón.

Grugel, J., 1991, "Spanish Foreign Policy in the Caribbean", en *European Review of Latin American and Caribbean Studies*, n° 50.

Guillén, M., 2006, *El auge de la empresa multinacional española*, Madrid: Marcial Pons – Fundación Rafael del Pino.

Guillén, M. y Tschoegl, A., 2007, "La internacionalización de la banca española". En *Universia Business Review – Actualidad Económica*, Edición Especial 150 aniversario del Banco de Santander.

Guitián M. y Muns, J. (coords.), 1999, *La cultura de l'estabilitat i el consens de Washington*, Col•lecció Estudis i Informes Nº15, Barcelona: La Caixa.

Horcajo, X., 2004, *Al otro lado del Atlántico*, Barcelona: Libros Laia.

Johanson, J. y Finn Wiedersheim, P., 1975, "The Internationalization of the Firm: Four Swedish Case Studies", en *Journal of Management Studies*, nº de octubre.

Johanson, J y Vahlne, J., 1977, "The Internationalization Process of the Firm: A Model of Knowledge Development and Increasing Foreign Market Commitments", en *Journal of International Business Studies*, nº primavera/verano.

Johanson, J y Mattsson, L. G., 1988, "Internationalization in Industrial Systems – A Network Approach", en Hood y Vahlne (eds.), *Strategies in Global Competition*, Nueva York: Croom Helm.

Khanna T., Palepu K. y Sinha J., 2005, "Strategies that fit emerging markets", en *Harvard Business Review*, nº 83.

Kosacoff, B., Todesca, J. y Vispo, A., 1991, "La transformación de la industria automotriz argentina. Su integración con Brasil", Documento de Trabajo nº 40, CEPAL, Santiago de Chile.

Krugman, Paul, 2009, The Return of Depression Economics and the Crisis of 2008, Nueva York: Norton.

Kulfas, M., 2000, "Características de la inversión extranjera en Argentina en la década de los novenda", Documento de trabajo, Centro de Estudios para la Producción, de la Secretaria de Industria, Comercio y Minería.

Kulfas, M., Porta, F y Ramos, A., 2002, Inversión extranjera y empresas transnacionales en la economía argentina, CEPAL– Serie Estudios y Perspectivas nº 10, Santiago de Chile.

Liso, J. y otros, 2002, *La banca a l'Amèrica Llatina*, Collecció Estudis Econòmics nº 30, Barcelona: La Caixa.

Rippy, F., 1949, "French Investments in Argentina and Brazil", *Political Science Quarterly*, vol. 4.

Rojas, P., 2003, "Gestión pública, regulación e internacionalización de las telecomunicaciones: el caso de Telefónica S.A.", Cepal Serie Gestión Pública nº 3, Santiago de Chile.

———, 2008, "La internacionalización y estrategias empresariales en la industria eléctrica de América Latina: Los casos de Iberdrola y Unión Fenosa", Cepal Serie Recursos Naturales e Infraestructuras n° 139, Santiago de Chile.

Romero, A., 1998, "Regulación e inversiones en el sector eléctrico argentino", Cepal Serie Reformas n° 5, Santiago de Chile.

Sánchez, A., 2002, *La internacionalización de la economía española hacia América Latina*, Universidad de Burgos.

Sánchez, E., 2001, "Internacionalización de la banca española: evolución y resultados en los años noventa", en *Revista ICE*, n° 794.

———, 2003, "Internationalization process of Spanish banks: A new stage after the mergers", en *European Business Review*, n° 15, vol.4.

Sang-hyun, Y., 2005, "The Political Economy of Privatization of YPF in Argentina", Documento de trabajo n° 123, Pusan University of Foreign Studies, Institute of Iberoamerican Studies.

Secretaría de Transportes, 1991, "Evolución del Capital Social de Aerolíneas Argentinas", documento, http://mepriv.mecon.gov.ar/aerolineas/3999-4004.pdf

Serrano, E., 2012, "El camí cap a l'Amèrica Llatina; la internacionalització de les empreses espanyoles (1980-2006)", Pagès Editors.

———, 2013, "La Inversión española directa en América Latina ¿un proceso impulsado a partir de la empresa pública?", en *Revista de Historia industrial*, n°53.

Vidal, G., 2001, *Privatizaciones, fusiones y adquisiciones. Las grandes empresas en América Latina*, México DF: Universidad Autónoma Metropolitana.

ALEJANDRO JAVIER GAGGERO

7 | Las estrategias de los grandes grupos económicos argentinos y su impacto en la extranjerización del empresariado durante la crisis y salida del régimen de convertibilidad

Durante los años ochenta los grandes grupos económicos argentinos se expandieron fuertemente en una economía estancada y con elevadísimos niveles de inflación.[1] Estas organizaciones constituyeron una parte central del *nuevo poder económico* (Azpiazu, Basualdo y Khavisse, 1990) que emergió a partir de las reformas implementadas por la última dictadura militar y que creció durante el primer gobierno democrático. A fines de la década, no sólo poseían más de un tercio de las doscientas firmas de mayores ventas de Argentina, sino que controlaban empresas líderes de sectores de actividad estratégicos, como el agroalimentario (grupos Bunge y Born, Arcor, Terrabusi, Bagley), automotor (Macri), siderúrgico (Techint y Acindar), petroquímico (Richard, Pérez Companc, Garovaglio y Zorraquín), entre otros.

Su presencia en el conjunto de las empresas más grandes del país y el poder político que algunos de sus propietarios habían alcanzado los ponía en una situación aparentemente muy favorable para que su protagonismo se potenciara en la década siguiente. La estrecha relación que establecieron con Carlos Menem durante los primeros meses de su presidencia, su apoyo inicial a las

---

[1] Por grupo económico se entiende el conjunto de empresas legalmente independientes ligadas por lazos formales de propiedad. La conceptualización aquí usada se basa en la definición de Granovetter (2005) aunque, a diferencia de esta, no considera como grupo económico a firmas vinculadas sólo por lazos informales.

reformas estructurales y su activa participación en las privatizaciones de empresas públicas parecían confirmar ese camino.

Transcurridos quince años desde el inicio de las reformas, los estudios sobre la cúpula empresarial argentina mostraban una situación muy diferente. Entre mediados de la década de 1990 y la salida del régimen de convertibilidad, los grupos económicos como fracción redujeron considerablemente su participación y muchos de los más exitosos durante el primer gobierno democrático habían sido vendidos o disminuido considerablemente su presencia mientras que, en paralelo, se había reforzado la importancia de las empresas transnacionales en la economía (López, 2006; Basualdo, 2006; Castellani y Gaggero, 2010; Burachnik, 2010; Kulfas, 2001).[2]

La amplia mayoría de los trabajos académicos que analizaron esta extranjerización provienen de la economía política, y centran su atención en los condicionamientos "macro" que pudieron incidir en el proceso, considerando que las respuestas "micro" se derivan más o menos automáticamente de las primeras.[3] De esta forma aparecen poco problematizadas las mediaciones que se dan entre el contexto macroeconómico en el cual se desenvuelven los grupos económicos y las estrategias adoptadas por éstos. Si bien la dimensión del entorno macroeconómico resulta central, este

---

[2] Entre 1995 y 2003 el número de empresas de grupos económicos argentinos en el conjunto de las 200 de mayor facturación del país se había reducido un 35% –pasando de 60 a 39–, mientras que su participación en las ventas y utilidades también experimentó una fuerte caída (Gaggero, 2011).

[3] Un primer conjunto de trabajos centraron su análisis en las ventas de las participaciones accionarias de los grupos argentinos en las empresas públicas que fueron privatizadas durante los primeros años de la década. Según estos trabajos (Basualdo, 2006; Arceo y Basualdo, 1999; Kulfas, 2001). Las operaciones se explican por una lógica de ganancia financiera (o patrimonial), basada en la diferencia entre los bajos precios de adquisición de las firmas y los montos de venta. En esta interpretación, la extranjerización se origina fundamentalmente en las ventas voluntarias originadas en una lógica rentística. La segunda interpretación, a diferencia de la anterior, pone el énfasis en el carácter "forzado" de la retirada de los grupos (Burachik, 2010; Arrigoni, 2005; FIEL, 2002). Luego de concretadas las reformas estructurales y la reformulación del rol del Estado en la economía, y estando vigente la convertibilidad, las diferencias de competitividad y de acceso al crédito entre empresas locales y extranjeras habrían sido los factores centrales que redujeron las posibilidades de supervivencia de los grupos nacionales. En estos trabajos la retirada de los grupos fue forzada debido a la imposibilidad de competir con los gigantes multinacionales.

trabajo parte de la premisa de que para entender el proceso de extranjerización del empresariado ocurrido en la segunda mitad de la década es necesario analizar en profundidad las interpretaciones que hicieron los empresarios de esos condicionantes y las estrategias concretas que desarrollaron durante la crisis y salida del régimen de convertibilidad.

El objetivo de este capítulo es analizar este retroceso de los grupos argentinos a partir de la reconstrucción de sus estrategias y desempeños durante la segunda mitad de la década de 1990. Para ello, se argumenta en función de dos hipótesis centrales. La primera afirma que la retirada fue originada por el amplio alcance y el acelerado ritmo de implementación de las reformas estructurales. La radicalidad de los cambios introducidos modificó drásticamente dos factores que habían tenido un rol central en la expansión de los grupos durante las décadas de 1970 y 1980 –el tipo de intervención estatal en la economía y la vinculación entre los grupos y las empresas transnacionales–, obligándolos a modificar sus estrategias con resultados dispares.

La segunda hipótesis sostiene que, lejos de ser homogénea, la retirada fue resultado de dos procesos de naturaleza diferente. Por un lado, estuvo originada en la trayectoria de grupos que, a partir de mediados de la década de 1990, llevaron adelante estrategias que apuntaron a una retirada planificada –parcial o total– de la economía local. Por el otro, a organizaciones que intentaron consolidar su presencia, pero que, tras fracasar en su intento, debieron ser vendidas al capital extranjero o directamente quebraron. Siguiendo a Beltrán (2011), se sostiene que las consecuencias no deseadas de la acción tuvieron un rol central en el derrotero de los grupos durante la década de 1990.

El impacto de las reformas estructurales y las estrategias de los grandes grupos económicos durante la primera mitad de la década de 1990

Los principales grupos económicos argentinos al inicio de las reformas implementadas por Carlos Menem habían logrado expandirse durante las dos décadas previas en un contexto de alta inestabilidad política y macroeconómica. Este crecimiento tuvo dos pilares centrales. En primer lugar, estos grupos llevaron adelante estrategias expansivas que les permitieron aprovechar los beneficios de las políticas públicas de incentivo.[4] En este proceso fue central la baja autonomía relativa del Estado argentino y el poder político que alcanzaron los empresarios nacionales, factores que incidieron en la continuidad de las medidas de promoción incluso en etapas críticas para la economía argentina (Castellani, 2009; Sidicaro, 2001). Los beneficios derivados del apoyo estatal y la protección comercial les permitieron compensar las consecuencias negativas de la inestabilidad y el estancamiento macroeconómico (Azpiazu y otros, 1990; Basualdo, 2006; entre otros).

El otro factor determinante para que los grupos nacionales pudieran expandirse en ese período fue la asociación que establecieron con el capital extranjero. Los empresarios locales fueron socios minoritarios de grandes emprendimientos industriales durante el auge del desarrollismo y tomaron el control de los mismos años más tarde cuando una parte de las empresas multinacionales decidió abandonar el país debido a la violencia política y el estancamiento macroeconómico. Es decir, en la mayoría de los casos el avance del capital concentrado nacional no se produjo gracias a su éxito en la disputa con el capital extranjero en mercados competitivos, sino en las posibilidades de expansión que abrió su retirada (Gaggero, 2011).

Las estrategias de crecimiento de los grupos económicos derivaron en un cambio en su estructura empresaria. Las organizaciones que más crecieron lo hicieron, no sólo consolidándose en su actividad central, sino también a través de una notable diversificación hacia distintas actividades gracias a la promoción estatal y a la retirada del capital extranjero hacia mediados de la década de

---

[4] Estas políticas respondían a un giro dado a partir de mediados de la década de 1960 por las élites políticas –civiles y militares–, que comenzaron a fomentar el crecimiento del capital concentrado nacional, al que veían como un socio necesario para el desarrollo del país (O'Donnell, 1982).

1970. La dirección de las diferentes firmas estaba centralizada en el presidente del grupo, cargo que era ejercido por el fundador de la organización o por uno de sus descendientes. La estructura de propiedad y dirección centralizada tendió a acrecentar aún más el poder político de estos empresarios, que hacia fines de la década de 1980 no sólo encabezaban las tradicionales asociaciones empresarias, sino que también lideraban agrupamientos informales con llegada directa al Poder Ejecutivo (Ostiguy, 1990).

Las reformas que se implementaron durante el gobierno de Carlos Menem significaron un punto de inflexión en la historia de los grupos nacionales, ya que ellas modificaron sustancialmente algunas de las instituciones que habían permitido su crecimiento, generando un nuevo contexto socialmente construido –en el cual los empresarios y economistas ortodoxos jugaron un papel crucial (Pucciarelli, 2012)– que supuso nuevos desafíos y oportunidades. La reformulación del rol del Estado en la economía y la apertura comercial, por ejemplo, fueron dos ejes de la nueva política que afectaron directamente los intereses de muchos grupos nacionales; por el contrario, las privatizaciones, la desregulación de ciertos mercados y la ampliación de la integración regional fueron políticas que favorecieron la expansión de otros.

En el derrotero de los grupos económicos durante el período de análisis fueron fundamentales las estrategias desarrolladas para enfrentar los cambios ocurridos durante los primeros años de la década. En esa etapa los grandes empresarios nacionales no fueron testigos pasivos de las reformas, ni sus decisiones se restringieron al manejo microeconómico de sus firmas, sino que desempeñaron un papel protagónico en la política económica, apoyándola a través de las asociaciones empresarias e incluso participando en forma directa del gobierno.[5]

---

[5] Durante los primeros meses en el gobierno, Carlos Menem estableció una alianza con los directivos de los principales grupos económicos nacionales. Sus dos primeros ministros de Economía –Miguel Roig y Néstor Rapanelli– eran altos directivos de Bunge y Born (Viguera, 1997). Durante ese período los grandes empresarios nacionales apoyaron las reformas a través del Consejo Empresario Argentino (Gaggero, 2011).

En la decisión de apoyar las políticas de liberalización influyeron muy fuertemente las visiones comunes del arco empresario que se habían consolidado durante la década de 1980 (Beltrán, 2006). En el período previo a la crisis hiperinflacionaria se había extendido un consenso sobre la conveniencia de aplicar políticas "pro mercado" que redujeran el rol del Estado en la economía. Estas ideas no sólo eran compartidas por los directivos de los grupos tradicionales –partidarios desde siempre de las políticas liberales–, sino también por los propietarios de los grupos nuevos, que habían crecido gracias a las consecuencias –deseadas y no deseadas– de la intervención estatal.[6]

En la medida en que el Estado en crisis ya no podría seguir asegurando un mínimo nivel de estabilidad económica ni las políticas de protección al capital concentrado interno, se hacía necesario para los grupos nacionales implementar cambios que les permitieran atravesar con éxito las transformaciones que se producirían. De esta forma se fueron modificando las concepciones que los empresarios tenían de cómo funcionaban sus respectivos mercados y cuáles eran las estrategias adecuadas para seguir siendo los actores dominantes prevalecientes hasta entonces. A fines de la década de 1980 se hizo fuerte la idea de la necesidad de reconvertir la relación con el Estado, tratando de aprovechar las oportunidades que presentaban las reformas y minimizando sus riesgos.

Los directivos de los grupos que habían crecido en sectores con una fuerte presencia de las empresas públicas veían la posibilidad de aumentar su participación ante una eventual retirada estatal. Ésta era la visión que prevalecía, por ejemplo, en los grupos petroleros –Pérez Companc, Astra, Bridas y Soldati–, que a partir de la década de 1970 habían crecido como contratistas de YPF y que a fines de la década siguiente reclamaban mayor participación para

---

[6] Ostiguy (1990) denomina "grupos tradicionales" a los que fueron fundados entre fines del siglo diecinueve y principios del veinte. Muchos de éstos tuvieron un fuerte anclaje en el sector agropecuario y se diversificaron a partir del proceso de industrialización sustitutiva. Por otro lado, los grupos nuevos fueron creados durante la industrialización y su mayor expansión se dio en las décadas de 1970 y 1980.

el sector privado (Etchemendy, 2001). Mientras tanto, en las organizaciones que operaban en actividades con escasa o nula participación de empresas públicas se pensaba que el fin de las regulaciones estatales llevaría a un mejor funcionamiento de la economía y permitiría mayores posibilidades de desarrollo del sector privado.

Las nuevas *concepciones de control del mercado* (Fligstein, 1990) derivaron en un giro en las estrategias microeconómicas que los grupos venían aplicando desde la década de 1970, básicamente la diversificación de actividades. Frente a los cambios que se estaban produciendo en la política económica y en las instituciones del país, también cambiaron las interpretaciones que los empresarios tenían de cuáles eran las acciones más efectivas para continuar siendo organizaciones líderes en sus respectivos sectores. De esta manera, los primeros años de la década fueron un período extraordinariamente intenso en cuanto a la cantidad e importancia de las decisiones de inversión llevadas adelante por los grupos económicos nacionales.

La estrategia más difundida fue la especialización vía integración vertical y/o concentración en sus actividades centrales para intentar consolidarse en un nuevo contexto signado por la apertura comercial y la desregulación de mercados. Al igual que en décadas pasadas, el Estado jugó un papel central en este proceso, ya que la estrategia de especialización pudo llevarse adelante en gran parte merced a la puesta en marcha de la política de privatizaciones y a la ausencia de regulaciones efectivas sobre la concentración de mercados. En ese sentido, cobran mayor relevancia en la explicación de esta decisión estratégica tanto las concepciones vigentes sobre la continuidad de las reformas, el control de mercado y la posibilidad de sostener un vínculo privilegiado con el Estado (ahora a través de la obtención de protecciones específicas en mercados abiertos y desregulados y/o escasos controles sobre el establecimiento de posiciones monopólicas), como factores de orden estructural, por ejemplo, el sector de actividad y el grado de inserción externa (Gaggero, 2011).

En el caso de los grupos de mayor tamaño, esta estrategia de especialización se complementó con una diversificación acotada. En la mayoría de los casos, no consistió en una apuesta firme en el largo plazo, sino que estaba orientada a aprovechar las oportunidades de inversión que se disparaban con la privatización de empresas públicas.

El objetivo central era realizar inversiones con una lógica financiera, en empresas que potencialmente podían ofrecer altos dividendos o elevadas ganancias patrimoniales.[7] Tal como sostiene Bisang (1998), este tipo de diversificación fue de carácter coyuntural –no implicó una apuesta estratégica del grupo en el sector– y en general apuntó a adquirir participaciones accionarias minoritarias que fueron vendidas en el mediano-corto plazo.[8]

Entre los 6 grupos con mayor presencia en la cúpula empresaria al inicio del período, la mitad llevó adelante una especialización pura mientras que la otra mitad complementó la especialización con algún grado de diversificación. Dentro del primer agrupamiento se encuentran Bunge y Born –que desde inicios de la década comenzó a desprenderse de las firmas no vinculadas a los sectores de alimentos y químicos–, Madanes –concentró inversiones en torno a la producción de aluminio y neumáticos– y Bridas –participó en las privatizaciones reforzando su presencia en el sector energético y de desprendió de empresas en otras actividades. En el segundo grupo aparecen Pérez Companc –pudo reforzar su posición en el sector energético gracias a la privatización de YPF pero además adquirió participaciones minoritarias en firmas de telecomunicaciones, rutas y transporte ferroviario–, Techint –a través de las privatizaciones fortaleció su presencia en la producción siderúrgica y petrolera a la vez que compró participaciones importantes en empresas de distribución eléctrica y de gas– y Macri –cuyo *core business* siguió siendo la producción automotriz pero que también incursionó en la distribución de gas.[9]

---

[7] El concepto de ganancia patrimonial fue utilizado por Arceo y Basualdo (1999) para explicar las ganancias resultantes de la diferencia entre el precio de compra de las participaciones y el precio de venta.

[8] Los sectores elegidos para este tipo de inversiones fueron las telecomunicaciones (principalmente a través de la privatización de Entel), la energía eléctrica y el gas.

[9] La primera inversión relevante de Techint en el período consistió en una participación en el consorcio que obtuvo la licitación para la operación de telefonía básica en la zona Sur en que quedó dividida Entel (1990). Al año siguiente

Si en lugar de analizar sólo los más grandes, la muestra pasa a ser el conjunto de los grupos que integraban la cúpula empresaria, queda en evidencia que la inmensa mayoría buscó principalmente la especialización vía integración vertical y/o concentración. Entre los grupos considerados medianos y pequeños que siguieron ese camino figuran Acindar (acero), Alpargatas (calzado y textil), Arcor (alimentos), Sancor (alimentos), Mastellone (alimentos), Gatic (calzado y textil), Loma Negra (cemento), Garovaglio y Zorraquín (petroquímica), Massuh (papel).[10] A diferencia de los grupos más grandes, la mayoría de estos grupos no participaron de las privatizaciones o lo hicieron de forma muy puntual.

La diversificación pura, estrategia predominante entre los grupos durante las décadas de 1970 y 1980, tuvo un alcance mucho menor en el nuevo escenario.[11] Fueron pocos cuya lógica de inversión central haya sido adquirir el control –y no sólo una participación accionaria– de firmas por fuera de su *core-business*. De una muestra de 40 grupos sólo se identificó a cuatro con esta estrategia. El ejemplo más claro fue el de Soldati que realizó fuertes inversiones y obtuvo el control de empresas en sectores tan diversos como el energético, los servicios sanitarios, y el esparcimiento. Aunque con un alcance menor, los grupos Roggio,

---

participó en las privatizaciones del transporte de cargas ferroviario, en el ramal Rosario-Bahía Blanca -que atraviesa la zona agrícola-ganadera más rica de la Argentina- y en las concesiones de rutas por peaje. En 1992, además de incorporar Somisa, adquirió empresas energéticas de petróleo (ganó áreas centrales y secundarias de YPF), gas (Transportadora Gas del Norte) y electricidad (Edelap). En el caso de Macri, si bien se presentó a las licitaciones de prácticamente todas las empresas distribuidoras de gas, sólo ganó en el caso de Distribuidora Gas del Centro y Distribuidora Gas Cuyana. También resultó adjudicatario del servicio de peajes de algunas rutas nacionales y el Acceso Norte.

[10] Para analizar las diferencias de tamaño de los grupos se crearon tres estratos según la participación que cada grupo tenía en las ventas de la cúpula empresaria. En el primero, el de los grupos considerados *grandes* se ubicó a las organizaciones cuya participación era mayor del 1,5%. En el segundo –grupos *medianos*– entraron los que explicaban entre 1,5 y 0,5%. Por último, el estrato de los grupos *pequeños* agrupó a los que explicaban menos del 0,5% de las ventas de la cúpula.

[11] Como ejemplo de los pocos grupos cuya principal estrategia fue una diversificación no relacionada puede mencionarse a Soldati, que realizó fuertes inversiones en petróleo, telecomunicaciones, energía eléctrica, servicios sanitarios y transporte ferroviario.

Pescarmona y Clarín también se diversificaron en los primeros años de la década.[12]

Los profundos y acelerados cambios derivados de la aplicación de las reformas jugaron un papel central a la hora de disuadir a los grandes empresarios de ampliar su radio de acción sobre diversos sectores de actividad. La ventaja de la diversificación quedaba clara en contextos de alta inestabilidad macroeconómica con fuerte protección estatal porque permitía "jugar fichas" en varios sectores, compensando en unos lo que se perdía en otros; pero en un contexto de estabilidad, creciente apertura y desregulación, la apuesta pasó prioritariamente por especializarse en un sector de actividad y procurar el máximo grado de auxilio estatal posible mediante la obtención de protecciones especiales (como en el caso de los sectores automotor y celulósico-papelero).[13] En línea con los trabajos de Etchemendy (2001, 2004), se observa que sólo los grupos que habían acumulado poder político y económico durante las décadas anteriores lograron obtener concesiones, mientras que otros más débiles –por ejemplo, los grupos del sector petroquímico– resultaron perdedores y terminaron debilitándose o desapareciendo.

Ahora bien, al analizar el desempeño que tuvieron las estrategias desplegadas y su impacto en la presencia de los GEN en la cúpula empresaria argentina, la evidencia tiende a relativizar la idea de que los años iniciales de la década de 1990 habrían sido una etapa de gran expansión para los grupos gracias a la participación en el proceso de privatizaciones. Hacia mediados de la década, el conjunto de los grupos había experimentado una leve caída en su participación en la cúpula empresaria. Para 1995 la misma cantidad de grupos experimentaron una proporción levemente

---

[12] Roggio se hizo cargo del subterráneo de la ciudad de Buenos Aires, Pescarmona adquirió una línea férrea y Clarín incursionó fuertemente en las telecomunicaciones.

[13] Ésta era la visión de buena parte de los empresarios. Sin embargo, cabe señalar que la diversificación puede ser una estrategia efectiva en contextos de estabilidad económica. En países con grados relativamente bajos de inestabilidad –como Corea o Chile– han surgido grupos altamente diversificados. La intervención económica del Estado y la estructura del sistema financiero suelen ser señalados como factores centrales para explicar el éxito de la diversificación (Ghemawat y Khanna, 1998; Khanna y Yafeh, 2005).

inferior de las ventas de la cúpula, aunque hay que aclarar que lo hicieron a pesar de contar con menos empresas dentro del panel de las primeras doscientas, producto de las ventas derivadas de la estrategia de especialización (Gaggero, 2011).

Una de las consecuencias más importantes de las estrategias implementadas por los grupos durante los primeros años de las reformas estructurales fue el notable incremento de su endeudamiento externo. Luego de más de diez años de estar excluidas del mercado de capitales, a partir de 1991 las empresas argentinas comenzaron a financiar sus estrategias con distintos tipos de bonos colocados –en su mayoría, en los mercados externos–. Tres factores favorecieron este proceso: la liberalización financiera, la estabilización macroeconómica, un momento de gran liquidez internacional.

La crisis del Tequila marcó el final de "la etapa de oro" del régimen de convertibilidad –que se había caracterizado por el control de la inflación y un importante crecimiento económico– y fue la primera muestra explícita de las debilidades del modelo. Si en los primeros años la liberalización financiera había estado asociada a la llegada masiva de capitales provenientes del exterior, la crisis mexicana en diciembre de 1994 invirtió el flujo de fondos. Cayó entonces el precio de los bonos argentinos, las reservas del Banco Central disminuyeron, una parte importante de los ahorristas retiró sus depósitos bancarios y la recesión se instaló nuevamente en el país.

Pero a pesar de la magnitud que tuvo la crisis, el éxito del gobierno para reactivar la economía –alentado por un contexto internacional favorable a las exportaciones argentinas– reforzó la legitimidad de la convertibilidad, elevando la apuesta política de su mantenimiento y reduciendo progresivamente (hasta casi hacer desaparecer) los debates públicos sobre sus limitaciones.[14]

---

[14] El gobierno usó como principal lema de campaña el hecho de ser el único garante de la estabilidad, asociando esta última al régimen de convertibilidad (Galliani, Heymann y Tommasi, 2003). Poco después de haber superado la crisis, el ministro Cavallo declaró que el país "salió fortalecido del Tequila debido a su buena organización monetaria" (*Clarín*, 18-8-96).

Las autoridades decidieron no sólo conservar la convertibilidad, sino hacer depender de su mantenimiento la suerte de la economía y del propio gobierno. La opción fue aumentar la apuesta, incrementando los costos de una eventual salida (Galliani, Heymann y Tommasi, 2003).

Los dos años de crecimiento que siguieron a la crisis, sumados a la estabilidad que había mostrado el modelo frente a la salida del gobierno del ministro que lo creó, parecían confirmar la solidez de la convertibilidad. Sin embargo, el alto endeudamiento alcanzado, combinado con un cambio en la situación externa (recesión en Brasil y una baja en los precios de los bienes exportables) fueron determinantes en el inicio de una nueva recesión en 1998, que tendió a agravarse aún más un año más tarde tras la devaluación en el país vecino, el principal socio comercial de Argentina. El efecto de la sobrevaluación de la moneda se combinó con la caída de los precios de las exportaciones, el deterioro de los términos de intercambio y las crecientes dificultades, tanto del Estado como de los privados para continuar accediendo al financiamiento externo (Fanelli, 2002).

A diferencia de lo ocurrido durante los primeros años de la década, cuando la presencia de los grupos nacionales en la cúpula empresaria argentina se mantuvo relativamente estable, a partir de 1995 la misma comenzó a reducirse, mientras que en paralelo se hacía más fuerte la presencia del capital extranjero. La cantidad de grupos entre las 200 empresas de mayores ventas prácticamente disminuyó a la mitad entre 1995 y 2003, pasando de 40 a 23, mientras que el número de empresas se redujo de 60 a 39 (cuadro 1).

Las estrategias de los grupos durante la crisis y salida de la convertibilidad

La extranjerización del empresariado argentino no sólo se explica por los condicionamientos objetivos que marcaban la política económica, la situación internacional y la agresiva política de inversión del capital transnacional, sino también por la forma en que estos nuevos condicionantes fueron interpretados por los hombres de negocios locales. En efecto, la retirada se produjo principalmente hacia fines de la década y estuvo fuertemente vinculada a la dinámica del régimen de convertibilidad y a las lecturas que hicieron de ella los empresarios. Si bien la mayor parte de las reformas se llevaron adelante durante los primeros años del gobierno menemista, la profundidad y el carácter de sus impactos en el empresariado no se hicieron evidentes de forma inmediata. Incluso, en la mayoría de los casos, la recesión desatada tras la crisis de 1994 y su rápida superación fueron interpretadas como la definitiva consolidación del régimen de convertibilidad y no como la primera muestra de las debilidades estructurales del modelo económico, que terminarían por hacerlo estallar a fines del 2001.

Cuadro 1. Tamaño de los grupos económicos nacionales, según cantidad de grupos y de empresas y porcentaje de ventas (de la cúpula de las 200 empresas de mayores ventas), 1995 y 2003

	1995			
Tamaño	**Cantidad de grupos**	**Cantidad de empresas**	**Ventas de la cúpula (%)**	**Ventas de los grupos de la cúpula (%)**
Grande	4	16	10,4	38,3
Mediano	17	23	10,0	36,7
Chico	19	21	6,8	25,0
Total	40	60	27,2	100

	2003			
Tamaño	**Cantidad de grupos**	**Cantidad de empresas**	**Ventas de la cúpula (%)**	**Ventas de los grupos de la cúpula (%)**
Grande	4	12	12,0	56,9
Mediano	9	14	6,3	29,7
Chico	13	13	2,8	13,4
Total	26	39	21,1	100

Fuente: Gaggero (2011), en base a información de Mercado (número especial, años 1996 y 2004) y Prensa Económica (número especial, años 1996 y 2004).

Al igual que otros sectores sociales, la mayoría de los empresarios descartaban la devaluación como una salida posible, ya que asociaban el fin de la convertibilidad al retorno de las épocas de inestabilidad e inflación descontrolada. Este diagnóstico estaba construido a partir de su experiencia durante las décadas de 1970 y 1980 (Beltrán, 2006). Una modificación del tipo de cambio no mejoraría la competitividad del país porque socavaría la confianza en la solidez de la moneda y derivaría en el retorno de las pujas distributivas. Por otro lado, las estrategias adoptadas por los grupos económicos habían generado una fuerte dependencia con la continuidad de la convertibilidad, originada en el endeudamiento externo. Para los grupos que destinaban sus bienes y servicios al mercado interno y que habían tomado pasivos en dólares, la devaluación implicaba un fuerte crecimiento del peso de la deuda y el riesgo de caer en *default*.[15]

Una vez concretada la privatización de las empresas públicas, se hizo evidente que las reformas estructurales le habían quitado al Estado una parte de las herramientas que tradicionalmente había utilizado para proteger a los grandes grupos de la inestabilidad macroeconómica local y de los vaivenes financieros internacionales. La modificación de las lógicas de intervención estatal, por ejemplo, se había traducido en el fin de buena parte del sistema de promoción industrial y de diferentes subsidios al sector privado local. Los cambios en el sistema financiero, al mismo tiempo, habían impuesto restricciones para que el sector público pudiera mejorar las condiciones de financiamiento de los grupos argentinos. No sólo el Estado ahora contaba con pocas herramientas, sino que las que aún quedaban disponibles –por ejemplo, la

---

[15] Entre 1995 y 1999 prácticamente todos los propietarios de grupos nacionales elogiaron la política económica en general, mientras señalaban la necesidad de continuar con el régimen cambiario. En el discurso de los empresarios se destacaban dos factores que justificaban la continuidad. En primer lugar, se ponderaba la rapidez con que se había recuperado la economía luego de la crisis del Tequila gracias a la confianza en el régimen cambiario. En segundo lugar, se ponían de relieve los problemas económicos que podía acarrear una devaluación. Para Luis Pagani, principal directivo del grupo Arcor: "Durante cuarenta años vivimos devaluando para darle competitividad a las empresas. Esa fue la historia y así nos fue. Es el discurso histórico que prima todavía en alguna gente, pero hoy devaluar no serviría de nada. Traería nuevamente inflación. Hoy casi nadie habla de devaluar, ni los políticos ni la oposición" (*Cronista Comercial*, 5-1-96).

obra pública– no pudieron ser utilizadas debido a la magnitud de la crisis fiscal que atravesó el país durante los últimos años de la década.

En el plano de las estrategias microeconómicas, los dos años posteriores a la crisis del Tequila fueron fundamentales para el futuro de los grupos argentinos. En la visión de la mayor parte de los empresarios nacionales existían tres ideas centrales sobre la situación del país y el rol del empresariado local, que influyeron fuertemente en las acciones que se tomarían en esos años. En primer lugar, era clara la visión de que las empresas transnacionales habían tomado la decisión estratégica de desembarcar en el país. En segundo, que, en una economía abierta y crecientemente desregulada, las empresas nacionales tenían pocas posibilidades de competir con las líderes mundiales. Y tercero: que la convertibilidad y la liberalización continuarían en el mediano plazo.[16]

La acción política de los propietarios de los grupos se centró en el apoyo a la continuidad del régimen de convertibilidad. Sin embargo, no fue una defensa sin reparos. Al igual que en la primera mitad de la década, los empresarios locales apoyaron el rumbo general de la política económica, pero incorporando reclamos específicos por medidas compensatorias que menguaran sus efectos. Las voces críticas dentro de los grupos no pedían un cambio abrupto en la dirección de la política económica, sino más bien "políticas activas" por parte del Estado que aportaran lo que el mercado no brindaba: crédito a menores tasas de interés, protección comercial transitoria a los sectores más vulnerables y

---

[16] El apoyo a la convertibilidad incluía a directivos de grupos con eje en distintos sectores económicos. Paolo Rocca, presidente de Siderca y uno de los principales directivos del grupo Techint, declaraba en julio de 1995: "Yo soy cavallista cien por ciento. Apoyamos en forma absoluta la convertibilidad. Hacemos cuentas a largo plazo con la convertibilidad. Ese es nuestro horizonte" (17-7-1995). "Estoy convencido que la convertibilidad va a continuar, la palabra `devaluación´ habría que borrarla del diccionario argentino", afirmó Angel Perversi, poco después de abandonar la presidencia de Bunge y Born (*Cronista Comercial*, 12-10-1995). Luis Pagani, presidente de Arcor, declaraba algo similar unos meses más tarde: "Yo soy completamente partidario de la política económica del ministro Cavallo" (*Clarín*, 17-12-1995). "En Argentina no se puede devaluar", declaró Franco Macri en 1999 (*Revista Caras*, 21-9-1999).

planes de obras públicas, entre otros. Sin embargo, las rigideces que establecía el régimen de convertibilidad y el agravamiento de la crisis económica dejaban poco margen de acción a las autoridades gubernamentales.

Esta interpretación general no derivó necesariamente en una única estrategia empresarial, sino que las respuestas variaron en función del sector de actividad, los matices a la hora de evaluar el futuro y la situación interna de la organización. Al igual que en la primera mitad de la década, la mayoría de los GEN persistió en su estrategia de especialización, en su intento por consolidarse como actores líderes (aunque esta vez sin contar con la posibilidad de hacerlo vía participación en el proceso de privatizaciones). En una economía que aparentemente volvía a la senda del crecimiento, estos grupos decidieron realizar inversiones que apuntaban, de acuerdo a la actividad y el tamaño, a fortalecer su inserción internacional o a enfrentar el incremento de la competencia externa (cuadro 2).

Cuadro 2. Grupos económicos nacionales que siguieron la estrategia de consolidación en las actividades centrales a través de la concentración y/o integración vertical (1995-2002)

Grupo	Forma que asumió	Core-business	Principales inversiones	Principales desinversiones
Bunge y Born*	Concentración	Alimentos	Adquisición Granja del Sol	Alba
			Adquisición Ceval (Brasil)	Petroquímica Río Tercero
			Adquisición La Plata Cereal	Atanor
				Molinos Río de la Plata
Techint	Concentración e integración vertical	Siderurgia	Adquisión Dálmine (Italia)	Participación en Telefónica de Argentina
			Adquisición Sidor (Venezuela)	Participación en Edelap
			Fusión NKK (Japón)	
			Adquisición de Tavsa (Venezuela)	
			Adquisión Confab (Brasil)	

(continúa)

(continuación)

Madanes	Integración vertical	Aluminio y neumáticos	Absorción de CyK	
			Ampliación de la planta de Puerto Madryn	
			Adquisición Refinerías Metales Uboldi	
Acindar	Concentración	Siderurgia	Inversiones en planta de Acindar	
Alpargatas	Concentración	Calzado y textil	Inversiones en plantas textiles de la empresa	
Sancor	Concentración	Alimentos	Ampliación de capacidad productiva	
Mastellone	Concentración	Alimentos	Ampliación de capacidad productiva	
			Adquisición Lácteos San Marcos	
			Adquisición Leitesol (Brasil)	
Arcor	Concentración	Alimentos	Construcción de una nueva fábrica en Perú	
			Adquisición de Dos en Uno (Chile)	
			Adquisición de Koppol (Brasil)	
			Construcción de una fábrica de galletitas en San Pablo (Brasil)	
			Construcción de una fábrica de chocolates en Bragança Paulista (Brasil)	
Loma Negra	Concentración e integración vertical	Cemento	Construcción de una nueva fábrica en Olavarría	Radio El Mundo y FM Horizonte
Gatic	Concentración e integración vertical	Calzado y textil		Tiendas deportivas Show Sport
AGD	Concentración e integración vertical	Alimentos	Ampliación de capacidad productiva	
Roemmers	Concentración	Medicamentos	Construcción de dos nuevas plantas	
Peñaflor	Concentración	Bebidas		
Bagó	Concentración	Medicamentos	Ampliación de capacidad productiva	

*La información de este grupo se refiere al período 1995-1999, ya que en este último año Bunge y Born llevó adelante una reestructuración que implicó la mudanza de los cuarteles generales de Buenos Aires a Nueva York.

Fuente: elaboración propia en base a Gaggero (2011).

En la mayoría de los grupos más grandes, la estrategia microeconómica de especialización tuvo un carácter "ofensivo" y apuntó a convertirlos en líderes regionales o mundiales.[17] Esta apuesta sólo fue exitosa para aquellas organizaciones que en los años anteriores habían alcanzado competitividad internacional (alimentos, siderurgia, productos farmacéuticos) o estaban insertas en sectores no transables. De esta forma, un conjunto relativamente reducido de grupos (Techint, Arcor, Aluar, Urquía y Bunge) logró expandirse durante la segunda mitad de la década aumentando las exportaciones y, en algunos casos, también las inversiones en el exterior (Kosacoff, 1999).[18]

Pero en la mayoría de los grupos de menor tamaño, la especialización tuvo una orientación "defensiva", que apuntaba a conservar posiciones o simplemente sobrevivir en un contexto crecientemente adverso. Sólo un conjunto reducido de grupos vinculados casi exclusivamente al mercado interno lograron atravesar con relativo éxito la etapa final de la convertibilidad. Se trató en todos los casos de organizaciones insertas en actividades con escasa o nula exposición a la competencia externa, ya sea por las características técnicas del sector o por el accionar del Estado. En el listado de los grupos "sobrevivientes" se destacan los vinculados a la prensa y telecomunicaciones (Grupo Clarín),

[17] En la mayoría de los casos, esta estrategia microeconómica se llevó en paralelo a la ya mencionada estrategia política de pedir al gobierno compensaciones para frenar los efectos negativos de la apertura económica y el plan de convertibilidad.

[18] En el caso de Bunge, esta especialización también contribuyó al proceso de extranjerización. Desde inicio de la década de 1990 el grupo había comenzado a especializarse en la producción de alimentos desprendiéndose de empresas en otras actividades. Luego de la crisis del Tequila el grupo continuó vendiendo firmas en sectores considerados periféricos para concentrar inversiones en la actividad agroindustrial. En función de este objetivo, en 1996 el *holding* se desprendió de su negocio en pinturas en la Argentina, Brasil y Uruguay y un año después vendió la química Atanor a la transnacional Albaugh. A partir de 1998 el giro estratégico del grupo cobró todavía más vigor: Bunge decidió salir del segmento de productos de consumo masivo y concentrar sus negocios sólo en los derivados de la soja y los fertilizantes. El principal hito en este sentido fue la venta de Molinos en 1999 al grupo Pérez Companc.

a los servicios públicos privatizados (Eurnekián y Roggio) y a la construcción (Macri).

Sin embargo, en gran parte de los grupos orientados al mercado interno, el retorno de la crisis económica hacia fines de 1998 tuvo efectos muy profundos, no previstos durante los años 1996 y 1997. Hacia fines de la década la situación se fue agravando con los cambios en la coyuntura internacional. Las crisis financieras de impacto mundial (Rusia, Sudeste asiático y Brasil) provocaron un aumento en las tasas de interés internacional generando problemas a una economía muy expuesta a los vaivenes del mercado financiero mundial como la argentina. La política económica del principal socio comercial también constituyó un factor adicional: la devaluación que implementó Brasil en 1999 tendió a agravar más la situación, disminuyendo las exportaciones y alentando las importaciones desde ese país.

La combinación de crisis económica, alto endeudamiento y exposición externa que tenían estos grupos obligó a sus propietarios a vender o, directamente, a quebrar. De esta forma, grupos que habían sido líderes en sus mercados acabaron en manos de empresas transnacionales o fondos de inversión. Éste fue el caso, por ejemplo, de los grupos Gatic y Alpargatas, los principales fabricantes de calzado del país. Entre ambos controlaban alrededor del 80% de la producción local de zapatillas y Alpargatas además era el principal productor textil del país.

Ambos se habían convertido en actores centrales durante la industrialización sustitutiva, protegidos de la competencia externa por el Estado. En los dos casos crecieron fuertemente en las décadas de 1970 y 1980 produciendo calzado deportivo de grandes marcas internacionales, de las cuales eran licenciatarios.

Durante el gobierno de Carlos Menem intentaron conservar ese liderazgo. Con el objetivo de afrontar el incremento de la competencia que traían aparejadas las reformas realizaron inversiones en su *core business*, para lo cual incrementaron fuertemente su endeudamiento. La magnitud de la apertura comercial y el acelerado aumento de las importaciones que se produjo en sus actividades combinados con el deterioro en las condiciones de endeudamiento a partir de la crisis del Tequila, derivaron en que

Gatic terminara quebrando y Alpargatas fuera transferida a sus acreedores.[19]

En otros grupos, las estrategias de consolidación que llevaron adelante durante la segunda mitad de los noventa tendieron a minimizar la profundidad y duración de la recesión que se inició en 1998. Loma Negra, por ejemplo, a mediados de la década comenzó la construcción de la más moderna fábrica de cemento de América Latina, que se inauguró pocos meses antes del estallido de la convertibilidad. La devaluación perjudicó seriamente su situación financiera, incrementando el peso de su endeudamiento en dólares (cerca del 70% de su pasivo había sido contraído en el exterior) mientras que prácticamente toda su producción estaba destinada a un mercado interno que enfrentaba una de las peores crisis de su historia. En 2002 comenzó la renegociación de la deuda, que terminó 18 meses más tarde con una reestructuración del 65% de los pasivos bancarios y en abril de 2005 Loma Negra fue vendida al *holding* brasileño Camargo Correa.

Sin embargo, la caída del peso de los grupos nacionales en la economía argentina no se debió sólo al fracaso de la estrategia de consolidación de algunos de ellos sino también a que varios grupos importantes llevaron adelante una retirada oportuna, por la cual, sin estar en una situación apremiante (la mayor parte de las operaciones se realizaron entre los años 1996 y 1997), vendieron el núcleo central de sus organizaciones al capital extranjero. En un contexto en el cual las reformas estructurales habían acabado con

---

[19] La industria local del calzado fue una de las más perjudicadas por la combinación de apertura comercial y convertibilidad del peso: en tan sólo dos años las importaciones se triplicaron y la producción local se redujo más de un 30%. A fines de la década, los dos grupos sumaban una deuda de 870 millones de dólares, sufrían la crisis del mercado interno y enfrentaban un aumento exponencial de las importaciones provenientes de Asia. En octubre de 2001 Gatic se presentó a convocatoria de acreedores y en septiembre de 2004 se declaró su quiebra. En el caso de Alpargatas, desapareció de la cúpula empresaria en el 2000 luego de acumular pérdidas millonarias durante la década del noventa y estar dos años al borde del concurso –acumulaba una deuda superior a los 600 millones de dólares. Ese mismo año la empresa finalmente fue transferida a sus acreedores (30 bancos y fondos de inversión). La mayor parte de la deuda estaba en manos de los fondos Newbridge y Farallón.

buena parte de los mecanismos de defensa utilizados en las décadas pasadas, las ventas de estos grupos se realizaron en función de evitar el riesgo que implicaba la competencia con actores más poderosos (cuadro 3).

Cuadro 3. Grupos económicos nacionales que siguieron la estrategia de retirada oportuna (1995-2002).

Grupo	Firma transferida	Comprador	Sector	Destino del grupo luego de la operación
Astra	Astra y subsidiarias	Repsol	Petrolero	El grupo se disuelve. La familia Gruneisen utilizó parte del dinero obtenido para adquirir una cadena de librerías.
Bridas	Bridas y subsidiarias	Amoco	Petrolero	Los Bulgheroni continuaron como socios minoritarios y con cargos directivos en la empresa.
Deutch-Steuer	Casa Tía, Ekono, Makro y Paseo Alcorta	Exxel Group	Comercio minorista y mayorista	El grupo se disuelve. Accionistas de la familia Deutsch invierten en el negocio de la aviación (Lapa). Francisco De Narvaéz realizó diversos emprendimientos y luego se dedicó a la política.

Fuente: elaboración propia en base a Gaggero (2011).

Si bien los altos precios en dólares que pagaron los compradores jugaron un rol importante en la decisión de venta (Kulfas, 2001), hay que considerar dos factores adicionales. Por un lado, la evaluación hecha por los propietarios y *managers* de estas organizaciones acerca de los riesgos que traía aparejados un escenario caracterizado por la continuidad de la liberalización de la economía y el ingreso de los grandes competidores internacionales. Por otro, la situación en la estructura organizacional derivada de la dispersión de la propiedad accionaria. Muchos de los accionistas principales no estaban comprometidos en la dirección del grupo, e incluso los que sí lo estaban tenían otros emprendimientos empresariales o profesionales independientes. Si bien éste es un punto sobre el cual será necesario profundizar en investigaciones posteriores, puede afirmarse que la condición de "empresario industrial" o "empresario petrolero" no se había transformado en una identidad fuerte entre estos directivos y/o propietarios.

El caso más ilustrativo de este proceso fue el del grupo Astra. En junio de 1996 se anunció que Repsol había adquirido el 37,7% de las acciones de la empresa a las familias Gruneisen, Aguirre y Sánchez Caballero por 360 millones de dólares. Los motivos de la venta fueron una incógnita para buena parte del ambiente empresario y económico,[20] principalmente debido a que la misma se llevó a cabo luego de que la firma realizara fuertes inversiones en el país y el exterior. El grupo era a mediados de los noventa el tercer actor en importancia del sector energético –luego de YPF y Pérez Companc–, tenía inversiones en otros países y durante los años previos había mostrado muy buenos resultados económico-financieros.[21]

La venta fue consecuencia de la evaluación hecha por los directivos del grupo a mediados de la década, según la cual, luego del proceso de privatizaciones, existían pocas oportunidades para una empresa mediana o pequeña de aumentar las reservas de petróleo y de mantenerse en un sector que tiende –no sólo en Argentina sino en el mundo– a la concentración. Luego de expandirse gracias a la privatización de YPF, la primera respuesta estratégica que llevó adelante el grupo fue adquirir otras empresas locales pequeñas y participar en las privatizaciones que comenzaban a realizar otros países sudamericanos (Venezuela, Perú, Ecuador y Colombia).[22] Sin

---

[20] Un artículo del diario *La Nación* destacaba que "el principal interrogante ronda alrededor de las razones por las cuales Astra decidió traspasar el control de la firma, máxime si se tiene en cuenta que hace un año anunció inversiones por un monto de 150 millones de dólares" (18-4-96).

[21] Entre 1991 y 1996 las empresas del grupo en la cúpula tuvieron, como promedio anual, utilidades de 44,1 millones de dólares y una rentabilidad de 13,5% (elaboración propia en base a *rankings* Mercado y Prensa Económica).

[22] A mediados de 1992 Ricardo Gruneisen declaraba: "Nosotros prevemos que el gobierno no va a seguir licitando yacimientos. Previendo eso, ya el año pasado salimos del país y nos presentamos en Venezuela, en un contrato de asociación. Allí salimos segundos, pero seguimos interesados en Venezuela y también en posibles operaciones en Perú y Ecuador, que son países que están abriendo sus sectores petroleros" (*Clarín* 30-7-92).

embargo, en la mayor parte de los casos el grupo perdió frente a los gigantes internacionales.[23]

La lectura que Ricardo Gruneisen –CEO del grupo– hacía de ese tipo de experiencias era que las grandes multinacionales terminarían dominando un sector tan intensivo en inversiones como el de los hidrocarburos, mientras que las empresas medianas o chicas tenderían a desaparecer:

> ¿Cómo competir en las condiciones que se dieron en Venezuela aquella vez? Licitaban un contrato de riesgo, es decir, no sabíamos qué podía haber en el área. Ofrecimos 15 millones de dólares y los de Mobil nos subieron la apuesta siete veces para quedarse con el contrato, sabiendo, inclusive, que la mitad del petróleo irá para el Estado, y que allí el impuesto a las ganancias llega al 80%. Eso nos convenció, el mercado alcanzó un punto en que no se puede pelear con los grandes *players* […]. Sólo queda explorar reservas que uno ya tiene o comprarlas, pero nadie está vendiéndolas. Entonces, la única forma de crecer es mirando a escala regional, y ello requiere modernas tecnologías que se pueden conseguir mediante asociaciones, pero también inyecciones de capital reservadas, por su volumen, a las [empresas] gigantes. Hablamos de compañías que ganan 300 o 500 millones por trimestre.[24]

Los accionistas decidieron poner en venta la empresa a principios de 1996, y a la ronda final de negociaciones sólo llegaron Pérez Companc,[25] Mobil y Repsol, siendo esta última la compradora definitiva. Luego de la venta, el grupo económico se disolvió. Los

---

[23] Uno de los ejemplos se dio en enero de 1996 cuando Petróleos de Venezuela llamó a licitación para un contrato de riesgo. El consorcio que encabezó Astra ofreció 15 millones de dólares mientras que la norteamericana Mobil ofertó 100 y se quedó con el negocio.

[24] *Prensa Económica*, noviembre de 1996.

[25] Como se verá en el siguiente apartado, el grupo Pérez Companc estaba concentrando inversiones en el sector energético.

integrantes de las familias accionistas realizaron emprendimientos por separado, aunque ninguno vinculado con la actividad petrolera o industrial.[26]

Pero el retroceso de los GEN también se explica por una tercera estrategia: la reconversión. Cuatro de los grupos más importantes del país durante la primera mitad de la década abandonaron las actividades que habían sido centrales hasta 1995 pero, a diferencia de la estrategia anterior, esto no significó su desaparición como organizaciones empresariales, sino que derivó en un cambio de su *core business* que los llevó a insertarse en actividades en las cuales no tenían una fuerte presencia hasta ese momento. La reconversión, sin embargo, llevó a que estos grupos redujeran su presencia en la cúpula empresarial ya que la magnitud de la desinversión que realizaron superó holgadamente a la de las nuevas adquisiciones (cuadro 4).

Pueden distinguirse dos situaciones diferentes en este panorama general. En primer lugar, existieron grupos (Pérez Companc y Eurnekian) que, si bien venían de una fuerte expansión y no estaban apremiados por un mal desempeño, decidieron vender de todas formas porque evaluaron que permanecer en sus actividades era muy riesgoso a mediano plazo y que lo más conveniente era replegarse a actividades "más seguras". Por otra parte, existieron grupos que se vieron obligados a retirarse de sus *core business* por su mal desempeño luego de la apertura (Garovaglio y Zorraquín) o porque fueron desplazados por las empresas multinacionales que regresaban al país (Macri). En todos los casos la decisión fue retirarse de sectores que exigían un nivel de inversión alto (petróleo, petroquímica, automotriz, telecomunicaciones) y apostar a aquellos que contaran con ventajas comparativas naturales (agroindustria) o institucionales (servicios públicos).

---

[26] Como ejemplo puede mencionarse la decisión de la familia Gruneisen de adquirir una importante cadena de librerías. Luego de la venta de Astra, la familia Gruneisen formó el fondo de inversión Global Investment, a través del cual en 1998 adquirió la cadena de librerías Yenny y la editorial El Ateneo.

Cuadro 4. Grupos económicos nacionales que siguieron la estrategia de reconversión, (1995-2002).

Grupo	Sector/es que abandonó	Principales desinversiones	Sector en el que se insertó	Principales inversiones
Pérez Companc	Energético, financiero, construcción, bienes raíces, y telecomunicaciones	Pérez Companc Sade Banco Río Telefónica de Argentina	Agroalimentario	Molinos Molfino Abolio y Rubio Bodega Nieto Senetiner
Macri	Automotriz y construcción	Sevel. Gas Cuyana. Gas del Centro	Agroalimentario y servicios postales	Chapeco (frigorífico, Brasil) La Lácteo, Tosti, Quaker (Brasil), Correo Argentino,
Garovaglio y Zorraquín	Petroquímica	Polisur. Petroquímica Bahía Blanca	Agroalimentario	CEPA / GRD (frigorífico y cueros)
Eurnekián	Telecomunicaciones	Cablevición, América TV	Aeropuertos	Aeropuertos Argentina 2000

Fuente: elaboración propia en base a Gaggero (2011).

El caso más notable de esta trayectoria fue el de Pérez Companc, que pasó de ser un líder petrolero a abandonar el sector y concentrarse en la producción de alimentos. Luego de la crisis del Tequila –siguiendo las recomendaciones de la consultora McKinsey– el grupo se concentró en el sector energético desprendiéndose de diversas empresas que operaban en los más variados sectores de actividad. La reestructuración comenzó en 1997, año en el cual el grupo obtuvo 1.560 millones de dólares, vendiendo el Banco Río, su rama inmobiliaria (Alto Palermo y Hotel Intercontinental), PecomNec, y sus participaciones en Central Termoeléctrica Buenos Aires y Telefónica de Argentina. Un año más tarde se desprendió de su constructora Sade, del Área de Puesto Hernández y de sus participaciones accionarias en Metrogas y en Proyecto Profertil. Tal como sintetiza con total claridad un ex directivo del grupo:

> La idea fue transferir buena parte de las empresas que no formaban parte del negocio estratégico y que habían sido adquiridas debido a la oportunidad que representaron las privatizaciones. Con esas ventas se esperaba obtener una masa crítica para invertir en el sector, tanto dentro como fuera del país, para transformar al grupo en un *player* internacional.[27]

A partir de 1998 el grupo dio un giro estratégico, fortaleciendo su presencia en el sector alimentario. En 1997 la familia había creado el Pérez Companc Family Group para invertir el dinero de la venta del Banco Río y otros activos en firmas agroalimentarias. En 1998 compró el 30% de la láctea Molfino y la bodega Nieto Senetier. En 1999 le tocó el turno a Abolio y Rubio, pero el gran salto lo dio en febrero de ese año, cuando le compró a Bunge y Born el 60% de Molinos por 400 millones de dólares. De esta forma el grupo atravesó la crisis de la convertibilidad con presencia en el sector alimentario y el energético, aunque finalmente, en julio de 2002 la familia vendió el 58% de Pecom Energía a la brasileña Petrobrás,[28] la operación incluyó a todas las empresas energéticas del grupo, subsidiarias de la firma *holding*.

Distinto fue el caso de la reconversión del grupo Macri, cuya retirada del sector automotor fue obligada por la decisión de Fiat y Peugeot de volver a producir autos en el país, lo que privó al grupo del uso de sus licencias, y terminó obligándolo a vender su principal empresa: Sevel. Desde principios de los años ochenta, mediante un acuerdo con Peugeot y Fiat, la firma fabricaba sus

---

[27] Entrevista realizada por el autor a un ex director de Investigaciones de Pecom Energía, diciembre de 2007, Buenos Aires.

[28] Pecom Energía fue vendida por 1.124 millones de dólares, más el traspaso de un pasivo de 2.000 millones de dólares. Las razones de las ventas hay que buscarlas en los pasivos en dólares que arrastraba la firma y en la evaluación de los riesgos que implicaban los cambios macroeconómicos para la empresa. Con respecto a este último punto ver Gaggero (2008).

modelos en el país. En 1996 se produjo la ruptura del acuerdo con la firma italiana, que decidió entrar en el mercado de forma independiente. Frente a este percance,[29] la organización hizo dos apuestas fuertes: profundizar su inserción agroalimentaria[30] y ganar la privatización del Correo Argentino.

El tamaño de los grupos incidió claramente sobre las estrategias. Mientras que los pequeñas y medianos tendieron casi exclusivamente hacia la especialización en las actividades en las que venían operando. Los más importantes, en cambio, al tener más posibilidades de escapar de los sectores que implicaban mayores riesgos, apelaron a la estrategia de reconversión.

Conclusiones

A fines de los años ochenta Argentina comenzó a aplicar reformas estructurales de amplio alcance, que modificaron drásticamente tanto el régimen macroeconómico como el funcionamiento de instituciones centrales para el empresariado local. Si bien las principales medidas –privatizaciones, apertura comercial y desregulación– se llevaron adelante rápidamente durante los primeros tres años de la gestión de Carlos Menem, los efectos más regresivos sobre la estructura productiva se dieron durante la segunda mitad de la década.

En este trabajo se identificaron las diferentes estrategias que llevaron adelante los grandes grupos económicos entre la crisis del Tequila y la salida del régimen de convertibilidad. Una primera –mayoritaria– intentó consolidar a los grupos en su actividad principal, concentrando inversiones para hacer frente a un escenario crecientemente competitivo. Esta apuesta sólo fue exitosa en el

---

[29] El "divorcio" implicó un duro golpe en el desempeño de Sevel, que un año después le vendió el 15% de las acciones a Peugeot. En 1998 Macri les transfirió a los franceses otro 35% y se quedó como socio minoritario con algo más del 20%. Apenas asumió el mando de la empresa, el grupo extranjero anunció inversiones por 200 millones de dólares.

[30] En 1994 había adquirido la fábrica de galletitas Canale, y para 1998 tenía una fuerte inserción en el sector frigorífico: Estancias del Sur, Coralco (una firma líder en alimentos congelados) y La Lácteo (firma dedicada a la producción de lácteos).

caso de las organizaciones que en los años anteriores habían logrado consolidarse como exportadores (alimentos, siderurgia, productos farmacéuticos) o estaban insertos en sectores no transables. Sin embargo, en gran parte de los grupos orientados al mercado interno, la combinación de la crisis económica y el alto endeudamiento contraído durante la primera mitad de la década –que se fue tornando inmanejable a medida que aumentaban los intereses debido a las crisis internacionales y a la situación local– terminó por obligar a sus propietarios a vender o directamente quebrar. En este caso, entonces, la retirada de los grupos fue consecuencia del fracaso de una estrategia que buscaba lograr mayor especialización en un escenario que se vislumbraba como crecientemente competitivo.

En segundo lugar, se identificaron grupos que llevaron adelante *retiradas oportunas*, transfiriendo el núcleo central de sus organizaciones al capital extranjero. Los trabajos académicos y periodísticos que analizaron estas operaciones han tratado de explicarlas haciendo eje en los altos precios pagados por las empresas extranjeras. Si bien las cifras desembolsadas por los compradores tuvieron una importancia indudable, de ninguna manera pueden considerarse como la única explicación de por qué se produjeron las ventas.

Un factor central que explica las *retiradas oportunas* fue la evaluación hecha por los propietarios y *managers* de los grupos acerca de los riesgos que tenía aparejados un escenario caracterizado por la continuidad de la liberalización de la economía y el ingreso de los grandes competidores internacionales. En un contexto donde las reformas estructurales habían acabado con buena parte de los mecanismos de defensa que estos grupos habían utilizado en las décadas pasadas para defenderse, las ventas se realizaron en función de evitar el riesgo que implicaba la competencia con actores económicamente más poderosos. El hecho de que la propiedad de estos grupos estuviera fuertemente fragmentada –en algunos casos se trataba de la tercera generación descendiente de los fundadores–, con muchos accionistas no comprometidos en la dirección y que desarrollaban otras actividades empresariales en paralelo, también tuvo un rol importante.

La visión de que no era posible competir con el capital extranjero también fue el factor que motivó la tercera estrategia: *la reconversión*. La diferencia es que en este caso los fondos obtenidos por las ventas de sus principales firmas fueron utilizados, en parte, para concentrarse en los sectores en los que evaluaban tener ventajas comparativas. Este camino fue seguido principalmente por los grupos más grandes, que a principios de la década tenían un grado importante de diversificación. Como se ha visto, esta apuesta no fue exitosa en todos los casos.

La pérdida de importancia de los grupos nacionales en la cúpula empresarial debe pensarse como el resultado que tuvo la implementación de tres respuestas distintas por parte de los empresarios locales a la coyuntura económica y política que atravesó el país entre la crisis del Tequila y la salida del régimen de convertibilidad. Las acciones que llevaron adelante los grupos para enfrentar las reformas –fuertemente influenciadas por su tamaño, el clima de ideas que predominaba en el ambiente empresario y factores organizacionales– no necesariamente lograron los efectos deseados.

Referencias bibliográficas

Abeles, Martín, 1999, "El proceso de privatizaciones en la Argentina de los noventa: ¿Reforma estructural o consolidación hegemónica?", en *Revista Época*, n° 1.

Aldrighi, Dante M. y Postali, Fernando A. S., 2010, "Business Groups in Brazil", en Colpan, A., T. Hikino y J. Lincoln, *The Oxford Handbook of Business Groups*. Nueva York: Oxford University Press.

Amsden, Alice, 1989, *Asia's Next Giant: South Korea and Late Industrialization*, Oxford University Press.

Arceo, Enrique. y Basualdo, Eduardo, 1999, "Las tendencias a la centralización del capital y la concentración del ingreso en la economía argentina durante la década del noventa", en *Cuadernos del Sur*, n° 29.

Arrigoni, Miguel, 2005, "El sistema financiero y el mercado de capitales en el proceso de desnacionalización", Ponencia presentada en: *11ª Conferencia Industrial Argentina*, Rosario, Santa Fe.

Artopoulos, Alejandro, 2009, "Sociedad del conocimiento en Argentina. El caso de una empresa-red: Tenaris", en *Redes, Revista de Estudios Sociales de la Ciencia*, vol. 15, n° 29.

Azpiazu, Daniel, 2003, *Las privatizaciones en la Argentina. Diagnóstico y propuestas para una mayor equidad social*, Buenos Aires: Editorial Miño y Dávila – CIEPP – Fundación OSDE.

———, 1998, "La elite empresaria y el ciclo económico. Centralización del capital, inserción estructural y beneficios extraordinarios", en Nochteff, Hugo (ed.), *La economía argentina a fin de siglo: fragmentación presente y desarrollo ausente*, Buenos Aires: Flacso – Eudeba.

———, 1995, "El programa de privatizaciones. Desequilibrios macroeconómicos y concentración del poder económico", en Minsburg, N. y Valle, H. (comps.), *Argentina hoy. Crisis del modelo*, Buenos Aires, Letra Buena.

Azpiazu, Daniel y Basualdo, Eduardo, 1990, *Cara y contracara de los grupos económicos. Estado y promoción industrial en la Argentina*, Buenos Aires: Editorial Cántaro.

Azpiazu, Daniel, Basualdo, Eduardo y Khavisse, Miguel, 1990, *El nuevo poder económico en la Argentina de los ochenta*, Buenos Aires: Editorial Legasa.

Basualdo, Eduardo, 2000, *Acerca de la naturaleza de la deuda externa y la definición de una estrategia política*, Buenos Aires, Flacso-UNQ– Página 12.

———, 2001, *Sistema político y modelo de acumulación*, Bernal, UNQ.

———, 2004, "Notas sobre la burguesía nacional, el capital extranjero y la oligarquía pampeana", *Realidad Económica*, n° 201.

———, 2006, *Estudios de historia económica argentina*, Buenos Aires: Siglo XXI Editores.

Basualdo, Eduardo y Kulfas, Matías, 2000, "Fuga de capitales y endeudamiento externo en la Argentina", en *Realidad Económica*, n° 173.

Beckert, Jens, 2003, "Economic Sociology and Embeddedness: How Shall We Conceptualize Economic Action?", *Journal of Economic Issues*, vol. 37, n° 3.

Beltrán, Gastón, 2011, "Las paradojas de la acción empresaria. Las asociaciones del empresariado argentino y la persistencia de las reformas estructurales", en Pucciarelli, Alfredo (coord.), *Los años de Menem. La construcción del orden neoliberal*, Buenos Aires: Siglo XXI.

———, 2006, "Acción empresaria e ideología. La génesis de las reformas estructurales", en Pucciarelli, Alfredo (coord.), *Los años de Alfonsín. ¿El poder de la democracia o la democracia del poder?*, Buenos Aires: Siglo XXI.

Bisang, Roberto, 1998, "Apertura, reestructuración industrial y conglomerados económicos", en *Desarrollo Económico*, vol. 38, número especial, otoño.

Burachik, Gustavo Martín, 2010, "Extranjerización de grandes empresas en Argentina", en *Problemas del Desarrollo*, vol. 41, n° 160.

Castellani, Ana, 2009, *Estado, empresas y empresarios. La construcción de ámbitos privilegiados de acumulación entre 1966 y 1989*, Buenos Aires, Prometeo.

Castellani, Ana y Gaggero, Alejandro, 2011, "Estado y grupos económicos en la Argentina de los noventa", en Pucciarelli, Alfredo (coord.), *Los años de Menem. La construcción del orden neoliberal*, Buenos Aires: Siglo XXI.

Cavallo, Domingo y Mondino, Guillermo, 1995, "Keynote Adress: Argentina's Miracle? From Hyperinflation to Sustained Growth", en Bruno, Michael y Pleskovic, Boris (comps.), *Annual World Bank Conference on Development Economics*, Washington: World Bank.

Caves, Richard, 1998, "Industrial Organization and New Findings on the Turnover and Movility of Firms", en *Journal of Economic Literature*, vol. 36, n° 1.

Chudnovsky, Daniel y López, Andrés, 2001, "La inversión extranjera directa en el Mercosur. Un análisis comparativo", en Chudnovsky, Daniel (coord), *El boom de inversión extranjera directa en el Mercosur*, Madrid: Siglo XXI.

Dimaggio, Paul J. y Powell, Walter, 1983, "The Iron Cage Revisited: Institutional Isomorphism and Collective Rationality in Organizational Fields", en *American Sociological Review*, n° 48.

Etchemendy, Sebastian, 2001, "Construir coaliciones reformistas. La política de las compensaciones en el camino argentino hacia la liberalización económica", en *Desarrollo Económico*, vol. 40, n° 16.

———, 2004, "Models of Economic Liberalization: Compensating the "Losers" in Argentina, Spain, and Chile", Tesis doctoral, University of California, Berkeley.

Fundación de Investigaciones Económicas Latinoamericanas, 2002, *Productividad, competitividad y empresas. Los engranajes del crecimiento*, Buenos Aires: FIEL.

Fligstein, Neil, 1990, *The Transformation of Corporate Control*, Cambridge: Harvard University Press.

———, 2008, "Alfred Chandler and the Sociology of Organizations", en *Working Paper Series*, Berkeley: UC Berkeley – Institute for Research on Labor and Employment.

Fliegstein, Neil y Freeland, Robert, 1995, "Theoretical and Comparatives Perspectives on Corporate Organization"

Fracchia, Eduardo, 2002, "Factores determinantes de la respuesta estratégica de los grupos económicos argentinos ante el *shock* competitivo de la década del noventa", Tesis doctoral, Universidad de Navarra.

Gaggero, Alejandro, 2008, "'Fui industrial durante muchos años...' Los grupos económicos nacionales y el proceso de extranjerización del empresariado argentino durante la década de los noventa", en *Papeles de Trabajo, Revista Electrónica del Instituto de Altos Estudios Sociales*, n° 3, agosto, http://www.idaes.edu.ar/papelesdetrabajo/paginas/Documentos/03_Informe_investigaci%C3%B3n-Alejandro_Gaggero.pdf, consultado el 1-9-2010.

———, 2011, "Los múltiples caminos de la retirada. Estrategias y desempeños de los grupos económicos nacionales en Argentina, entre la hiperinflación y el derrumbe de la convertibilidad (1989-2002)", Tesis doctoral en Ciencias Sociales, Universidad de Buenos Aires, mimeo.

Ghemawat, Pankaj y Khanna, Tarun, 1998, "The nature of diversified business groups: A research design and two case studies", en *Journal of Industrial Economics*, vol. 46, n° 1.

Granovetter, Mark, 1985, "Economic Action and Social Structure: The Problem of Embeddedness", en *American Journal of Sociology*, vol. 91, n° 3.

————, 2005, "Business Groups and Social Organizations", en Smelser, N. J. y Swedberg, R., *The Handbook of Economic Sociology*, Nueva York: Princeton University Press.

Guillén, Mauro, 2000, "Business Groups in Emerging Economies: A Resource-based View" en *The Academy of Management Journal*, vol. 43, n° 3.

Gutman, Graciela, Lavarello, Pablo y Cesa, Verónica, 2006, "Las industrias oleaginosas en Argentina", en Ghezan, Graciela, Acuña, Claudia y Mateos, Mónica (coords.), *Estrategia y dinámica de la innovación en la industria alimentaria argentina*, Buenos Aires: Astralib Cooperativa Editora.

Heredia, Mariana, 2011, "La hechura de la política económica. Los economistas, la convertibilidad y el modelo neoliberal", en Pucciarelli, Alfredo (coord.), *Los años de Menem. La construcción del orden neoliberal*, Buenos Aires: Siglo XXI.

Khanna, Tarum y Yafeh, Yishay, 2005, "Business groups in emerging markets: paragons or parasites?", en *Journal of Economic Literature*, vol. 45, n° 2.

Kosacoff, Bernardo y Bezchinsky, Gabriel, 1994, "From Import Substitution to Globalization. Transnational Corporations in Argentina industry", en *Foreign Direct Investment in the Third World. The Case of Latin America*, Madrid: IRELA.

Kulfas, Matías, 2001, *El impacto del proceso de fusiones y adquisiciones sobre el mapa de grandes empresas. Factores determinantes y transformaciones en el universo de las grandes empresas de capital local*, Buenos Aires: CEPAL.

Leff, Nathaniel, 1979, "Entrepeneurship and Economic Development: The Problem Revisited", *Journal of Economic Literature*, vol. 17, n° 1.

Lefort, Fernando, 2005, "Ownership Structure and Corporate Governance in Latin America", *Abante*, vol. 8, n° 1.

López, Andrés, 1994, "Ajuste estructural y estrategias empresarias en la industria petroquímica argentina", en *Desarrollo Económico*, vol. 33, n° 132.

————, 2006, *Empresarios, instituciones y desarrollo económico: el caso argentino*. Buenos Aires: CEPAL.

López, Andrés y Porta, Fernando, 1994, *Acero, papel y petroquímicos en el Mercosur, reestructuración industrial e instrumentos de política*, Buenos Aires: Fundación Cénit.

O'Donnell, Guillermo, 1982, *El Estado burocrático autoritario*, Buenos Aires: Editorial de Belgrano.

Ortiz, Ricardo y Schorr, Martín, 2006, "Crisis del Estado y pujas interburguesas. La economía política de la hiperinflación", en Pucciarelli, Alfredo (comp.), *El poder de la democracia o la democracia del poder. Economía y política durante el gobierno de Alfonsín*, Buenos Aires: Siglo XXI Editores.

Ostiguy, Pierre, 1990, *Los capitanes de la industria*, Buenos Aires: Legasa.

Rougier, Marcelo, 2011 *Argentina entre la frustración y el desarrollo. Estado y empresarios en la industria del aluminio. El caso Aluar*, Bernal: UNQ.

Schneider, Ben Ross, 2008, "Economic Liberalization and Corporate Governance: The Resilience of Business Groups in Latin America", en *Comparative Politics*, vol. 40, n° 4.

Schorr, Martín, 2004, *Industria y nación. Poder económico, neoliberalismo y alternativas de reindustrialización en la Argentina contemporánea*, Buenos Aires: Edhasa.

Schorr, Martín y Wainer, Andrés, 2006, "Trayectorias empresarias diferenciales durante la desindustrialización en la Argentina: los casos de Arcor y Servotron", en *Realidad Económica*, n° 223.

Schvarzer, Jorge, 1995, "Grandes grupos económicos en la Argentina. Formas de propiedad y lógicas de expansión", en *Revista Mexicana de Sociología*, vol. 57, n° 4.

Sidicaro, Ricardo, 2001, *La crisis del Estado y los actores políticos y socioeconómicos en la Argentina (1989-2001)*, Buenos Aires: Libros del Rojas.

Thompson, James, 1967, *Organizations in Action*, Nueva York: McGraw-Hill.

Viguera, Aníbal, 1997 "La política de la reforma económica en la Argentina. Estado y empresarios en torno a la apertura comercial, 1987-1996", Tesis doctoral en Ciencias Sociales, FLACSO, México, mimeo.

Los autores

Claudio Belini

Es doctor en Historia por la Universidad de Buenos Aires (UBA) e Investigador del Consejo Nacional de Investigaciones Científicas y Técnicas (Conicet) en el Instituto de Historia Argentina y Americana "Dr. Emilio Ravignani", Programa de Historia Económica y Social y Americana (PEHESA). Integra el Centro de Estudios Económicos de la Empresa y el Desarrollo (CEEED). Es profesor asociado de Historia Económica y Social Argentina en la Facultad de Ciencias Económicas (UBA) y profesor adjunto de Historia Argentina II (1862-1916) en la Facultad de Filosofía y Letras (UBA), donde, además, codirige la maestría en Historia. Dicta cursos de posgrado en el Instituto de Altos Estudios Sociales (IDAES) de la Universidad de San Martín (UNSAM). Su área de investigación es la historia industrial y de las políticas económicas.

Osvaldo Barsky

Es contador público nacional, Universidad Nacional de Rosario y *magister cientae* en Sociología por CLACSO-Pontificia Universidad Católica del Ecuador. Es director del Centro de Altos Estudios en Educación de la Universidad Abierta Interamericana (UAI) y de la revista *Debate Universitario* editada por esa Universidad, y secretario académico del doctorado en Educación Superior Universitaria dictado por la Universidad Nacional de Río Negro, la Universidad Austral y la UAI. Es profesor de Historia Agraria Argentina en el doctorado de Historia de la Facultad de Humanidades de la Universidad Nacional de La Plata y en la Facultad Latinoamericana de Ciencias Sociales (FLACSO), sede Argentina. Consultor de diversos organismos internacionales sobre la problemática agraria argentina y latinoamericana, y sobre la educación superior.

Jordi Catalán

Es doctor en Ciencias Económicas por la Universitat Autònoma de Barcelona (UAB) y *master of Philosophy in Economics* por la University of Cambridge (King's College). Fue investigador en el European University Institute de Florencia, en el Mannheimer Zentrum für Europäische Sozialforschung de la Universität Mannheim y director del Departament d'Història i Institucions Econòmiques de la Universitat de Barcelona (UB). En la actualidad es catedrático del Departament d'Història Econòmica, Institucions, Política i Economia Mundial de la UB e imparte docencia en el Grado de Economía (Historia Económica del Siglo Veinte e Historia Económica de Cataluña) y en el *master* de Historia Económica (Análisis Histórico del Desarrollo Económico e Historia Industrial) de la misma universidad.

Alejandro Gaggero

Es doctor en Ciencias Sociales por la UBA, magíster en Generación y Análisis de Información Estadística por la Universidad Nacional de Tres de Febrero-INDEC y licenciado en Sociología por la UBA. Investigador del Conicet con sede en IDAES-UNSAM, donde coordina el Centro de Estudios Sociales de la Economía, dirige, además, la carrera de Sociología de la UNSAM y es docente de grado y posgrado en la UBA y en la Universidad Nacional de Quilmes. Especialista en temas de sociología económica e historia empresarial, su principal línea de investigación analiza las transformaciones de los grandes grupos económicos argentinos desde la restauración democrática hasta la actualidad.

Aníbal Jáuregui

Es doctor en Historia por la Universidad Nacional del Centro de la Provincia de Buenos Aires (UNICEN). Ha realizado estudios de posgrado en la Universidade Federal Fluminense en Rio de

Janeiro, Brasil. Es subdirector del CEEED y miembro del Instituto Interdisciplinario de Economía Política (IIEP), organismos ambos que funcionan en la Facultad de Ciencias Económicas de la UBA. Se desempeña como profesor adjunto a cargo de cátedra en la Facultad de Ciencias Económicas de la UBA y como profesor asociado en el Departamento de Ciencias Sociales en la Universidad Nacional de Luján.

Norma Lanciotti

Es doctora en Historia por la Facultad de Humanidades y Artes de la Universidad Nacional de Rosario (UNR). Es investigadora independiente del Conicet y profesora adjunta de Historia Económica y Social y de Historia del Pensamiento Económico en la Facultad de Ciencias Económicas de la UNR. También ejerce la docencia de posgrado en la maestría en Entidades de la Economía Social (Facultad de Derecho, UNR) y en la maestría en Estudios Organizacionales de la Universidad Nacional de General Sarmiento. Se especializa en historia económica e historia de empresas, en particular del sector inmobiliario, grandes empresas, inversiones extranjeras y empresas de servicios públicos.

Andrea Lluch

Es doctora en Historia por la UNICEN. Fue *faculty research fellow* y realizó estudios posdoctorales en la Harvard Business School, y desde 2009 es *associate researcher* en el DRCLAs-Harvard University. Es investigadora independiente del Conicet. Es profesora titular en la Facultad de Ciencias Humanas de la Universidad Nacional de La Pampa, y profesora e integrante del Grupo "Historia y Empresariado" de la Universidad de los Andes (Colombia). Presidenta de la Asociación Argentina de Historia Económica, investiga temas vinculados con la historia empresarial y económica de Argentina y América Latina en el siglo veinte.

Eloi Serrano i Robles

Es doctor en Historia Económica por la UAB y doctorando en Economía por la Universitat de les Illes Balears. Es investigador senior asociado al Barcelona Centre for International Affairs para América Latina. Director de la Cátedra en Economía Social del Tecnocampus-Universitat Pompeu Fabra y profesor de Economía de la Empresa en la misma universidad, ha impartido docencia en la UAB y la UB, y ha sido investigador visitante en la London School of Economics.